Amphi

ÉCONOMIE

Théories économiques

par

Marc Montoussé

Ancien élève de l'ENS Cachan
Agrégé de sciences sociales
Professeur en classes préparatoires au lycée Paul-Claudel de Laon
Chargé d'enseignement à l'ESC Reims

Bréal

1, rue de Rome 93561 Rosny cedex

ÉGALEMENT PARUS DANS LA COLLECTION AMPHI AUX ÉDITIONS BRÉAL

LES POPULATIONS DU MONDE
S. Lerat
Éd. 1994, 224 pages

HISTOIRE DES MÉTHODES SCIENTIFIQUES
DU THÉORÈME DE THALÈS À LA FÉCONDATION *IN VITRO*
J.-M. Nicolle
Éd. 1994, 160 pages

ÉVOLUTION ÉCONOMIQUE ET SOCIALE DE 1929 À NOS JOURS
J.-F. Pépin
Éd. 1993, 256 pages

FONDEMENTS POUR UNE GÉOGRAPHIE DU TOURISME ET DES LOISIRS
G. Cazes
Éd. 1992, 192 pages

L'ESPACE MONDIAL DEPUIS LES ANNÉES 30
UNE GÉOGRAPHIE CHANGEANTE
B. Elissalde
J. Domingo
Éd. 1994, 224 pages

ISBN : 2 84291 683 2

Dépôt légal : juin 2000
ISBN : 2-84291-397-3
ISSN : 1240-1234

AVANT-PROPOS

L'objectif de cet ouvrage est de présenter d'une façon simple et accessible, mais néanmoins complète, les différents courants et enjeux de la théorie économique contemporaine, en mettant surtout l'accent sur les théories économiques récentes qui renouvellent le débat.

Ce livre se compose de trois parties indépendantes. La première présente, de façon concise, les grands courants qui ont fondé la pensée économique. La deuxième partie expose les débats et les enjeux théoriques concernant de grands thèmes, comme la croissance, le développement ou le commerce international. La troisième partie présente les analyses microéconomique et macroéconomique, en mettant l'accent sur leur cohérence et leur logique interne tout en s'interdisant les formalisations mathématiques complexes.

Cet ouvrage s'adresse principalement aux étudiants de premier cycle (classes préparatoires économiques et commerciales voie économique, Sciences-Po, facultés de sciences économiques et d'AES), mais il offrira une synthèse efficace et opérationnelle à tous ceux qui peuvent en avoir besoin pour réussir leurs concours et leurs examens (étudiants de deuxième cycle, candidats au CAPES de sciences économiques et sociales...).

SOMMAIRE

PARTIE I. LES GRANDS COURANTS DE LA THÉORIE ÉCONOMIQUE

PARTIE II. LES GRANDS THÈMES DE LA THÉORIE ÉCONOMIQUE

PARTIE I

Les grands courants de la théorie économique

Chapitre I

Les fondements du libéralisme

Le libéralisme repose sur deux principes fondateurs.

D'une part, il faut respecter l'ordre naturel, et l'État ne doit pas intervenir dans l'économie. Cette analyse se retrouve aussi bien chez les physiocrates (pour eux, les lois économiques répondent aux mêmes principes que les lois physiques) que chez les classiques (ils défendent le libéralisme et le libre-échangisme) ou chez les néoclassiques (ils estiment que si les conditions de la concurrence pure et parfaite sont respectées, l'économie est en équilibre général).

D'autre part, selon les libéraux, les comportements individuels s'agrègent harmonieusement. Chaque individu, en recherchant son intérêt personnel, œuvre non intentionnellement pour l'intérêt général. Les libéraux sont des utilitaristes au sens où ils affirment que la motivation principale de chacun est de chercher à maximiser son utilité, c'est-à-dire son degré de satisfaction.

I. Les premiers libéraux : les physiocrates français et les classiques britanniques

A. L'école physiocrate

La physiocratie est un courant économique qui ne durera que quelques années en France au XVIIIe siècle et qui ne regroupera que peu de personnes : François Quesnay (1694-1774), son chef de file et médecin de la marquise de Pompadour et de Louis XV, entouré de quelques nobles et de quelques ecclésiastiques. La doctrine physiocratique eut d'illustres sympathisants : le ministre français Turgot, Catherine II la Grande, en Russie, ou le roi Stanislas II, en Pologne. Pour les physiocrates, libéraux hostiles aux interventions de l'État, le véritable enrichissement n'est pas monétaire mais agricole. Ils s'opposent en cela aux mercantilistes.

Les physiocrates réagissent contre les mercantilistes car ils pensent que l'objectif de la vie n'est pas l'enrichissement mais le bonheur. Pour atteindre ce bonheur, ils préconisent une vie naturelle aux champs et considèrent qu'il faut augmenter la production de richesses, non les richesses monétaires, comme le pensent les mercantilistes, mais les richesses agricoles.

Seule l'agriculture est en mesure de produire un surplus au-delà des matériaux utilisés, c'est-à-dire un produit net. L'activité manufacturière est stérile car elle ne dégage aucun produit net ; elle transforme les richesses, mais n'en crée pas. L'industrie est tout de même très utile, puisqu'elle fournit à l'agriculture des biens de production que les physiocrates nomment « avances », et dont l'utilisation permet d'augmenter les rendements.

Avec les physiocrates, la richesse devient matérielle et non plus, comme l'affirmaient les mercantilistes, uniquement monétaire. L'erreur est évidemment de limiter la définition de la richesse uniquement au produit agricole et de considérer que seule l'activité agricole est productive. Cette méprise se comprend à une époque où l'appareil productif est essentiellement agricole.

Dans son *Tableau économique* (1758), Quesnay procède à la première tentative de comptabilité nationale, en représentant la circulation des flux réels et monétaires. Par le jeu des échanges, les dépenses des uns constituent les gains des autres. Les physiocrates distinguent trois classes d'agents économiques : la classe des agriculteurs, qui est la classe productive ; la classe des propriétaires fonciers ; la classe urbaine, qu'ils nomment « classe stérile ».

Ainsi, Quesnay propose un cas particulier : les agriculteurs produisent l'équivalent de 5 milliards en produits agricoles ; ils conservent l'équivalent de 2 milliards pour pourvoir à leur entretien et pour procurer des avances à la terre ; ils vendent les 3 milliards restants aux deux autres classes. Grâce à cette vente de 3 milliards, ils peuvent payer le produit net (création nette de marchandises, qui constitue le revenu des propriétaires) et acheter à la classe stérile des produits finis, qui serviront d'avances.

Les avances, qui comprennent l'investissement et les biens intermédiaires, permettent le progrès agricole ; Quesnay considère que ces avances peuvent diminuer si des taxes trop lourdes grèvent le revenu des agriculteurs, si les dépenses non agricoles de la classe stérile et de celle des propriétaires sont trop fortes et si les commerces intérieur et extérieur manquent de liberté. Il est donc nécessaire d'assurer la liberté de l'économie.

DOCUMENT 1

Le tableau économique

« La nation est réduite à trois classes de citoyens : la classe productive, la classe des propriétaires et la classe stérile.

« La classe productive est celle qui fait renaître par la culture du territoire les richesses annuelles de la nation, qui fait les avances des dépenses des travaux de l'agriculture, et qui paye annuellement les revenus des propriétaires des terres. [...]

« La classe des propriétaires comprend le souverain, les possesseurs des terres et les décimateurs. Cette classe subsiste par le revenu ou produit net de la culture, qui lui est payé annuellement par la classe productive, après que celle-ci a prélevé, sur la reproduction qu'elle fait renaître annuellement, les richesses pour se rembourser de ses avances annuelles et pour entretenir ses richesses d'exploitation.

« La classe stérile est formée de tous les citoyens occupés à d'autres services et à d'autres travaux que ceux de l'agriculture, et dont les dépenses sont payées par la classe productive et par la classe des propriétaires, qui eux-mêmes tirent leurs revenus de la classe productive. »

François Quesnay, *Tableau économique.*

Les physiocrates sont les premiers libéraux ; ils considèrent que l'État ne doit pas intervenir dans l'économie et qu'il doit respecter les lois physiques qui la guident. Les intérêts individuels et surtout ceux des agriculteurs sont conformes à l'intérêt général. Il faut respecter l'ordre naturel de l'économie et respecter la propriété privée.

Libre-échangistes, les physiocrates s'opposèrent au protectionnisme de Colbert. Le mercantilisme avait mené une politique de bas prix agricoles pour limiter les salaires et ainsi favoriser le développement industriel ; l'une des mesures emblématiques de la politique colbertiste fut l'interdiction des exportations de blé qui, en créant une surproduction relative, diminuait le prix du blé. Les physiocrates considéraient au contraire qu'il fallait favoriser l'augmentation du prix du blé afin d'encourager les agriculteurs à accroître leur production et donc le produit net.

Les physiocrates sont à l'origine de trois avancées considérables de la théorie économique : ils furent les premiers libéraux, ils ont prôné l'enrichissement matériel et non monétaire, enfin ils ont créé le premier circuit économique.

B. Les classiques britanniques

La révolution industrielle au XVIIIe siècle révèle un nouveau courant de pensée, fondement de la pensée économique moderne.

L'école classique s'échelonne de 1776, date de l'œuvre maîtresse d'Adam Smith, *Recherches sur la nature et les causes de la richesse des nations*, à 1848, date de la parution des *Principes d'économie politique*, de John Stuart Mill. Les idées principales de l'école classique sont l'harmonie des intérêts individuels, le respect de l'ordre naturel et donc la nécessaire non-intervention de l'État dans l'économie.

1. Le fondateur de l'économie libérale moderne : Adam Smith

Adam Smith (1723-1790) est aussi un philosophe ; il considère que l'homme, loin d'être un loup pour l'homme, est un être social qui recherche d'abord à se rendre sympathique et à faire approuver ses comportements par ses proches. Dans ce cadre, un État fort et autoritaire n'est pas nécessaire car il y a peu de comportements asociaux à réfréner.

Smith est le fondateur du libéralisme moderne. Il postule que, contrairement à ce qu'affirment les mercantilistes, la véritable richesse n'est pas l'or, mais le produit que l'on peut consommer. La richesse provient donc de la production matérielle ; le but de l'œuvre de Smith est de déterminer les moyens d'accroître cette production afin d'enrichir la nation.

Le premier moyen d'augmenter la production est de diviser le travail. Par son célèbre exemple de la manufacture d'épingles, Smith montre que la division du travail est le facteur principal de l'accroissement de la productivité.

> “*Dans chaque art, la division du travail, aussi loin qu'elle peut y être portée, donne lieu à un accroissement proportionnel dans la puissance productive du travail. C'est cet avantage qui paraît avoir donné naissance à la séparation des divers emplois et métiers.*”
>
> Adam Smith, *Recherches sur la nature et les causes de la richesse des nations.*

Le deuxième moyen d'enrichir la nation est de laisser les individus s'enrichir car, en œuvrant pour leur intérêt personnel, ils enrichissent intentionnellement la nation tout entière ; c'est la fameuse notion de la « main invisible ». En effet, pour s'enrichir, les individus doivent produire, créer des industries et donc embaucher… Cette volonté de s'enrichir est certainement la cause principale du déclenchement de la révolution industrielle et la raison de l'avance britannique. De fait, alors qu'au XVIIIe siècle la motivation principale de beaucoup de nobles en France était le prestige social lié aux faveurs du roi, de nombreux Britanniques cherchaient à s'enrichir.

DOCUMENT 2

La main invisible

« Par conséquent, puisque chaque individu tâche, le plus qu'il peut, 1) d'employer son capital à faire valoir l'industrie nationale, et 2) de diriger cette industrie de manière à lui faire produire la plus grande valeur possible, chaque individu travaille nécessairement à rendre aussi grand que possible le revenu annuel de la société. À la vérité, son intention en général n'est pas en cela de servir l'intérêt public, et il ne sait même pas jusqu'à quel point il peut être utile à la société.

« En préférant le succès de l'industrie nationale à celui de l'industrie étrangère, il ne pense qu'à se donner personnellement une plus grande sûreté ; et en dirigeant cette industrie de manière que son produit ait le plus de valeur possible, il ne pense qu'à son propre gain ; en cela, comme dans beaucoup d'autres cas, il est conduit par une main invisible à remplir une fin qui n'entre nullement dans ses intentions ; et ce n'est pas toujours ce qu'il y a de plus mal pour la société, que cette fin n'entre pour rien dans ses intentions. Tout en ne cherchant que son intérêt personnel, il travaille souvent d'une manière bien plus efficace pour l'intérêt de la société, que s'il avait réellement pour but d'y travailler. Je n'ai jamais vu que ceux qui aspiraient, dans leurs entreprises de commerce, à travailler pour le bien général aient fait beaucoup de bonnes choses. Il est vrai que cette belle passion n'est pas très commune parmi les marchands, et qu'il ne faudrait pas de longs discours pour les en guérir. »

Adam Smith, *Recherches sur la nature et les causes de la richesse des nations.*

Pour s'enrichir, il faut aussi se procurer les produits aux meilleurs prix. Sur le marché intérieur, cela peut être permis par la concurrence que se livrent les différentes industries. Il est également possible d'acheter à l'extérieur ce qui y est moins cher. Smith préconise donc le libre-échange et il comprend que celui-ci mène inévitablement à la spécialisation internationale ; celle-ci est fortement souhaitable car elle permet d'optimiser les avantages de chaque nation. Il montre ainsi dans sa théorie des « avantages absolus » que chaque pays a intérêt à se spécialiser dans les produits pour lesquels il est le plus avantagé (ceux qui nécessitent le moins de travail pour les produire) et à abandonner la production des autres produits, recourant dès lors aux importations.

Smith croit au nécessaire respect de l'ordre naturel. L'économie s'équilibre automatiquement, et l'État ne doit pas intervenir dans son fonctionnement. Le rôle de cet État minimal se limite à trois fonctions, deux régaliennes et une tutélaire : l'État doit protéger la nation contre les autres nations (armée), il doit protéger les individus contre l'injustice et l'oppression (justice et police), et il doit s'occuper des travaux d'infrastructures nécessaires pour le développement économique et non rentables pour le secteur privé (comme le creusement des canaux ou la construction des ponts).

2. Malthus et la loi sur la population

Smith croyait que le développement économique permettrait d'enrichir toute la population. Mais depuis la parution de son ouvrage en 1776, l'industrie s'est développée et avec elle le prolétariat. La pauvreté progresse, aggravée de surcroît par une série de mauvaises récoltes qui incitent le gouvernement à étendre les lois d'aide aux pauvres (les Poor Laws). Ces lois existaient en Grande-Bretagne depuis 1601 ; l'aide aux pauvres par les paroisses y était une obligation alors qu'en France, à la même époque, elle était volontaire et considérée comme une bonne action.

En 1795, à Speenhamland, village du centre de l'Angleterre, les juges du comté décident de créer une sorte de revenu minimal, qui peut même compléter le salaire s'il est insuffisant. Thomas Robert Malthus (1766-1834), pasteur et économiste britannique libéral, s'oppose à ces aides sociales dans son livre *Essai sur le principe de population* (1798). Il affirme haut et fort que s'il existe en Angleterre des misérables qui n'ont pas assez pour s'alimenter, c'est à cause d'un manque de blé ; or ce n'est pas les lois pour les pauvres qui fabriquent du blé. Malthus pense même que ces dernières créent des pauvres en encourageant la natalité.

La loi de la population de Malthus rejette toute action sociale de l'État, qu'il accuse de nuire à la régulation démographique. En l'absence d'obstacle à sa croissance, la population suit une progression géométrique de raison 2 tous les 25 ans, tandis que la production suit une progression arithmétique de même raison. Il peut donc se produire un appauvrissement de la population, au point de la menacer de disette et d'empêcher le développement économique.

Deux séries d'obstacles permettent de limiter la croissance de la population : les obstacles naturels et les obstacles artificiels.

Les obstacles naturels sont les facteurs qui permettent une autorégulation de la population. Si celle-ci croît trop fortement par rapport aux ressources dont elle dispose, des famines, des épidémies liées à la sous-alimentation et des guerres dues à la concurrence pour le sol se développent obligatoirement. Cette situation provoque l'augmentation de la mortalité et la « misère extrême ».

> “*Un homme qui est né dans un monde déjà possédé, s'il ne peut obtenir de ses parents la subsistance qu'il peut justement leur demander, et si la société n'a pas besoin de son travail, n'a aucun droit à réclamer la plus petite portion de nourriture et, en fait, il est de trop au banquet de la nature.*”
>
> Thomas R. Malthus, *Essai sur le principe de population.*

Pour ne pas en arriver là, il faudrait mettre en place des obstacles artificiels ; Malthus refuse la contraception, qu'il considère comme un vice, mais il conseille le recul de l'âge du mariage (lui-même ne s'est marié qu'à 38 ans) et la chasteté conjugale. Ces deux dernières solutions ne pouvant être imposées autoritairement, il est nécessaire que les pauvres les adoptent volontairement en se rendant compte que leur intérêt est de diminuer leur descendance. Pour cela, Malthus croit en « l'utilité de la misère », et il préconise la suppression de toute charité en faveur des pauvres, pour ne pas les encourager dans leur comportement nataliste. La sélection naturelle et sociale est le plus sûr moyen d'enrayer l'augmentation rapide de la population.

Malthus n'a pas pris en compte le fait que l'accroissement de la population pouvait ne pas perdurer. Il n'envisage pas non plus la possibilité que la pression démographique soit un facteur d'augmentation de la demande et de la production.

Il a toutefois fortement marqué l'histoire de la pensée. Ses thèses sur la sélection naturelle de la population en font l'un des pères du darwinisme. De plus, les thèses néomalthusiennes, développées à propos des pays du tiers-monde, puisent leur source dans le malthusianisme, quoiqu'elles en soient bien différentes : il s'agit en effet d'interventions étatiques, donc contraires aux principes libéraux de Malthus, et qui encouragent par ailleurs une contraception que ses principes moraux condamnaient.

Malthus est aussi l'un des premiers à se rendre compte de l'importance de la demande comme stimulant de la production ; cette thèse, qu'il a développée dans ses *Principes d'économie politique au point de vue de leur application pratique* (1820), infirme pourtant en partie son principe de population.

3. La théorie de la répartition et le libre-échangisme de Ricardo

Dans *Principes de l'économie politique et de l'impôt*, paru en 1817, l'économiste classique britannique David Ricardo (1772-1823) présente sa conception de l'économie. Son ouvrage se compose de deux parties : la première est pessimiste car il y explique que l'économie tend vers un état stationnaire ; la deuxième partie est beaucoup plus optimiste puisqu'il y détaille les moyens pour reculer l'échéance de cet état stationnaire.

La théorie de la répartition se fonde sur la « théorie de la valeur travail », que Ricardo a reprise à Smith en l'approfondissant. Selon cette théorie, la valeur d'échange des marchandises dépend de la quantité de travail nécessaire pour les produire. Ricardo affirme qu'il faut prendre en considération le travail direct (celui qui produit directement la marchandise) et le travail indirect qui a été nécessaire pour produire les outils et les machines.

Selon Ricardo, trois catégories sociales se partagent trois sortes de revenus. Les salariés vendent leur travail et reçoivent en contrepartie un salaire de subsistance. Ricardo reprend donc la « loi d'airain », déjà formulée par Turgot (1727-1781), qui affirme que le salaire du travailleur est celui qui permet tout juste de le nourrir, ainsi que sa famille. Ricardo explique qu'un salaire inférieur est impossible, et qu'un salaire supérieur inciterait à la natalité (il reprend la loi de Malthus), augmenterait à terme l'offre de travail et conduirait donc par la loi du marché à une baisse du salaire.

Les capitalistes reçoivent un profit qui est égal à la différence entre la valeur des marchandises (qui dépend de la quantité de travail) et le montant des salaires versés.

Les propriétaires fonciers reçoivent une rente qui est déterminée par l'écart entre le rendement de la terre et celui de la terre la moins fertile (cette dernière ne donne pas lieu à un paiement de rente). En effet, la valeur des marchandises provenant de la quantité de travail nécessaire pour les produire, le prix du blé dépend de la quantité de travail mise en œuvre sur la terre la moins fertile. Les autres terres vendent le blé au même prix, mais utilisent moins de travail ; c'est cet écart qui est à la base de la rente des propriétaires fonciers.

DOCUMENT 3

Le salaire de subsistance

« Le prix naturel du travail est celui qui fournit aux ouvriers, en général, les moyens de subsister et de perpétuer leur espèce sans accroissement ni diminution. Les ressources qu'a l'ouvrier pour subvenir à son entretien et à celui de la famille nécessaire pour maintenir le nombre des travailleurs ne tiennent pas à la quantité d'argent qu'il reçoit pour son salaire, mais à la quantité de subsistances et d'autres objets nécessaires ou utiles dont l'habitude lui a fait un besoin, et qu'il peut acheter avec l'argent de ses gages. Le prix naturel du travail dépend donc du prix des subsistances et de celui des choses nécessaires ou utiles à l'entretien de l'ouvrier et de sa famille. Une hausse dans le prix de ces objets fera hausser le prix naturel du travail, lequel baissera par la baisse des prix. »

David Ricardo, *Principes de l'économie politique et de l'impôt.*

À partir de cette théorie de la répartition, Ricardo formule sa loi des rendements décroissants. Pour faire face à l'accroissement de la demande induit par l'augmentation de la population (loi sur la population de Malthus), il est nécessaire de cultiver de nouvelles terres de moins en moins fertiles, dont le rendement est donc décroissant. Les terres moins fertiles nécessitant plus de travail pour les cultiver, le prix du blé augmente ainsi que, par voie de conséquence, les salaires, puisque l'achat de blé est nécessaire à la subsistance. Il en résulte que la rente foncière versée aux propriétaires fonciers s'accroît au détriment des profits, qui diminuent. Or, le profit étant la motivation principale de la production, celle-ci tend vers un état stationnaire, c'est-à-dire la situation d'une économie sans croissance.

La seule façon d'écarter le spectre de l'état stationnaire est de stopper l'augmentation du prix du blé de façon à stopper celle des salaires. Pour cela, il faudrait en importer et donc abolir les Corn Laws (lois interdisant toute importation de blé de façon à protéger les agriculteurs britanniques). Les Corn Laws furent abolies en 1846, 23 ans après la mort de Ricardo.

Ricardo est favorable au libre-échange car il pense que seules les importations de blé permettent de retarder la tendance à la baisse du taux de profit, mais aussi parce que chaque pays a intérêt à se spécialiser et que les échanges s'équilibrent automatiquement.

Ricardo affirme que le libre-échange et la spécialisation sont toujours favorables et concernent toutes les nations (même les pays les moins compétitifs et qui *a priori* ne pourraient pas participer au commerce mondial). Il justifie en effet le libre-échange par la loi des avantages comparatifs. Selon cette loi, quelle que soit la situation d'un pays, la spécialisation et l'échange international lui procurent un gain. Les pays ont intérêt à se spécialiser dans les produits pour lesquels ils sont les plus avantagés ou les moins désavantagés. C'est ce qu'il explique en prenant pour exemple le vin et le tissu comme produits et le Portugal et la Grande-Bretagne comme pays. Le Portugal est avantagé pour les deux produits, mais il a intérêt à se spécialiser dans la production de vin car son avantage comparatif y est le plus élevé ; de son côté, la Grande-Bretagne a intérêt à se spécialiser dans la production de tissu car c'est pour ce produit que son désavantage comparatif est le plus faible. Pour que les deux pays gagnent à l'échange international, il suffit que le rapport d'échange international se situe entre le rapport des coûts de chaque pays.

> “*Supposons deux ouvriers sachant l'un et l'autre faire des souliers et des chapeaux : l'un d'eux peut exceller dans les deux métiers ; mais en faisant des chapeaux, il ne l'emporte sur son rival que de 20 %, tandis qu'en travaillant à des souliers il a sur lui l'avantage de 33 %. Ne serait-il pas de l'intérêt des deux que l'ouvrier le plus habile se livrât exclusivement à l'état de cordonnier et le moins adroit à celui de chapelier ?*”
>
> David Ricardo, *Principes de l'économie politique et de l'impôt.*

Le commerce ne peut pas être source de déséquilibres durables car la balance des comptes s'équilibre automatiquement. Un déficit de celle-ci provoque, en effet, une sortie d'or, qui fait baisser les prix intérieurs et rend donc le pays plus compétitif, d'où une augmentation des exportations et une diminution des importations. Au contraire, un excédent provoque une entrée d'or, qui fait augmenter les prix intérieurs et dessert donc la compétitivité.

La théorie de Ricardo porte aussi sur l'intervention de l'État, notamment par le biais de l'impôt. Il faut limiter les prélèvements élevés, qui sont forcément préjudiciables à l'économie. Ils nuisent à l'investissement lorsqu'ils taxent le capital et à l'épargne lorsqu'ils taxent le revenu.

4. Mill et le progrès social

John Stuart Mill (1806-1873) – ses *Principes d'économie politique* paraissent en 1848 – est l'un des représentants de l'école classique. S'il adhère à ses principes généraux, tels l'utilitarisme et le « laisser-faire », il accepte néanmoins l'intervention de l'État dans le domaine social et préconise un certain réformisme social. Ainsi, il prône l'émancipation des femmes, la réglementation de la durée du travail, l'aide au pauvres et surtout l'instruction publique gratuite et de qualité pour tous. Seule cette instruction peut permettre une « association des ouvriers et des entrepreneurs » pour le bien de tous.

Mill a formulé l'équation de la théorie quantitative de la monnaie, qui sera reprise plus tard par Irving Fisher, selon laquelle la quantité de monnaie multipliée par sa vitesse de circulation est égale au niveau général des prix multiplié par le nombre de transactions. Il prolonge aussi la théorie des avantages comparatifs de Ricardo en précisant le prix d'échange des biens dans les échanges internationaux. À l'intérieur de la fourchette des rapports de coûts comparatifs (rapport de coûts de chaque pays), le prix des produits dépend de l'importance de la demande adressée pour chaque produit.

L'école classique préconise donc en premier lieu le respect de l'ordre naturel, même si, pour Mill, considéré comme le dernier auteur classique, l'existence de la main invisible est contestable dans la mesure où l'intérêt du plus fort peut prévaloir et les inégalités exister.

L'école classique britannique a posé les fondements de la théorie économique moderne. Elle a annoncé Marx, qui a repris la théorie de la valeur travail et la tendance à la baisse du taux de profit, mais surtout l'**école néoclassique**, qui en constitue un prolongement et ne s'en éloigne que par la définition d'une nouvelle théorie de la valeur.

II. Les néoclassiques

C'est au troisième tiers du XIXe siècle que le courant néoclassique est né. Cette école a fondé une certaine conception de l'économie : la micro-économie (qui est traitée dans la troisième partie de cet ouvrage). Les principaux fondateurs de l'économie néoclassique sont le Français Léon Walras (1834-1910), le britannique William Stanley Jevons (1835-1882) et l'Autrichien Carl Menger (1840-1921).

Pour introduire les néoclassiques, il est nécessaire de présenter une théorie charnière entre l'école classique et l'école néoclassique, la théorie du Français Jean-Baptiste Say (1767-1832). Malgré sa volonté de se présenter comme un disciple de Smith et bien qu'il soit un contemporain des classiques, Say préfigure à maints égards l'école néoclassique.

Dans sa loi des débouchés, il explique que les produits s'échangent contre les produits et que l'offre crée sa propre demande. Puisque toute production se transforme en revenus qui eux-mêmes se transforment en demande, la surproduction est impossible ; cette théorie annonce l'équilibre général des néoclassiques et sera reprise par des théoriciens contemporains : les théoriciens de l'offre.

DOCUMENT 4

La loi des débouchés

« La presque totalité des produits d'une nation se distribue, non en nature, mais en argent, aux personnes dont ils composent les revenus. Une manufacture fabrique dans une année pour cent mille francs de marchandises ; elle les vend en totalité, et l'argent qu'elle en tire se distribue aux ouvriers qu'elle a employés, aux capitalistes qui lui ont prêté, aux entrepreneurs qui s'y trouvent intéressés, etc.

« Puisque la valeur produite a été distribuée en argent, tous ceux qui ont pris part à cette distribution sont obligés, pour la consommer, de la transformer, par un nouvel échange, en objet de consommation ; c'est-à-dire d'acheter les choses qui doivent servir à satisfaire tous leurs besoins. »

Jean-Baptiste Say, *Cours complet d'économie politique pratique.*

Say annonce aussi les néoclassiques par sa loi de la valeur ; selon lui, la valeur des marchandises ne dépend pas de la quantité de travail nécessaire pour les produire, mais de leur utilité, c'est-à-dire de la satisfaction qu'elles procurent au consommateur.

Il offre une nouvelle définition à la production : il ne la limite plus à la création de biens matériels (comme le faisait Smith), mais il considère que certaines activités de service sont productives.

A. L'équilibre général

Dans son livre *Éléments d'économie politique pure*, Léon Walras explique que si les conditions de la concurrence pure et parfaite sont réunies, c'est-à-dire si l'ordre naturel est respecté, l'économie se maintient automatiquement en équilibre. Les caractéristiques de cet équilibre sont exposées par Walras puis par Vilfredo Pareto (1848-1923) dans son M*anuel d'économie politique*.

1. Les conditions de la concurrence pure et parfaite

Pour que les conditions de la concurrence pure et parfaite soient réunies, il est nécessaire qu'il y ait :

- une atomicité du marché, c'est-à-dire une multitude d'offreurs et de demandeurs sur le marché afin qu'aucun ne puisse à lui seul avoir un impact sur les prix ;
- une homogénéité des produits : les produits doivent être comparables afin que la concurrence joue uniquement sur les prix ;
- une fluidité du marché : à tout moment chacun peut entrer ou sortir du marché ;
- une transparence du marché : toutes les informations doivent être parfaitement disponibles afin de pouvoir faire jouer la concurrence.

Par hypothèse, les agents économiques sont des « *Homo oeconomicus* », c'est-à-dire des êtres rationnels qui cherchent à maximiser leur profit s'ils sont producteurs et à maximiser leur satisfaction et minimiser leur travail s'ils sont consommateurs. Capables de décider en connaissance de cause, ils peuvent donc prévoir les conséquences de chacune de leurs décisions. Pour l'individu, la rationalité suppose dès lors une conscience objective de son intérêt et une capacité à juger et à anticiper parfaitement.

On peut noter que Herbert Simon (né en 1916 ; prix Nobel d'économie en 1978), dans *Les Organisations* (1958), mettra en cause cette rationalité parfaite de l'agent économique. Il considère que la rationalité est limitée car, dans la réalité économique, les individus ne recherchent pas la solution optimale, mais s'arrêtent consciemment ou non à la première solution satisfaisante qu'ils découvrent.

2. L'équilibre général de Walras et de Pareto

Sur chacun des trois marchés principaux, le marché des biens et des services, le marché du travail et le marché du capital, se confrontent une offre et une demande qui sont le résultat de l'agrégation des demandes et des offres individuelles. Sur chaque marché l'offre est une fonction croissante du prix, et la demande en est une fonction décroissante. La libre variation des prix permet d'assurer l'équilibre. Si une modification intervient sur l'un des marchés, elle se répercute immédiatement sur les autres marchés, qui compensent la variation de façon à maintenir l'équilibre.

La fixation des prix s'effectue par tâtonnements. À l'image de l'intervention du commissaire-priseur lors d'une vente à la criée, des ajustements successifs permettent de fixer un prix d'équilibre, égalisant la quantité offerte et la quantité demandée sur chaque marché. L'équilibre général est ainsi atteint. Un déséquilibre ne peut être que ponctuel. La loi de Walras stipule que la demande totale (somme des demandes de chaque marché particulier) est forcément égale à l'offre globale (somme des offres de chaque marché particulier) : un déséquilibre sur un marché suppose donc un déséquilibre symétrique sur un autre marché.

Grâce à la flexibilité des prix, l'économie est en équilibre général :

- il ne peut y avoir de crise de surproduction car la variation du prix des biens et services permet d'égaliser l'offre et la demande ;
- toute l'épargne est forcément investie car la libre variation du taux d'intérêt permet d'égaliser l'épargne et l'investissement ;
- il ne peut y avoir de chômage, sauf s'il est volontaire, car la libre variation du salaire permet d'égaliser l'offre et la demande de travail.

> “*En admettant la libre concurrence des travailleurs et la parfaite mobilité du travail, les taux de salaire ont toujours tendance à s'adapter à la demande de telle façon que tout le monde est employé. Par conséquent, en condition de stabilité, chacun trouve normalement un emploi.*”
>
> Arthur C. Pigou, *La Théorie du chômage.*

Walras et Pareto montrent que l'équilibre général est mathématiquement possible. Le problème est de savoir s'il existe un système de prix qui égalise l'offre et la demande sur tous les micromarchés en même temps. On se retrouve donc avec un système d'équations (équations d'offre, équations de demande et équations d'équilibre entre l'offre et la demande) dont les inconnues sont les quantités et les prix. Walras explique qu'il existe autant d'équations que d'inconnues et donc que le système peut avoir une solution. L'équilibre général est de ce fait possible.

> “*Quant au langage, pourquoi s'obstiner à expliquer très péniblement et très incorrectement, comme l'a fait souvent Ricardo, comme le fait à chaque instant John Stuart Mill dans ses* Principes d'économie politique, *en se servant de la langue usuelle, des choses qui, dans une langue des mathématiques, peuvent s'énoncer en bien moins de mots, d'une façon bien plus exacte et plus claire ?*”
>
> Léon Walras, *Éléments d'économie politique pure.*

Un déséquilibre ne peut perdurer que si les conditions de la concurrence pure et parfaite ne sont pas réunies ; une intervention extérieure au marché, comme celle de l'État, est condamnable car elle altère l'ordre naturel et perturbe donc le fonctionnement autorégulateur du marché.

B. Le marginalisme des néoclassiques

Les néoclassiques sont des utilitaristes dans le sens où ils considèrent que toutes les actions des individus sont motivées par la recherche de leur intérêt personnel.

Pour déterminer quelles sont les motivations des individus, les néoclassiques utilisent une méthode de raisonnement : le marginalisme. L'idée est que les agents économiques rationnels ne raisonnent pas sur des quantités globales, mais sur des quantités additionnelles (pour de plus longs développements, voir le chapitre sur la microéconomie en troisième partie de cet ouvrage).

Les néoclassiques proposent donc une analyse de l'économie basée sur les comportements des agents économiques ; ils sont les fondateurs de la microéconomie.

L'existence de déséquilibres plus ou moins durables met en cause les principes de l'analyse néoclassique. C'est la raison pour laquelle Keynes proposera une nouvelle conception de l'économie, et les nouveaux libéraux, tout en maintenant un raisonnement fondé sur la rationalité individuelle, admettront la possibilité de certains déséquilibres.

Chapitre II

Keynes et les keynésiens

Keynes et les keynésiens s'opposent à la théorie libérale car ils considèrent que les déséquilibres sont possibles et que l'État doit intervenir dans l'économie pour la réguler. Keynes a fondé une « théorie de la demande » car il affirme, contrairement à Say, que c'est l'offre qui procède de la demande et non l'inverse. Relativement peu d'économistes ont annoncé les idées de Keynes car le XIXe siècle est globalement le siècle du libéralisme doctrinal, mais certains auteurs, rares il est vrai, proposent une intervention de l'État. Malthus, pourtant libéral, a lui aussi annoncé la théorie de Keynes lorsqu'il affirme la possibilité d'une surproduction. Mais c'est Keynes lui-même qui a poussé le plus loin la mise en cause de l'État. Nous examinerons ensuite les différents courants qui prolongent son œuvre.

I. Les annonciateurs de Keynes

A. L'intervention nécessaire de l'État pour Dupont-White

Charles Brook Dupont-White (1807-1878) est un économiste français qui s'oppose au libéralisme car il considère qu'il conduit à l'appauvrissement des travailleurs.

Selon Dupont-White, le contrat de travail est inégal car le travailleur n'a pas d'autre choix que d'accepter de travailler, et cela quel que soit le salaire offert. Dupont-White pense que le travail est une marchandise périssable que le travailleur doit absolument vendre jour après jour ; il ne peut pas stocker cette marchandise.

Il pense d'autre part que le machinisme, en diminuant la demande de travail, tend à défavoriser les travailleurs, à créer du chômage et à faire tendre les salaires à la baisse. Les travailleurs sont victimes des crises périodiques de surproduction.

Le libéralisme risque dès lors de conduire à une révolution sociale, que Dupont-White redoute ; il faut donc que l'État intervienne pour sauvegarder le système.

L'État doit mettre en œuvre « la charité dans les lois ». Il doit mener une politique d'assistance publique, d'enseignement populaire, et doit couvrir les travailleurs contre les risques de crise de surproduction par la formation d'un fonds d'assurance créé à partir de l'augmentation de l'impôt sur les patentes.

Dupont-White s'oppose aussi au libre-échangisme, qui, selon lui, amplifie et diffuse les crises, à l'image du vent se transformant en tempête en pleine mer quand aucune barrière naturelle n'empêche sa propagation.

Il pense que le développement de la Grande-Bretagne s'explique essentiellement par la politique mercantiliste qu'elle menait jusqu'au milieu du XIXe siècle et par ses lois d'aide aux pauvres, pourtant décriées par Malthus.

> “*L'humanité est meilleure dans l'État que dans les individus ; elle s'épure, parce qu'elle s'élève, dans cet être collectif.*”
>
> Charles B. Dupont-White,
> *Essai sur les relations du travail avec le capital.*

B. La théorie de la demande de Malthus

Dans ses *Principes d'économie politique*, publiés en 1820, Malthus s'oppose à Say. Selon lui l'offre ne crée pas forcément la demande, car une partie des revenus peut être épargnée, ce qui peut provoquer un recul de l'activité économique. Il pense que la loi des débouchés est fausse puisque les produits ne s'échangent pas uniquement contre des produits, mais beaucoup s'échangent contre du travail. Or, certains travaux sont improductifs (comme ceux des domestiques) alors que d'autres sont productifs ; il en résulte que le niveau de la production et le niveau de la demande ne sont pas nécessairement identiques. Le système capitaliste peut donc craindre une insuffisance de débouchés.

DOCUMENT 1

La réfutation de la loi des débouchés

« M. Say, dans son bel ouvrage sur l'économie politique, a même poussé la chose si loin, qu'il assure que la consommation d'une denrée, en l'enlevant du marché, diminue la demande et que la production d'une denrée augmente la demande dans la même proportion. Cependant cette doctrine, avec toute l'extension qu'on lui a donnée, me semble tout à fait fausse, et en contradiction manifeste avec les grands principes qui règlent l'offre et la demande. Il n'est pas du tout vrai, dans les faits, que des produits soient toujours échangés contre d'autres produits. La plus grande partie des produits s'échange contre du travail productif ou des services personnels ; et il est clair que cette masse de produits, comparée au travail contre laquelle elle doit être échangée, peut baisser de valeur par l'effet de sa surabondance, précisément de la même manière qu'une seule denrée baisse de valeur par l'excès de l'approvisionnement, relativement au travail ou à la monnaie. »

Thomas R. Malthus,
Principes d'économie politique.

II. John Maynard Keynes

L'œuvre maîtresse du célèbre économiste d'origine britannique John Maynard Keynes (1883-1946), *Théorie générale de l'emploi, de l'intérêt et de la monnaie*, a été publiée en 1936. Keynes y met en cause les postulats des économistes classiques ; il place la recherche du plein-emploi au cœur de l'économie et expose les politiques économiques à mettre en œuvre pour y parvenir.

A. La réponse de Keynes aux classiques

1. La critique de la théorie classique (Keynes emploie le terme « classique » pour désigner les néoclassiques)

Le chômage involontaire est possible. Selon la théorie classique, le salaire est à la fois égal au produit marginal du travail (productivité de la dernière unité de travail employée) et au montant qui permet d'attirer sur le marché du travail le volume d'emploi nécessaire.

Pour les néoclassiques, seuls deux types de chômage sont possibles : le chômage de frottement, dû à différents défauts d'ajustement du marché du travail, et le chômage volontaire, dû au refus d'une partie de la main-d'œuvre de travailler au salaire du marché.

Keynes s'oppose à cette conception, qu'il juge clairement infirmée par les faits (il prend pour exemple le chômage aux États-Unis en 1932). Deux arguments mettent en défaut la théorie néoclassique :

– les salariés sont victimes de l'illusion monétaire et ils n'ajustent pas leur comportement au salaire réel (comme le stipulent les classiques), mais au salaire nominal ;

> “*Il est possible que dans une certaine limite les exigences de la main-d'œuvre portent sur un minimum de salaire nominal et non sur un minimum de salaire réel.*”
>
> John M. Keynes, *Théorie générale de l'emploi, de l'intérêt et de la monnaie.*

– l'argument principal de Keynes est que le niveau des salaires réels ne résulte pas du marché du travail, mais provient du niveau de l'emploi, qui lui-même résulte de la demande effective. En effet, Keynes accepte l'égalité entre le produit marginal du travail et le salaire, mais il pense que la variable déterminante est le niveau de l'emploi qui fixe le produit marginal du travail et donc le salaire, et non l'inverse. Si le niveau de l'emploi est trop faible, il existe du chômage involontaire car certains individus accepteraient de travailler pour un salaire égal ou plus faible. Il faut alors augmenter la demande effective, ce qui élève le niveau de l'emploi, diminue le produit marginal du travail et suscite une baisse des salaires. Mais lorsque le plein-emploi est réalisé et donc que tous ceux qui voudraient travailler au salaire du marché sont embauchés, l'augmentation de la demande effective ne peut que conduire à l'augmentation des prix.

L'offre ne crée pas la demande. Un second postulat de l'analyse classique, développé par Say, affirme que l'offre crée sa propre demande. Ce qui suppose que, la production induisant une demande équivalente, l'épargne est égale à l'investissement et que l'action de la monnaie n'a pas d'importance véritable. En réalité, la monnaie joue un rôle central dans l'équilibre économique, et toute épargne est un manque à gagner pour la consommation.

2. Le principe de la demande effective

La demande effective, qui englobe la consommation et l'investissement, est le moteur de l'économie. Keynes résume ainsi sa théorie générale :

– le revenu (qui est égal à la production) résulte, dans un état donné de techniques et de ressources, du volume de l'emploi ;
– la relation entre le revenu et la consommation (une des composantes de la demande effective) dépend de la propension à consommer (part de la consommation dans le revenu) ;
– les entrepreneurs ajustent la production (et donc la quantité de main-d'œuvre qu'ils désirent embaucher) à la demande effective ;
– le niveau de l'emploi résulte donc de la fonction d'offre globale (relation liant le niveau de production à l'emploi) et de la demande effective ;
– le niveau d'emploi détermine le produit marginal du travail, qui fixe le niveau du salaire réel ;
– lorsque l'emploi augmente, la dépense de consommation augmente aussi, mais d'un montant inférieur à la demande effective car l'augmentation du revenu provoque une augmentation plus faible de la consommation ; en effet une part de l'augmentation du revenu sera destinée à l'épargne. Donc, il est nécessaire que l'investissement augmente de façon à combler l'écart grandissant entre l'offre globale et la dépense de consommation.

Cette analyse explique « le paradoxe de la pauvreté au sein de l'abondance ». Car plus une communauté est riche, plus la propension à consommer est faible, et donc plus l'investissement doit être élevé pour compenser ce manque de consommation par rapport au revenu. À l'inverse, le plein-emploi, dans les sociétés pauvres, est plus facilement atteint car, la propension à consommer y étant forte, un très faible montant d'investissement suffit à y assurer le plein-emploi. Seul Malthus avait compris que la demande effective pouvait être insuffisante.

L'épargne et l'investissement sont forcément égaux ; en effet, pour qu'une personne augmente son patrimoine, il faut obligatoirement qu'une autre personne épargne. Toute épargne crée une possibilité d'augmentation des avoirs.

Un investissement induit par le crédit et la création monétaire peut être effectué sans épargne préalable, mais l'égalité fondamentale entre épargne et investissement sera néanmoins vérifiée. Effectivement, l'investissement nouveau induira une augmentation du revenu et donc de l'épargne, qui pourra ainsi s'ajuster de nouveau à l'investissement.

3. Les déterminants de la consommation et de la propension à consommer

La propension à consommer, qui représente la part du revenu destinée à la consommation, a de nombreux déterminants. Keynes distingue les facteurs objectifs des facteurs subjectifs.

Le principal facteur objectif de la propension à consommer est le revenu. Keynes annonce ce qu'il appelle « la loi psychologique fondamentale » : « En moyenne et la plupart du temps, les hommes tendent à accroître leur consommation à mesure que le revenu croît, mais non d'une quantité aussi grande que l'accroissement du revenu. » Autrement dit, lorsque le revenu augmente, la consommation augmente aussi, mais la propension à consommer diminue.

D'autres facteurs de moindre importance jouent aussi un rôle : les variations de la valeur du capital pour la classe dirigeante, les variations de la politique fiscale, et les prévisions concernant l'évolution des revenus ; quant au taux d'intérêt, il a une importance réelle, mais marginale.

Les facteurs subjectifs sont les facteurs qui agissent sur les dépenses une fois le revenu fixé. Ces facteurs sont ceux qui incitent les agents économiques à épargner plutôt qu'à consommer.

Tout cela ne signifie pas que le taux d'intérêt n'ait aucun effet sur les montants consommés ou épargnés. Bien au contraire. Les néoclassiques considèrent que la hausse du taux d'intérêt favorise l'épargne au détriment de la consommation, mais elle ne le fait que marginalement selon Keynes ; en revanche elle défavorise considérablement l'investissement, ce qui est préjudiciable à la production, au revenu et par voie de conséquence à la consommation et à l'épargne. Il faut donc gouverner le taux d'intérêt afin qu'il détermine le niveau d'investissement nécessaire au plein-emploi.

> “*L'épargne est la pilule et la consommation la confiture.*”
>
> “*Si le taux d'intérêt était gouverné de telle sorte que le plein-emploi fût toujours maintenu, la Vertu reprendrait ses droits.*”
>
> John M. Keynes, *Théorie générale de l'emploi, de l'intérêt et de la monnaie.*

B. L'incitation à investir

Les entreprises investissent tant que l'efficacité marginale du capital est supérieure au taux d'intérêt.

1. L'efficacité marginale du capital

L'efficacité marginale du capital est le rendement escompté de l'investissement, compte tenu de la dépréciation de la machine et des coûts qui résultent de son emploi. Cette efficacité marginale est décroissante car plus la quantité de capital utilisée est élevée, moins les nouveaux équipements sont productifs.

Le rendement escompté de l'investissement dépend du rendement courant et des anticipations, c'est-à-dire de l'état de la prévision à long terme (perspectives de variation de la demande, de changement des goûts des consommateurs, évolution prévisible du salaire...).

L'« état de la confiance » joue un rôle important dans la prévision à long terme. Effectivement, le système économique est très instable en raison d'une part de la spéculation, qui est fortement critiquée par Keynes, et d'autre part de la nature humaine, car le climat politique et social peut favoriser ou au contraire décourager le dynamisme des hommes d'affaires.

> “*Les spéculateurs peuvent être aussi inoffensifs que des bulles d'air dans un courant régulier d'entreprise. Mais la situation devient sérieuse lorsque l'entreprise n'est plus qu'une bulle d'air dans le tourbillon spéculatif. Lorsque dans un pays le développement du capital devient le sous-produit de l'activité d'un casino, il risque de s'accomplir en des conditions défectueuses. La création d'une lourde taxe d'État frappant toutes les transactions se révélerait peut-être la plus salutaire des mesures permettant d'atténuer aux États-Unis la prédominance de la spéculation sur l'entreprise.*”
>
> John M. Keynes, *Théorie générale de l'emploi, de l'intérêt et de la monnaie.*

2. Le taux d'intérêt

Le taux d'intérêt résulte de la confrontation entre l'offre et la demande de monnaie. Keynes s'oppose à la théorie néoclassique, qui affirme que le taux d'intérêt est fixé sur le marché du capital sur lequel se confrontent l'offre de capital (l'épargne) et la demande de capital (l'investissement).

Le taux d'intérêt est un paramètre purement monétaire qui n'est donc pas forcément égal, comme le pensent les classiques, à l'efficacité marginale du capital. Keynes définit le taux d'intérêt comme « la récompense pour la renonciation à la liquidité durant une période déterminée ».

Le taux d'intérêt dépend de la quantité de monnaie en circulation et de la demande de monnaie, que Keynes nomme « préférence pour la liquidité ». Celle-ci résulte de trois motifs :

1) Le motif de transaction : « Une première raison de conserver de la monnaie est de combler l'intervalle entre l'encaissement et le décaissement du revenu. »

2) Le motif de précaution : « Le souci de parer aux éventualités exigeant une dépense soudaine, l'espoir de profiter d'occasions non prévues d'achats avantageux, et enfin le désir de garder un avoir de valeur nominale immuable pour faire face à une obligation future stipulée en monnaie. »

3) Le motif de spéculation : « Le désir de profiter d'une connaissance meilleure que celle du marché de ce que réserve l'avenir » ; dans ce cas les agents économiques préfèrent conserver de l'argent liquide dans l'espoir d'une meilleure rémunération future de leurs avoirs. Ce motif résulte de l'incertitude concernant les variations futures du taux d'intérêt.

La demande de monnaie dépend du revenu et du taux d'intérêt. La demande de monnaie pour les motifs de transaction et de précaution est une fonction du niveau du revenu : plus celui-ci est élevé, plus les individus dépensent, et donc plus ils ont besoin d'argent liquide pour leurs transactions et leurs dépenses éventuelles.

À l'inverse, le motif de spéculation résulte du taux d'intérêt ; si celui-ci est faible, les individus conservent de l'argent liquide dans l'attente de meilleures conditions de placement.

La demande de monnaie est donc une fonction décroissante du taux d'intérêt puisqu'un taux d'intérêt faible accroît directement la demande de monnaie pour spéculation et, en augmentant l'investissement et donc le revenu, accroît indirectement la demande de monnaie aux fins de transaction et de spéculation.

3. La création monétaire stimule l'investissement en situation de sous-emploi

Un accroissement de la quantité de monnaie a comme effet de diminuer le taux d'intérêt et d'augmenter l'investissement jusqu'à ce que le plein-emploi soit réalisé. En effet, les entreprises seront incitées à acheter des biens d'équipement tant que l'efficacité marginale du capital est supérieure au taux d'intérêt ; cela permet d'augmenter la demande effective, et donc l'emploi et le revenu ainsi que la consommation (mais dans une proportion moindre).

En situation de plein-emploi, la création monétaire provoque l'inflation. Lorsque le plein-emploi est réalisé et donc que tous ceux qui voudraient travailler au salaire du marché sont embauchés, l'augmentation de la quantité de monnaie ne peut pas accroître le niveau de la production ; Keynes accepte donc, dans ce cas précis, les conclusions de la théorie quantitative de la monnaie.

En effet, tant que le plein-emploi n'est pas réalisé, la production est élastique par rapport à la demande ; mais quand celui-ci est réalisé, la production devient inélastique et l'augmentation de la demande provoque une augmentation des prix.

> “*Tant qu'il existe du chômage, l'emploi varie proportionnellement à la quantité de monnaie ; lorsque l'emploi est réalisé, les prix varient proportionnellement à la quantité de monnaie.* [...]
>
> *Lorsque le plein-emploi est atteint, tout effort pour accroître encore davantage l'investissement suscite une tendance des prix nominaux à monter sans limite, quelle que soit la propension marginale à consommer ; on est arrivé, en d'autres termes, à un état d'inflation véritable.*”

John M. Keynes, *Théorie générale de l'emploi, de l'intérêt et de la monnaie.*

C. Les interventions étatiques préconisées par Keynes

Keynes propose un soutien de la demande effective. Remarquant que la croissance est cyclique, il s'oppose à ceux qui considèrent qu'il faut supprimer les booms en augmentant les taux d'intérêt ; il pense au contraire qu'il faudrait laisser l'économie dans un état de boom permanent grâce à la faiblesse des taux d'intérêt.

1. La politique monétaire de l'État

La politique principale sur laquelle Keynes met l'accent est la politique monétaire. Il faut créer de la monnaie afin de faire baisser les taux d'intérêt. Non seulement cette politique encourage l'investissement, mais elle n'est pas préjudiciable à l'épargne, qui ne dépend pas du taux d'intérêt, mais du revenu, qui lui-même dépend en partie de l'investissement. L'intérêt ne rémunère aucun sacrifice véritable ; le détenteur du capital obtient un intérêt car le capital est rare, mais il n'existe aucune raison intrinsèque qui justifie cette rareté. Keynes préconise « l'euthanasie du rentier et du capitaliste oisif ». Il rend hommage au bon sens de l'Église et des autorités politiques qui interdisaient l'usure dans l'Antiquité et jusqu'au Moyen Âge.

Une politique de taux d'intérêt faible est donc toujours recommandée tant que le plein-emploi n'est pas atteint.

La politique monétaire comporte des limites dont la principale est la suivante : « Il se peut que, une fois le taux d'intérêt tombé à un certain niveau, la préférence pour la liquidité devienne virtuellement absolue, en ce sens que presque tout le monde préfère l'argent liquide à la détention d'une créance qui rapporte un taux d'intérêt aussi faible. » L'autorité monétaire perd alors la direction effective du taux de l'intérêt, car la demande de monnaie devient illimitée.

2. La relance de l'investissement a un effet multiplicateur

L'investissement a un effet multiplicateur sur la production. Keynes reprend le multiplicateur qui avait déjà été présenté par Richard Kahn en 1931. Un investissement supplémentaire a un effet multiplicateur sur la production et sur l'emploi. En effet, une augmentation de l'investissement entraîne une augmentation de la production de machines, qui entraîne une augmentation du revenu, donc une augmentation de la consommation qui, accroissant la demande, augmente la production puis le revenu… L'ampleur du multiplicateur dépend de la part de l'augmentation de revenu qui est utilisée à l'augmentation de la consommation (Keynes nomme cette part « propension marginale à consommer »). Le multiplicateur (*k*) est égal à l'inverse de la propension marginale à épargner. Lorsque la demande augmente, la production augmente *k* fois plus. La propension marginale à consommer est comprise entre 0 et 1, et plus elle est proche de 1, plus le multiplicateur est élevé.

L'intervention de l'État pour favoriser l'investissement est donc d'autant plus efficace que la propension marginale à consommer est élevée ; mais cette intervention a toutefois des limites :

- le mode de financement de cette politique peut réduire les autres investissements ; c'est par exemple le cas si l'augmentation des investissements publics est financée par un accroissement de l'impôt, qui réduit directement l'investissement privé, ou par un emprunt public, qui pourrait augmenter le taux d'intérêt ;
- l'intervention de l'État peut entraîner une défiance en l'avenir, accroissant la préférence pour la liquidité ;
- dans un système ouvert le multiplicateur peut profiter à l'étranger.

Keynes préconise une « socialisation de l'investissement ». L'État doit favoriser l'investissement, qui a un effet multiplicateur, en diminuant les taux d'intérêt pour favoriser l'investissement privé, ou bien en investissant lui-même, éventuellement grâce au déficit budgétaire. Keynes pense que de grands travaux, en fournissant du travail, et une croissance de la quantité de monnaie, en diminuant les taux d'intérêt, sont des sources de richesse.

> “*La plus acceptable de toutes les solutions consiste à creuser dans le sol des trous connus sous le nom de mines d'or, solution qui non seulement ne saurait ajouter quoi que ce soit à la richesse réelle du monde, mais qui encore engendre un travail inutile.*”
>
> “*Nos problèmes proviennent du fait que nous sommes trop raisonnables.*”
>
> John M. Keynes, *Théorie générale de l'emploi, de l'intérêt et de la monnaie.*

Keynes ne rejette pas le capitalisme ; il affirme même que l'individualisme est « le plus puissant facteur d'amélioration du futur ». Le chômage risque de conduire à des régimes totalitaires ; la survie du capitalisme nécessite donc que l'État soit en mesure d'assurer le plein-emploi.

> “*Les deux vices marquants du monde économique où nous vivons sont le premier que le plein-emploi n'y est pas assuré, le second que la répartition de la fortune et du revenu y est arbitraire et manque d'équité.*”
>
> John M. Keynes, *Théorie générale de l'emploi, de l'intérêt et de la monnaie.*

3. Politique commerciale et politique de redistribution

Sans totalement mettre en cause le libre-échange, Keynes pense que la libre circulation des marchandises doit être limitée.

Le problème principal de l'ouverture des économies est la perte d'autonomie de la politique monétaire. Il est nécessaire de pouvoir agir sur le taux d'intérêt dans le but de lutter contre le sous-emploi et non dans le cadre d'une politique de changes visant à réguler la circulation des capitaux. La politique monétaire intérieure doit rester la priorité.

> “*Les mercantilistes n'ignoraient pas l'erreur qu'implique la faiblesse des prix ni le risque de détérioration des termes de l'échange que crée dans un pays le degré excessif de concurrence. Une absurde compétition internationale est préjudiciable à tous.*

La Cité de Londres inventa peu à peu pour maintenir l'équilibre la technique la plus dangereuse qui se puisse imaginer, consistant à faire varier le taux de l'escompte tout en imposant des parités de change rigides. Le sens de cette politique était qu'on renonçait complètement à faire régner à l'intérieur du pays le taux d'intérêt compatible avec le plein-emploi."

"*Ce qu'il faut, c'est une politique fondée sur un taux d'intérêt autonome, dégagé des préoccupations internationales, et sur un programme d'investissement national propre à rendre maximum le volume de l'emploi intérieur, qui est doublement bienfaisant, en ce sens qu'elle profite tout à la fois au pays qui l'applique et aux pays voisins. [...] Le commerce international cesserait d'être ce qu'il est, c'est-à-dire un excipient désespéré pour préserver l'emploi intérieur des pays en stimulant les ventes et en restreignant les achats au-dehors.*"

John M. Keynes, *Théorie générale de l'emploi, de l'intérêt et de la monnaie.*

Une politique favorisant la consommation peut être favorable au plein-emploi. Keynes ne considère pas que la crise soit essentiellement une crise de sous-consommation ; mais il pense que, pour lutter contre le chômage, la sagesse impose de progresser dans toutes les directions et donc de favoriser l'investissement et la propension à consommer. Pour cela, il faut mettre en œuvre une politique de redistribution qui permettrait d'augmenter la propension à consommer et donc la demande effective.

"*On peut justifier par des raisons sociales et psychologiques de notables les inégalités dans les revenus et les fortunes, mais non des disproportions aussi marquées qu'à l'heure actuelle.*"

John M. Keynes, *Théorie générale de l'emploi, de l'intérêt et de la monnaie.*

L'œuvre de Keynes représente une avancée considérable dans la théorie économique. Il accepte la possibilité de l'existence de déséquilibres. Il accorde une grande portée aux facteurs psychologiques comme la propension psychologique à consommer, l'attitude psychologique touchant la liquidité et l'estimation psychologique du rendement futur des capitaux. Mais surtout, il légitime l'intervention de l'État. Il préconise essentiellement la baisse des taux d'intérêt et ne cite qu'une seule fois dans la *Théorie générale* la relance par le déficit public et par la consommation. De nombreux économistes et de nombreuses interventions étatiques ont été plus keynésiennes que Keynes.

III. Les prolongements de l'analyse keynésienne

De nombreux économistes ont travaillé sur la théorie keynésienne ; les prolongements théoriques sont donc importants et divers. Les quatre principaux courants qui revendiquent l'héritage de Keynes sont le **keynésianisme** qui a fondé la macroéconomie traditionnelle et dont les principaux représentants sont Hicks et Samuelson (voir partie III, chapitre III), la **nouvelle économie keynésienne**, appelée aussi **courant néokeynésien** (partie III, chapitre IV), la **théorie du déséquilibre** et la **théorie postkeynésienne**. Seuls ces deux derniers courants seront présentés dans ce chapitre.

A. La théorie du déséquilibre

Edmond Malinvaud (né en 1923), principal représentant français de la théorie du déséquilibre, considère que les déséquilibres proviennent de la rigidité à court terme des prix, qui ne permet pas un ajustement entre l'offre et la demande.

1. La rigidité des prix

Robert W. Clower avait démontré dès 1965 que les différents marchés ne peuvent connaître instantanément les prix d'équilibre lorsque les offreurs et les demandeurs ne sont pas réunis dans un même lieu ; ses travaux ont débouché sur la théorie du déséquilibre.

Selon Malinvaud, les prix ne réagissent pas instantanément aux évolutions du marché car ils sont rigides à court terme. En effet, du fait de la concentration de multiples secteurs de l'économie et des ententes entre entreprises, de nombreux marchés sont en situation monopolistique ou oligopolistique, ce qui crée une rigidité à la baisse des prix.

Pour l'économiste français, la raison principale de cette rigidité réside dans le coût des transactions (collecte de l'information, perte de temps, coût de l'adaptation). L'obéissance à la loi du marché nécessiterait de multiples et fréquents changements de fournisseurs, qui alourdiraient énormément les coûts des transactions.

La modification des prix peut, effectivement, avoir un coût important ; on parle d'« effet de catalogue » pour montrer, en prenant l'exemple de la vente par correspondance, que chaque déséquilibre entre l'offre et la demande concernant un produit ne peut pas conduire à une modification des prix et à l'édition d'un nouveau catalogue.

Les prix étant rigides, ils ne permettent pas l'égalisation de l'offre et de la demande. En cas de déséquilibre, l'ajustement se réalise par les quantités, ce qui signifie que le volume échangé s'ajuste « au côté court du marché », c'est-à-dire qu'il est égal au niveau le plus faible de l'offre ou de la demande (si, par exemple, la demande est supérieure à l'offre, la quantité échangée sera celle de l'offre).

À chaque fois, un rationnement s'effectue. Si la demande est supérieure à l'offre, il n'y aura pas de hausse de prix, mais un rationnement de la demande. Dans le cas du marché du travail, l'excès d'offre par rapport à la demande ne se traduit pas par une baisse du salaire, mais par la fixation de la quantité échangée au volume de la demande de travail ; ce rationnement provoque donc du chômage. Malinvaud affirme que « le marché de chaque bien peut se présenter sous trois états distincts : marché équilibré, marché de vendeurs, marché d'acheteurs ».

2. Les trois déséquilibres

Malinvaud considère que les différents états des deux marchés principaux (marché des biens et marché du travail) peuvent créer neuf régimes macroéconomiques distincts, dont trois déséquilibres principaux.

Le chômage keynésien se caractérise par une offre supérieure à la demande sur le marché des biens et des services et sur le marché du travail. Dans ce cas, le chômage est dû à une insuffisance de la demande de biens et de services qui dissuade les entreprises d'embaucher. Il faut engager une politique de relance d'inspiration keynésienne : une augmentation des salaires permettra d'accroître la demande de biens et de services, ce qui encouragera les entreprises à produire plus et donc à embaucher davantage.

Le chômage classique se caractérise par une demande supérieure à l'offre sur le marché des biens et des services et par une offre supérieure à la demande sur le marché du travail. Dans ce cas, les salaires trop élevés favorisent la demande des ménages mais dissuadent les entreprises d'embaucher. Il faut donc engager une politique de type libéral : la baisse des salaires permettrait aux entreprises d'embaucher davantage et donc de produire davantage ; elle permettrait de réduire l'excès de demande sur le marché des biens et des services.

DOCUMENT 2

Les neuf régimes économiques

« Dans une analyse macroéconomique qui distingue seulement deux marchés, celui du travail et celui des biens, il y a en principe neuf régimes possibles, dont certains ont reçu des dénominations maintenant acceptées [...] :

« Trois régimes comportant du chômage, c'est-à-dire un rationnement de l'offre de travail :

1. le chômage keynésien, où les biens s'échangent sur un marché d'acheteurs,

2. le chômage classique, où les biens s'échangent sur un marché de vendeurs,

3. un régime avec chômage et égalité entre l'offre et la demande de biens ;

« Trois régimes comportant le plein-emploi avec excès de la demande de travail sur l'offre.

4. l'inflation contenue, où il y a aussi excès de la demande de biens,

5. un régime avec excès de l'offre de biens et de la demande de travail,

6. un régime avec équilibre du marché des biens et excès de la demande de travail ;

« Trois régimes enfin pour lesquels le marché du travail est équilibré :

7. un régime avec excès de la demande de biens et équilibre du marché du travail,

8. un régime avec excès de l'offre de biens et équilibre du marché du travail,

9. l'équilibre walrasien, où aucune offre ou demande excédentaire ne subsiste.

« La théorie s'attache surtout à l'examen des deux régimes de chômage (keynésien et classique) comme à celui de l'inflation contenue. Grâce à une analyse générale, ces trois régimes dans lesquels les marchés sont en déséquilibre peuvent être précisément caractérisés et étudiés. »

Edmond Malinvaud,
Théories macroéconomiques.

L'inflation contenue se caractérise par une demande supérieure à l'offre sur le marché des biens et des services et sur le marché du travail. Malgré leurs débouchés, les entreprises ne peuvent produire plus et répondre à la demande à cause d'une pénurie de main-d'œuvre. Dans ce cas, il existe peu de solutions conjoncturelles ; il est nécessaire d'augmenter la productivité par le biais du progrès technique ou de faire appel à l'immigration.

La crise actuelle résulte, selon Malinvaud, de la coexistence des deux types de chômage. Dans les années 70, le chômage était surtout de type classique, alors que le chômage de type keynésien prédomine de nouveau depuis le milieu des années 80.

B. L'école postkeynésienne

On regroupe sous ce nom différents économistes qui ont en commun d'accepter l'analyse keynésienne et plus particulièrement le principe de la demande effective tel qu'il a été présenté par Keynes dans sa *Théorie générale...* Ce courant est loin d'être unifié, et les différentes analyses sont souvent éloignées. Les représentants les plus illustres de cette école sont Michel Kalecki, Joan Robinson et Nicolas Kaldor.

Selon les postkeynésiens, l'analyse keynésienne est souvent détournée et de nombreux économistes passent à côté de ses thèses fondamentales. Ce qui importe chez Keynes, c'est l'incertitude, la place de la monnaie – qui est loin d'être neutre – et l'analyse du sous-emploi. Pour Robinson, « la théorie générale présente un modèle d'une économie de production, utilisant la monnaie, évoluant dans le temps, soumise à l'incertitude et aux erreurs ».

Les postkeynésiens considèrent que, dans une économie de monnaie scripturale créée par le crédit, l'offre de monnaie est endogène. La politique monétaire n'est donc pas une priorité ; il faut lui préférer une politique de revenu, plus appropriée pour jouer sur les prix et sur le niveau de la demande. Une politique de revenu est seule capable d'empêcher l'inflation en période de plein-emploi. « Si la liberté de négociation collective, telle que nous la connaissons actuellement, se poursuit dans un contexte de plein-emploi, il s'ensuivra une pression permanente des prix à la hausse », affirme Robinson.

L'État a donc un rôle important à jouer pour soutenir la demande effective, et notamment l'investissement, qui en est une composante importante. Les postkeynésiens soulignent que l'investissement résulte des capacités financières, mais aussi de la volonté des entrepreneurs. Il faut donc favoriser à la fois la demande et les possibilités d'accumulation.

Parmi les économistes revendiquant l'héritage de Keynes, les postkeynésiens sont certainement les plus radicaux. Leur lecture des écrits de Keynes est la plus interventionniste. Ils considèrent la formalisation IS-LM de Hicks comme un modèle beaucoup trop restrictif trahissant la richesse de la *Théorie générale*.

Keynes estime que l'État doit intervenir dans l'économie car le marché est imparfait ; les néolibéraux lui répondront que toute intervention de l'État constitue une imperfection supplémentaire au marché.

Chapitre III

Le rejet du capitalisme

Le concept de capitalisme ne doit pas être confondu avec celui de libéralisme. Le capitalisme est un système économique fondé, suivant les auteurs, sur la propriété des moyens de production (Marx) ou sur une domination monopoliste et internationaliste (Lénine) ; le libéralisme est un mode de fonctionnement et de régulation fondé sur la loi du marché. Les auteurs qui rejettent le capitalisme ne préconisent pas seulement une intervention croissante de l'État, ils militent aussi pour un nouveau système que les socialistes utopiques pourraient nommer « harmonie » et que les marxistes nomment « communisme ».

I. Les socialistes utopiques

Les **socialistes utopiques** sont des auteurs du XIXe siècle. Ils s'opposent au système capitaliste, qu'ils jugent inhumain et ne respectant pas la personne humaine. Ils préconisent des sociétés fondées sur la coopération et l'entraide.

A. Le socialisme utopique de Saint-Simon

Claude Henri de Rouvroy, comte de Saint-Simon (1760-1825), a écrit *Du Système industriel* en 1822. Sa fameuse parabole résume bien sa théorie : si la France perdait ses cinquante meilleurs mathématiciens, ses cinquante meilleurs chimistes, ses cinquante meilleurs poètes, ses cinquante meilleurs industriels, ses cinquante meilleurs banquiers, etc., en tout trois mille personnes, le mal serait irréparable. En revanche, si elle perdait tous les princes, tous les préfets, tous les cardinaux, tous les propriétaires, etc., en tout trente mille personnes, le dommage causé ne serait pas durable.

Il faut donc donner le pouvoir à ceux qui détiennent la compétence et donc qui sauront l'orienter dans le sens du progrès. Saint-Simon pense que le progrès économique et technique provient essentiellement de la classe industrielle. Il considère qu'il faut réorganiser la société et l'économie afin que le progrès puisse mener la société à la paix et à l'harmonie universelle ; par exemple, il ne faut tolérer la propriété que si elle est efficace.

Le saint-simonisme a fortement marqué le XIXe siècle, car de nombreux saint-simoniens se sont rendus célèbres par leurs actions ; c'est le cas du « Père Enfantin », qui, le premier, voulut percer le canal de Suez, des frères Pereire qui créèrent en 1852 la première grande banque moderne, Le Crédit mobilier, ou de Michel Chevalier, qui négocia le traité franco-anglais de libre-échange signé en 1860. Mais le saint-simonisme est devenu une véritable religion célébrant le progrès par des rites et des chants.

> “*La classe industrielle est la classe fondamentale et nourricière de la société.*”
>
> “*Un industriel est un homme qui travaille à produire. [...] Un cultivateur qui sème du blé, qui élève des volailles est un industriel ; un négociant, un marin employé sur des vaisseaux marchands sont des industriels.*
> *Tous travaillent à produire et à mettre à la portée de tous les membres de la société tous les moyens matériels de satisfaire leurs besoins et leurs goûts physiques.*”
>
> Saint-Simon, *Le Catéchisme des industriels.*

B. Le socialisme utopique de Fourier et de Proudhon

Charles Fourier (1772-1837) croit que les sociétés suivent une évolution linéaire inexorable, que l'on peut caractériser par plusieurs étapes : l'étape primitive, la sauvagerie, le patriarcat, la civilisation et l'harmonie. Pour hâter le passage à l'étape ultime, il faut créer des exemples d'harmonie dans le cadre des phalanstères ; ce sont des communautés de 1 600 individus dans lesquelles les membres jouissent d'une liberté totale, mais vivent en harmonie car leurs caractères se complètent (il faut par exemple réunir ceux qui aiment commander avec ceux qui aiment être dirigés). Fourier détermine 810 modèles d'individus, qu'il suffit d'associer savamment afin d'atteindre l'harmonie.

Pierre Joseph Proudhon (1809-1865) s'oppose à la propriété (« la propriété, c'est le vol »), surtout celle qui donne le droit de percevoir un revenu sans travail, ainsi qu'à tout collectivisme. Il rêve d'une société constituée de communautés locales, à taille humaine. Il pense que les individus doivent s'associer pour échanger des services ; il est l'un des créateurs de la mutualité.

> “*Je prétends que ni le travail, ni l'occupation, ni la loi ne peuvent créer la propriété ; qu'elle est un effet sans cause.*”
>
> Pierre Joseph Proudhon,
> *Qu'est-ce que la propriété ?*

C. Le socialisme utopique de Owen

Robert Owen (1771-1858) est le propriétaire d'une grande manufacture de coton en Écosse. Il pense que l'homme est avant tout le fruit de son éducation et qu'il est nécessaire de développer l'instruction. Il n'est pas un révolutionnaire car il croit qu'il est possible de convaincre le gouvernement de la nécessité de mettre en œuvre une réforme sociale.

Owen est à l'origine de nombreuses réalisations ; il a notamment transformé sa manufacture en usine modèle avec des jardins particuliers, une durée du travail réduite, une école et un jardin d'enfants et, pour les adultes, des cours du soir.

L'objectif principal de Owen était de créer des villages coopératifs ; ceux-ci ont généralement été des échecs (une communauté, New Harmony, fut créée aux États-Unis en 1824), mais Owen est à l'origine de l'ouverture de nombreuses coopératives de consommation et de la première tentative de mise en place d'un syndicat en Grande-Bretagne (« le Grand Syndicat national unifié »).

> “*Il y a une science de la production et de la redistribution des richesses, une science de la formation du caractère, ou éducation, et une science du gouvernement.*
> *Le progrès social consiste à perfectionner chacune de ces sciences et à les combiner en proportions propres à produire le plus d'avantages et de bien-être pour tous et chacun. Ce résultat est le but et l'objet de tous les efforts de l'homme.*”
>
> Robert Owen,
> *Le Livre du nouveau monde moral.*

II. Karl Marx

Karl Marx (1818-1883), sociologue, philosophe et économiste d'origine allemande, a fondé une critique du capitalisme. Ses ouvrages principaux sont le *Manifeste du parti communiste* (1848), qu'il a rédigé avec Friedrich Engels (1820-1895), et *Le Capital*, œuvre maîtresse qui parut à partir de 1867.

A. Le matérialisme historique

Chaque société doit passer par des stades bien déterminés, que Marx nomme « modes de production ». Ces différents stades sont : le communisme primitif, l'esclavagisme, le féodalisme, le capitalisme, le socialisme et le communisme. Le socialisme est une étape transitoire vers le communisme, qui est une société d'abondance sans classes sociales ni État.

Chaque mode de production peut être défini par un rapport de production et par des forces productives.

Les forces productives sont l'ensemble des ressources matérielles (matières premières, outils, machines, entreprises) et des ressources humaines (la main-d'œuvre, caractérisée à la fois par le nombre de travailleurs et par leurs qualifications) qui interviennent dans la production.

Les rapports de production sont les rapports de propriété sur les ressources matérielles et les relations entre les différents agents qui participent d'une façon ou d'une autre à l'activité productive. De ces rapports de production naissent les rapports d'exploitation. La classe sociale qui ne possède que sa force de travail doit la mettre au service de la classe qui a la propriété des moyens de production. De cette exploitation dérive la lutte des classes.

Marx considère que le mode de production détermine l'ensemble des relations sociales : l'infrastructure (base économique) définit une superstructure juridique, politique, sociale et culturelle qui conditionne les hommes et détermine leur conscience.

Chaque mode de production engendre ses propres contradictions ; dans un premier temps, les rapports de production favorisent le développement des forces productives, puis peu à peu ils font obstacle à leur expansion. Il faut alors changer de mode de production pour libérer les forces productives. Le mode de production féodal a ainsi succédé au mode de production esclavagiste, avant de céder la place au capitalisme. Caractérisé par la propriété privée des moyens de production et donc par l'opposition entre la bourgeoisie et le prolétariat, ce mode de production a, dans un premier temps, permis un développement considérable des forces productives (croissance économique importante), avant de connaître des crises industrielles.

Marx affirme : « L'histoire de toute société jusqu'à nos jours, c'est l'histoire de la lutte des classes. » Que cette lutte oppose l'esclave au maître, le serf au seigneur ou le salarié au capitaliste, elle est l'aspect primordial de la contradiction de chaque mode de production.

B. Les classes sociales

Trois critères permettent de définir, selon Marx, une classe sociale.

– Une classe sociale est définie par sa place dans les rapports de production. Marx oppose les classes sociales qui sont propriétaires des moyens de production et celles qui ne possèdent que leur capacité à travailler, c'est-à-dire leur force de travail.

– Une classe sociale est aussi définie par la conscience de classe, c'est-à-dire le sentiment d'appartenir à un groupe ayant des intérêts communs. Tout groupe social ne développe pas une conscience de classe. Ainsi, Marx affirme que les paysans, repliés sur leur ferme familiale, entretiennent peu de relations entre eux et n'ont pas l'impression d'avoir des intérêts communs. Pour reprendre ses termes, ils forment une classe « en soi » (ils occupent une place déterminée dans les rapports de production), mais pas une classe « pour soi » (ils n'ont pas conscience du rôle qu'ils pourraient jouer).

– Une classe sociale entretient des rapports conflictuels avec d'autres classes. Ainsi, dans le mode de production capitaliste, les bourgeois, qui possèdent les moyens de production, et les prolétaires, qui ne possèdent que leur force de travail, sont en lutte.

Marx distingue plusieurs classes sociales (sept, voire huit), mais toutes ces classes n'ont pas le même rôle historique. Seule l'opposition entre les bourgeois et les prolétaires suffit à rendre compte de la logique du système capitaliste. Le capitalisme devrait mener à une bipolarisation sociale et à l'effacement progressif des autres classes : la plupart des individus composant la société devraient se prolétariser tandis qu'une minorité d'individus devraient s'enrichir et intégrer la bourgeoisie.

C. Le capitalisme et ses trois contradictions

1. Le mode de production capitaliste

Marx affirme que, « au fond du système capitaliste, il y a la séparation radicale du producteur d'avec les moyens de production ».

Selon la conception marxiste, le système capitaliste repose sur des rapports de production bien définis : la propriété privée des moyens de production et le salariat. On l'a vu, deux classes antagonistes s'opposent : les bourgeois, qui possèdent les moyens de production, et les prolétaires, qui vendent leur force de travail. Ces deux classes sont en lutte car leurs intérêts divergent ; elles se disputent la richesse créée. Les prolétaires sont exploités par les capitalistes car ils sont rémunérés en dessous de la valeur réelle de leur production. Seul le travail est une source de valeur ; le profit (appelé « plus-value » par Marx) provient de la différence entre la valeur des marchandises produites par le travail et le salaire (appelé « valeur de la force de travail » par Marx). La plus-value constitue donc une ponction sur la valeur créée par le travail.

Le salaire est un salaire de subsistance, tout juste suffisant pour permettre aux ouvriers et à leurs familles de survivre. Le capitaliste tente d'accroître au maximum sa plus-value ; pour cela, il dispose de trois moyens : il peut augmenter l'intensité et la durée du travail (plus-value absolue), augmenter la productivité du travail (plus-value relative) ou vendre durant un temps limité les marchandises à un prix supérieur à leur valeur (plus-value extra).

DOCUMENT

La plus-value

« Pour renouveler journellement sa force de travail, le fileur doit créer une valeur journalière de trois shillings, ce qu'il réalise par son travail journalier de six heures. Mais cela ne le rend pas incapable de travailler journellement dix à douze heures ou davantage. En payant la valeur journalière ou hebdomadaire de la force de travail du fileur, le capitaliste s'est acquis le droit de se servir de celle-ci pendant toute la journée ou toute la semaine. Il le fera donc travailler, mettons douze heures par jour. En plus des six heures qui lui sont nécessaires pour produire l'équivalent de son salaire [...], le fileur devra travailler six autres heures que j'appellerai les heures de surtravail, lequel se réalisera en une plus-value et un surproduit. [...] Comme il a vendu sa force de travail au capitaliste, la valeur totale, c'est-à-dire le produit qu'il a créé, appartient au capitaliste. [...] En déboursant trois shillings, le capitaliste va donc réaliser une valeur de six shillings. [...] S'il répète journellement le processus, le capitaliste déboursera journellement trois shillings et en empochera six, dont une moitié sera de nouveau employée à payer de nouveaux salaires et dont l'autre moitié formera la plus-value pour laquelle le capitaliste ne paie aucun équivalent. »

Karl Marx, *Salaire, prix, profit.*

2. Les contradictions du mode de production capitaliste

Marx rejette le capitalisme, qui, selon lui, génère trois contradictions fondamentales : il mène à la paupérisation des prolétaires et à l'aggravation de la lutte des classes, il provoque des crises de surproduction, il suscite la baisse du taux de profit.

La première contradiction du capitalisme est la paupérisation de la classe ouvrière, qui doit mener à l'aggravation de la lutte des classes. Cette paupérisation est due à l'exploitation à outrance et à la création d'« une armée industrielle de réserve » composée de chômeurs qui permettent d'assurer la flexibilité de la production.

Le capitalisme est tout d'abord source d'une croissance importante. Mais cette croissance s'essouffle vite car le capitalisme génère des contradictions qui nuisent à son efficacité. Ainsi, la recherche de gains de productivité et la concurrence entre les capitalistes augmentent la composition organique du capital, c'est-à-dire l'intensité capitalistique (pour une même production, le capitaliste utilise de plus en plus de capital et de moins en moins de travail). Or seul le travail est créateur de richesses et donc source de profit. En diminuant sa part dans la composition organique du capital, le capitaliste diminue donc son taux de profit. La tendance à la baisse du taux de profit est la deuxième contradiction du capitalisme.

La troisième contradiction est la crise de surproduction. En raison de la paupérisation de la population salariée, les débouchés sont faibles. Pourtant les capitalistes, pour accroître leur profit, continuent à augmenter la production. Cette situation entraîne une tendance à la surproduction, surtout visible lors des crises, les ouvriers étant alors encore plus paupérisés.

Le capitalisme doit donc disparaître et laisser la place au socialisme, qui lui-même annonce le communisme.

III. Les prolongements de la théorie marxiste

Après la mort de Marx, les marxistes attendent et espèrent la disparition du mode de production capitaliste, censé être non seulement inéluctable, mais en plus très proche. Néanmoins, le capitalisme perdure ; certains interprètent alors de façon moins radicale la doctrine marxiste ; d'autres expliquent la durée du régime capitaliste par l'impérialisme. Le capitalisme, trop à l'étroit dans ses frontières, se serait expatrié et l'exploitation serait devenue internationale.

A. L'impérialisme au secours du capitalisme

Rosa Luxemburg (1871-1919) lutte contre les tendances révisionnistes de certains anciens marxistes ; elle affirme que la révolution est encore envisageable et que l'on peut compter sur la spontanéité du peuple pour la mener à bien. Rosa Luxemburg explique que, pour dépasser l'une des contradictions du mode de production capitaliste, la crise de surproduction, les pays capitalistes partent chercher des débouchés commerciaux dans le reste du monde. Ainsi s'explique la formation des empires coloniaux. L'impérialisme ne fait que reculer la fin du capitalisme car les débouchés ne sont pas illimités, les pays à coloniser sont en nombre restreint, la concurrence des nations impérialistes dans la recherche de débouchés coloniaux risque de mener à une guerre mondiale qui pourrait précipiter la chute du capitalisme.

> “*La grève de masse est la pulsion vivante de la révolution et en même temps son moteur le plus puissant.*”
>
> Rosa Luxemburg, *Œuvres.*

Comme Rosa Luxemburg, Vladimir Ilitch Oulianov, dit Lénine (1870-1924), s'oppose aux dérives révisionnistes, mais il croit davantage dans l'impact d'un parti fort et structuré pour mener la révolution que dans un mouvement populaire spontané. Dans *L'Impérialisme, stade suprême du capitalisme* (1916), il affirme, comme Rosa Luxemburg, que l'impérialisme est un moyen de reculer la chute du capitalisme en neutralisant temporairement certaines des contradictions que Marx jugeait inhérentes au système. Mais, contrairement à elle, Lénine met l'accent non sur les aspects commerciaux de l'impérialisme, mais sur ses aspects financiers essentiellement. Un intérêt fondamental de l'impérialisme est de retarder la tendance à la baisse du taux de profit. Ainsi, l'exportation de capitaux vers des pays moins développés, et donc moins avancés dans le processus d'augmentation de la composition organique du capital, permet d'accroître les profits et d'utiliser la masse excédentaire de capitaux. En outre, cette exploitation impérialiste profite partiellement aux ouvriers des pays capitalistes, qui voient leur pouvoir d'achat augmenter. La nouvelle « aristocratie ouvrière » ainsi créée est moins révolutionnaire ; cela permet d'enrayer l'autre contradiction mise en évidence par Marx : la paupérisation de la classe ouvrière et l'aggravation de la lutte des classes. La révolution a alors de plus grandes probabilités d'éclater dans les pays les moins développés.

> “*Ce qui caractérisait l'ancien capitalisme, où régnait la libre concurrence, c'était l'exportation des marchandises. Ce qui*

caractérise le capitalisme actuel, où règnent les monopoles, c'est l'exportation des capitaux.
L'impérialisme est le stade monopoliste du capitalisme.
Il se définit par la concentration de la production et du capital, la création d'une oligarchie financière, l'exportation des capitaux, qui prend une importance toute particulière, et la formation d'unions internationales monopolistes de capitalistes qui se partagent le monde."

Lénine, *L'Impérialisme, stade suprême du capitalisme.*

B. La théorie du capitalisme monopoliste d'État

Cette théorie a été développée par des auteurs marxistes français dans les années 60 et 70. Ils cherchaient à renouveler l'analyse de Marx en y intégrant des données nouvelles, telles que l'existence de monopoles et de firmes multinationales, la diffusion de l'éducation, le versement aux salariés d'un salaire indirect sous forme de prestations sociales…, et à expliquer la survie du capitalisme.

Les principaux auteurs de ce courant sont Paul Boccara et Philippe Herzog. Rosa Luxemburg et Lénine expliquaient la stabilité du capitalisme par son internationalisation, c'est-à-dire par l'impérialisme. Les théoriciens du capitalisme monopoliste d'État mettent surtout en avant le rôle de l'État. Grâce à lui et grâce à son interpénétration croissante avec les monopoles, le capitalisme réussit à survivre. Ce sont les interventions de l'État qui permettent d'enrayer, sinon de freiner, la principale contradiction du capitalisme selon Marx (la tendance à la baisse du taux de profit). L'État joue un rôle de béquille du capital et cela par plusieurs biais : il nationalise les entreprises en difficulté dans les secteurs où la baisse du taux de profit est la plus forte, ce qui permet au secteur privé de se polariser sur les activités les plus rentables ; par ses commandes publiques, il offre parfois des débouchés aux entreprises en difficulté, compensant ainsi l'insuffisance de la consommation des ménages ; il prend en charge la formation de la force de travail grâce à l'éducation nationale et favorise sa reproduction grâce à la protection sociale ; pour finir, il réduit le coût de la main-d'œuvre en prenant en charge une partie du salaire, le salaire indirect.

Le courant du capitalisme monopoliste d'État est maintenant largement en crise. La tendance au désengagement de l'État prônée par les chantres du capitalisme montre que celui-ci n'est pas indispensable à la survie du capitalisme et du libéralisme, bien au contraire.

Contrairement aux prévisions de Marx, les conditions sociales ne se sont pas détériorées dans les pays capitalistes développés ; le système capitaliste perdure et c'est le système socialiste qui est en crise. La théorie marxiste a néanmoins l'intérêt de montrer que le capitalisme n'est pas universel, qu'il n'est pas un ordre naturel.

Chapitre IV

Le renouveau de la théorie libérale

La théorie néolibérale comporte plusieurs courants, qui s'accordent sur la critique des interventions économiques de l'État. Dans leur ensemble, les néolibéraux acceptent de reconnaître les imperfections du marché, mais ils pensent qu'elles ne justifient en aucun cas, contrairement à ce que pensait Keynes ou même dans une moindre mesure Pigou, les interventions de l'État. Le **monétarisme** est certainement l'école néolibérale la plus importante, mais il faut aussi présenter les courants qui ont pour objectif premier de critiquer les interventions de l'État – on peut citer l'**école des choix publics** et l'économiste Hayek – et celui de la **théorie de l'offre**, qui cherche surtout à démontrer le primat de l'offre sur la demande.

I. Le monétarisme

L'école monétariste, dont le chef de file incontestable est Milton Friedman (né en 1912 ; prix Nobel en 1976), s'oppose ouvertement à l'analyse keynésienne. Les monétaristes reconnaissent les imperfections du marché, mais ils ne croient pas que l'État soit efficace pour corriger ces imperfections. L'État ne doit surtout pas mener de politiques discrétionnaires (politiques conjoncturelles dépendant des conditions à court terme de l'économie) ; il se limitera à une gestion restrictive de l'économie inscrite sur le long terme. Le point de départ de la théorie monétariste est la reprise et l'interprétation de la théorie quantitative de la monnaie.

A. La théorie monétariste de la monnaie

La théorie de Friedman prolonge la théorie quantitative de la monnaie. Il pense que la monnaie est un actif comme un autre et que la demande de monnaie dépend du niveau de richesse, de l'inflation anticipée et de la rentabilité des autres actifs. Plus le niveau de richesse est grand, le taux d'inflation anticipé faible et le rendement des actifs bas, plus la demande de monnaie sera forte.

Friedman considère que la demande de monnaie est une fonction stable des facteurs précités ; il s'oppose donc à l'analyse keynésienne de la préférence pour la liquidité. Il affirme que les fluctuations économiques sont indépendantes de la demande de monnaie, mais qu'elles résultent de l'offre de monnaie (niveau de croissance de la quantité de monnaie) en partie décidée par les autorités monétaires.

1. La stabilité des prix doit être la priorité

Lorsque les autorités monétaires n'interviennent pas, l'offre de monnaie est une donnée endogène. Friedman et Schwartz, dans *Monetary History of the United States 1867-1960* (paru en 1963), expliquent que les variations endogènes jouent un rôle négligeable dans les fluctuations économiques car les fluctuations monétaires sont très semblables en durée et en amplitude aux variations économiques (celles-ci les accompagnent et n'ont donc pas d'effet déterminant).

En revanche les fluctuations monétaires exogènes (celles qui résultent de l'intervention des autorités monétaires) sont les causes principales des récessions majeures. Ainsi, la politique restrictive du *federal reserve system* (Fed) au début des années 30 est la cause principale de l'accentuation de la dépression ; elle n'a connu cette ampleur que parce que le Fed a été incapable d'empêcher l'énorme réduction de la masse monétaire de cette période. C'est aussi la politique monétaire, cette fois expansive, des gouvernements qui est la cause de la récession des années 70.

L'inflation est le mal principal de l'économie car elle perturbe les anticipations des agents économiques et nuit à la compétitivité extérieure (quand les taux de change ne sont pas flexibles). Pour éviter l'inflation, il est nécessaire que la masse monétaire augmente à un taux fixe égal à celui de la croissance de la production. La politique monétaire de l'État doit garantir ce taux. Sinon, « l'inflation est partout et toujours un phénomène monétaire, car elle ne peut être créée que par une augmentation de la quantité de monnaie plus rapide que celle de la production » ; et la faute en incombe toujours à l'État. Trois cas peuvent se produire :

– un déficit budgétaire de l'État ;
– une création de monnaie par l'État pour lutter contre le sous-emploi ;
– une modération des taux d'intérêt afin de favoriser l'investissement.

La lutte contre l'inflation passe forcément par une réduction de la création monétaire, qui est coûteuse en terme d'emploi et de croissance.

Friedman compare l'inflation à l'alcoolisme. Elle dope la croissance à court terme, mais elle nécessite par la suite une cure de désintoxication ou d'assainissement difficile et coûteuse, néanmoins nécessaire pour rétablir de bonnes bases. Plus la diminution de l'inflation par la baisse de la création monétaire est rapide, plus les coûts en terme d'emploi sont élevés. Il peut alors être souhaitable de réduire graduellement le taux d'expansion monétaire.

Le délai entre les variations de la masse monétaire et celles de l'inflation est assez long. Toute politique discrétionnaire de court terme est donc déstabilisante. Les autorités monétaires doivent mener avec détermination une politique de règle sur le long terme établissant un taux fixe de croissance de la quantité de monnaie en accord avec le taux de croissance de longue période de l'économie.

2. Le chômage est naturel

Friedman accuse les allocations de chômage de perturber le calcul rationnel des individus. Celles-ci les incitent à préférer le chômage (considéré comme du temps libre rémunéré) au travail. Pour Friedman, il existe un taux de chômage naturel et difficilement compressible qui résulte du chômage frictionnel et de l'inadaptation de certains individus. L'économiste le définit comme « le niveau qui résulterait d'un système d'équations walrasien d'équilibre général si l'on y incluait les caractéristiques structurelles réelles des marchés du travail et des biens, y compris les imperfections de marché, la variabilité stochastique des demandes et des offres, le coût de collecte de l'information sur les emplois vacants, les coûts de mobilité, etc. ». Lutter contre le chômage naturel ne passe pas par des politiques de soutien à la croissance, mais par des mesures d'amélioration du marché du travail (telles l'accentuation de la mobilité, la flexibilisation et l'incitation au travail). Le taux de chômage naturel est souvent appelé, notamment par les keynésiens, NAIRU (*Non-Accelerating Inflation Rate of Unemployment*), c'est-à-dire un taux de chômage compatible avec une inflation stable. Cela signifie qu'à ce taux toute politique de relance n'a aucun effet à moyen terme sur le chômage, elle ne peut que relancer l'inflation.

Une politique économique cherchant à réduire le chômage par la création de monnaie ne peut avoir d'effet sur le niveau de production et le niveau de chômage qu'à court terme. Toute tentative visant à diminuer durablement le chômage, c'est-à-dire à le maintenir en dessous de son niveau naturel, nécessite une augmentation constante du taux de croissance de la quantité de monnaie (il faut à chaque fois une quantité de monnaie plus élevée pour atteindre le même résultat), qui se traduit par une accélération de l'inflation. Si, en revanche, le chômage est

DOCUMENT 1

Les dangers de l'inflation

« L'inflation est exactement comme l'alcoolisme. Lorsqu'un homme se livre à une beuverie, le soir même cela lui fait du bien. Ce n'est que le lendemain qu'il se sent mal.

« C'est exactement la même chose pour l'inflation. Lorsqu'un pays s'engage dans un processus inflationniste, au début les gens sont euphoriques – pour un temps – parce qu'ils ne se rendent pas compte de ce qui se passe. Il se produit un « boom » et l'économie repart. Cela se paie plus tard, nous le savons, par une augmentation des prix et, à mesure que les prix augmentent, on va vers la « stagflation » que tout le monde déplore. Les choses sont tout à fait différentes lorsqu'un alcoolique essaie de s'arrêter de boire et subit une cure de désintoxication. D'abord il se sent mal et ce n'est qu'ensuite qu'il ressent les bienfaits de sa cure. Il traverse un très mauvais moment avant d'aller mieux et de ne plus avoir envie de boire. De la même manière, lorsqu'un pays entreprend de lutter contre l'inflation, au début il en souffre : les effets se nomment baisse de croissance, chômage et même récession. Ce n'est que par la suite qu'il tire profit de sa conduite.

« Si nous entreprenons de guérir le mal, cela entraînera inévitablement une période de ralentissement de la croissance, accompagnée d'une augmentation du chômage. La raison en est très simple. Le moyen de traiter l'inflation consiste à freiner l'ensemble des dépenses. Au début, ni l'employeur ni le producteur – pas plus que le salarié – ne savent si le ralentissement des dépenses est imputable à un événement qui le concerne directement ou qui concerne le secteur de son activité, ou encore qui touche l'ensemble de l'économie. De plus, les contrats de salaires et les contrats de vente ont été établis d'après le taux d'inflation escompté : ce taux est fixé dans les contrats. Pendant un certain temps, le freinage des dépenses a donc comme effet de réduire le volume de la production et d'entraîner un ralentissement de la croissance, jusqu'à ce que les agents économiques se persuadent qu'il y a eu baisse de la demande globale et qu'ils puissent réajuster leurs contrats. Ce réajustement met fin au processus de ralentissement et la croissance économique peut reprendre à un taux d'inflation plus faible. »

Milton Friedman, *Inflation et Systèmes monétaires.*

maintenu au-dessus de son niveau naturel, c'est une déflation accélérée qui se produit.

La seule façon de faire baisser durablement le taux de chômage naturel et d'augmenter le taux de croissance est de mener une politique de l'offre visant à améliorer le fonctionnement du marché du travail et à libéraliser l'économie de façon à desserrer l'étau dans lequel l'État la tient.

B. La théorie du revenu permanent

La théorie du revenu permanent de Friedman est une argumentation supplémentaire contre les politiques de relance de la consommation de type keynésien. Friedman explique que la consommation dépend essentiellement du revenu permanent, qui est le revenu perpétuel que chaque individu anticipe. C'est le revenu de toute une vie ; l'individu l'anticipe en tenant compte de ses actifs (patrimoine et capital humain). La composante transitoire du revenu comme le résultat d'événements chanceux ou accidentels ne modifient pas la consommation. Le consommateur n'intègre dans sa consommation les modifications de revenu qu'à partir du moment où elles semblent durables et donc permanentes. « Les composantes transitoires du revenu se manifestent d'abord dans les changements des actifs et des dettes du consommateur », c'est-à-dire dans son épargne.

La théorie du revenu permanent a d'une part l'intérêt d'expliquer pourquoi la propension à consommer des ménages sur longue période (par exemple du XIXe siècle à nos jours) ne diminue pas alors que les revenus augmentent globalement. Elle permet d'autre part de mettre en lumière certaines limites des politiques de relance de la demande.

C. L'argumentation en faveur des changes flexibles

Les monétaristes considèrent que le solde de la balance des paiements résulte essentiellement de phénomènes monétaires qui peuvent se diffuser dans le monde entier. L'accélération mondiale de l'inflation à la fin des années 60 est ainsi essentiellement due à la politique américaine d'expansion monétaire qui devait couvrir les dépenses de la guerre du Viêt Nam.

Les monétaristes s'opposent aux taux de change fixes car :

- ce système oblige les autorités monétaires à détenir des réserves de moyens de paiement internationaux pour pouvoir défendre la parité de leur monnaie en cas de besoin ;
- la défense de cette parité agit sur la quantité de monnaie interne.

Les monétaristes croient dans les vertus rééquilibrantes des forces du marché ; Friedman pense que, dans un système de change flexible, les taux de change permettent d'équilibrer automatiquement la balance des paiements. L'expansion du crédit interne est alors la seule source de croissance de la monnaie.

Pour les monétaristes, l'économie est intrinsèquement équilibrée sauf si elle est perturbée par une croissance monétaire inadéquate. Il est donc du rôle des autorités monétaires de garantir cet équilibre en contrôlant la masse monétaire pour que son rythme soit stable et en accord avec le rythme de la production. Le monétarisme est prolongé par le courant des anticipations rationnelles, développé par la nouvelle économie classique (voir partie III, chapitre IV).

II. La diversité de la critique néolibérale de l'intervention de l'État

A. Hayek considère que l'intervention de l'État nuit à la liberté individuelle

Pour Friedrich August von Hayek (1899-1992 ; prix Nobel en 1974), toute intervention de l'État dans la sphère économique perturbe le calcul rationnel de l'individu et limite sa marge de liberté. Trop d'État conduit donc à la « servitude ». La théorie de Hayek porte aussi sur les interventions monétaires de l'État et sur les dangers de l'inflation (voir partie II, chapitre III).

Un exemple de l'action arbitraire de l'État peut être donné par les monopoles étatiques : « L'autorité centrale déterminera non seulement le genre et la quantité de biens à distribuer, mais réglementera leur répartition selon des régions et des groupements de population, se réservant, au besoin, la possibilité d'une discrimination entre les différentes catégories de gens » (*La Route de la servitude*, 1946).

L'intervention de l'État est par nature partiale et arbitraire, l'allocation des ressources doit être effectuée par le marché et par l'argent. La redistribution ne bénéficie jamais aux plus faibles, mais à ceux qui ont été capables de créer un groupe d'influence pour que les interventions de l'État leur profitent.

L'État est le responsable du chômage. Hayek pense que la fixation par l'État d'un salaire minimal provoque le chômage. En effet, cela conduit à l'exclusion du marché du travail des travailleurs ayant une productivité inférieure à ce salaire minimal.

L'intervention de l'État nuit à la liberté et à la productivité car les individus se rendent compte que leurs efforts ne peuvent améliorer leurs conditions. La discrimination sur le marché du travail est naturelle, mais c'est à la concurrence de la mettre en œuvre et non à l'État. Le libre jeu du marché et la flexibilité du salaire doivent permettre le plein-emploi car chaque individu peut être embauché à un salaire dépendant de ses capacités et de ses compétences.

> “*L'argent est un des plus magnifiques instruments de liberté que l'homme n'ait jamais inventé.*”
>
> “*La tragédie de la pensée collectiviste apparaît là : elle procède d'une conception qui met la raison au-dessus de tout et aboutit à la dégradation de la raison parce qu'elle méconnaît le processus dont dépend le développement de l'intelligence.*”
>
> Friedrich A. von Hayek,
> *La Route de la servitude.*

B. L'intervention économique de l'État est jugée peu légitime

1. La réponse de l'école des choix publics à l'intervention de l'État

Gordon Tullock et James Buchanan (prix Nobel en 1986) sont les principaux représentants de l'école des choix publics *(public choice)*. Ils s'opposent aux économistes keynésiens ou même à certains économistes néoclassiques comme Pigou, qui considèrent que l'État doit intervenir pour corriger les imperfections du marché ou se substituer au marché quand celui-ci est déficient (existence de monopoles, consommations collectives ou externalités).

Selon Tullock et Buchanan, accepter cette intervention de l'État signifie supposer, de façon arbitraire, qu'elle sera plus efficace que le marché. Dans *Le Marché politique*, Tullock écrit : « On connaît la légende de l'empereur romain qui, ayant à juger un concours opposant deux chanteurs, n'écouta que le premier et attribua le prix au second, supposant qu'il ne pouvait être pire. Ce n'est pas une méthode de décision optimale. Nous devons comparer les inconvénients pratiques d'un processus étatique à ceux du marché. » Il est donc nécessaire d'adopter vis-à-vis de l'État la même attitude critique qu'à l'égard du marché. L'école des choix publics a mené de nombreuses études sur des services publics américains et canadiens pour, à chaque fois, conclure que, dans les mêmes conditions, des entreprises privées auraient été plus efficaces. Le marché est parfois inefficient, dans le sens où il ne parvient pas à assurer l'optimum au sens de Pareto ; mais, selon l'école des choix publics, l'intervention étatique éloigne encore plus l'économie de cet optimum. Aucun monopole d'État réglementaire ne se justifie ; en effet, soit l'activité n'est pas rentable et il ne sert à rien de l'interdire à la sphère privée, soit elle est rentable, auquel cas il faut laisser jouer la concurrence qui permettra au consommateur de bénéficier des conditions les plus avantageuses.

L'État opère un effet d'éviction sur le secteur privé. Toutes les disponibilités en travail ou en capital qu'il utilise seraient selon les libéraux, et plus particulièrement selon les partisans de l'école des choix publics, mieux employées par le secteur privé, qui est plus efficace, car confronté à la concurrence et à la réalité du marché.

2. La réponse de Coase concernant les externalités

Depuis Pigou, la théorie libérale acceptait l'idée que le marché est inefficient dans le cas d'externalités positives ou négatives (voir partie III, chapitre I). Pigou concluait alors que l'action de l'État était légitime et qu'il fallait taxer les agents à effets externes négatifs et subventionner les agents à effets externes positifs.

Ronald Coase (né en 1910 ; prix Nobel en 1991) explique, dans *Le Problème du coût social* (1960), que l'État ne doit pas intervenir économiquement en taxant ou en subventionnant, modifiant dès lors la répartition des revenus. Coase considère qu'il suffit de définir les droits de propriété. Ainsi, il faut instituer le droit de chacun à disposer d'air pur ; si une entreprise pollue, les ménages du voisinage se mobilisent pour faire valoir leurs droits et obtenir de l'entreprise soit l'arrêt de la pollution, soit l'achat de leur droit à l'air pur. C'est le marché et non l'État qui est efficace en cas d'externalités. L'État n'a à intervenir que si les droits de propriété ne sont pas respectés ; il retrouve son rôle traditionnel, défini par Smith, de police et de justice. Le théorème de Coase stipule donc que tous les droits de propriété doivent être définis et pouvoir être échangés ; l'efficacité économique est alors maximale et l'intervention économique de l'État inutile.

C. La théorie de l'offre considère qu'il faut réduire les prélèvements obligatoires et favoriser le profit

Arthur Laffer (né en 1941), qui fut l'un des conseillers économiques du président Reagan, et George Gilder (né en 1941) sont les chefs de file de la théorie de l'offre *(supply side)*.

1. Le facteur moteur de l'économie est l'offre et non la demande

La théorie de l'offre reprend la loi des débouchés de Say ; elle s'oppose à la théorie de la demande de Keynes, et considère que ce n'est pas la demande qui détermine l'offre, mais que c'est l'offre qui crée la demande.

Ainsi, les théoriciens de l'offre considèrent qu'une politique de redistribution est néfaste.

En prélevant des revenus à ceux qui ont la plus forte propension à épargner pour les distribuer à ceux qui ont la plus forte propension à consommer, elle diminue l'épargne et donc l'investissement. Par ailleurs, la redistribution est dissuasive car les revenus sociaux peuvent déresponsabiliser les individus et les inciter à l'oisiveté : les allocations de chômage perturbent ainsi le calcul rationnel des individus et seraient une des causes du sous-emploi, et les prélèvements obligatoires peuvent décourager l'initiative individuelle des plus favorisés.

Pour les théoriciens de l'offre, il est nécessaire de favoriser l'investissement. Dans cette optique, il faut mettre en place une politique favorisant le profit et restaurant la part de celui-ci dans la valeur ajoutée (taux de marge). La valeur ajoutée se répartissant entre revenus du travail, revenus du capital et impôts, ils préconisent de modérer la progression des salaires ainsi que celle des prélèvements obligatoires pesant sur les entreprises.

2. Trop d'État est dissuasif

La théorie de l'offre considère que des prélèvements obligatoires élevés sont dissuasifs. Les individus rationnels sont davantage prêts à produire et à travailler quand leurs gains sont élevés que lorsqu'ils sont faibles. Les prélèvements obligatoires, en ponctionnant les revenus des individus, les dissuadent de travailler ou de produire.

Des prélèvements obligatoires élevés peuvent aussi encourager la fraude et inciter les individus à pratiquer le travail au noir ou à se consacrer au travail domestique.

> “*Si chaque fois qu'une personne va au bureau, elle reçoit une facture du gouvernement plutôt qu'un chèque de son employeur, tôt ou tard la personne, même la plus riche et la plus motivée, cessera de se rendre à son bureau. Les hauts taux tuent les totaux.*”
>
> Arthur Laffer,
> dans un article de *L'Expansion*,
> 26 septembre-9 octobre 1986

« Trop d'impôt tue l'impôt. » L'accroissement du taux d'imposition peut même, passé un certain seuil, provoquer une baisse des recettes fiscales. Laffer écrit dans *Foundations of Supply Side Economics :* « En fait, il existe une structure du taux d'imposition qui maximise les recettes de l'État » ; et il ne faut pas s'en éloigner. Cette théorie est illustrée par la courbe de Laffer, qui montre qu'à partir d'un certain seuil d'imposition les recettes de l'État diminuent. Que le taux d'imposition soit de 0 % ou de 100 %, le résultat est le même : les recettes sont nulles.

À partir d'un certain seuil, la baisse du taux d'imposition peut donc paradoxalement faire augmenter les recettes fiscales.

DOCUMENT 2

La courbe de Laffer

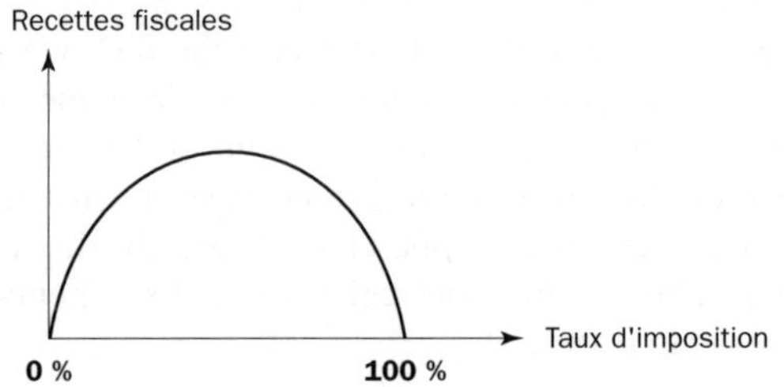

III. Le prolongement de l'analyse libérale : capital humain et choix publics

Certains courants du renouveau libéral utilisent les outils de la théorie libérale pour l'étude de nouveaux domaines. La théorie microéconomique traditionnelle exploitait les principes de rationalité et de maximisation sous contrainte (voir partie III, chapitre I) dans le cadre de la production, de l'échange et de la consommation de biens marchands. Le renouveau libéral utilise ces outils dans l'étude des biens non marchands (c'est le cas de l'école des choix publics) et dans celle de domaines extra-économiques comme l'éducation, le mariage ou la criminalité (c'est le cas de la théorie du capital humain).

A. La théorie du capital humain de Becker

En 1964 paraît *Human Capital, a Theorical and Empirical Analys*, de Gary Becker (né en 1930 ; prix Nobel en 1992). L'objectif de cette nouvelle théorie est d'appliquer l'analyse de l'entreprise aux choix de l'individu. Comme l'entreprise, l'individu procède à des investissements et il attend que ceux-ci soient rentables. L'investissement en capital humain peut être monétaire (achat d'éducation ou achat de biens) ou pas (perte de temps par exemple), et il doit fournir un rendement qui lui aussi peut être monétaire (salaire plus élevé par exemple) ou pas (gains de temps ou d'utilité). Les deux applications les plus importantes de cette théorie concernent l'éducation et la consommation.

Les dépenses d'éducation sont ainsi comprises comme un investissement (en temps et en argent) qu'il faut rentabiliser. L'objectif de cet investissement est essentiellement de pouvoir espérer un salaire plus important. L'individu rationnel cherche à optimiser ses dépenses d'éducation et à égaliser leur coût marginal avec leur productivité marginale (que l'on peut considérer comme décroissante puisque plus le niveau général d'éducation est élevé, moins une unité supplémentaire a d'effets sur le salaire espéré). Cette théorie permet d'expliquer les différences de salaire (qui sont dues à des investissements différents en formation) et une certaine forme de chômage : le chômage de prospection, dû au laps de temps durant lequel certains individus doivent rester sans travail afin de trouver un emploi dont le salaire permette de rentabiliser leur investissement en éducation. On comprend aussi pourquoi certains étudiants poursuivent plus longuement leurs études que d'autres : le rapport investissement/rendement des études est d'autant plus élevé que l'étudiant est doué.

La théorie du capital humain est également utilisée dans le cadre de l'étude de la consommation. La demande de biens de consommation peut être comparée à la demande de biens de production des entreprises. L'output n'est pas la production, mais la satisfaction du consommateur, et les inputs sont le prix des biens et le temps consacré à la production de cette satisfaction. Le temps est aussi important que le prix, et il permet d'expliquer une certaine inertie dans les goûts et les habitudes et donc une certaine résistance au changement. Effectivement, la modification d'une habitude de consommation prend un certain temps, qui est ici considéré comme une dépense.

> “*Toute question qui pose un problème d'allocation de ressources et de choix dans le cadre d'une situation de rareté caractérisée par l'affrontement de finalités concurrentes relève de l'économie et peut être traitée par l'analyse économique.*”
>
> Gary Becker, *L'Approche économique du comportement humain.*

B. La théorie des choix publics (voir partie II, chapitre IV)

La théorie des choix publics, essentiellement présentée par Tullock et Buchanan, considère qu'il faut appliquer les règles d'étude de la sphère marchande à la sphère non marchande. Les individus, intéressés et rationnels lorsqu'il s'agit de la production et de la consommation de biens marchands, ne deviennent pas inintéressés et irrationnels dès qu'il s'agit de sphère non marchande.

Il faut remettre au domaine marchand tout ce qui peut lui être rendu ; il est possible par exemple pour certaines routes d'instaurer des péages. Il serait aussi nécessaire de transférer certains services publics à des entreprises privées, et, lorsque cela n'est pas possible, d'établir une concurrence entre les différents services. Pour éviter les dérives budgétaires, il faudrait interdire, par un pouvoir supérieur à celui du gouvernement (par exemple la Constitution), les déficits budgétaires et fixer des seuils maximaux de prélèvements obligatoires.

Les libéraux mettent en cause les politiques keynésiennes et, d'une façon plus générale, les interventions de l'État. La plupart d'ente eux considèrent que ces interventions sont inflationnistes et que trop d'État est un facteur de récession. Les nouveaux économistes classiques (voir partie III, chapitre IV) estiment quant à eux que les interventions de l'État sont parfaitement inutiles car elles ne peuvent pas éloigner l'économie de sa situation naturelle.

PARTIE 2

Les grands thèmes de la théorie économique

Chapitre I

Les théories de la croissance

La croissance économique est un concept polysémique. On tend souvent à l'opposer au développement. Mais la différence est malaisée à établir. On limite généralement la notion de croissance à des critères uniquement quantitatifs alors que le développement inclurait aussi des phénomènes qualitatifs (éducation, emploi…) ; néanmoins, Rostow, dans les étapes de la croissance, ne lie-t-il pas intimement les critères quantitatifs aux critères qualitatifs ?

Selon Kuznets, « la croissance est essentiellement un phénomène quantitatif. À cet effet, on peut définir la croissance économique d'une nation comme un accroissement durable de la population et du produit par tête ». Perroux affirme, quant à lui, que « la croissance est un phénomène irrégulier qui s'accompagne de changements dans les structures ». Schumpeter met aussi l'accent sur les effets de la croissance lorsqu'il la définit comme « un processus de destruction créatrice qui révolutionne incessamment de l'intérieur la structure économique en détruisant continuellement des éléments vieillis et en créant continuellement des éléments neufs ».

I. Les déterminants de la croissance

Il peut être nécessaire de distinguer avec Kuznets « ce qui rend la croissance possible », c'est-à-dire les facteurs de production (le travail et le capital), de « la manière dont elle se produit effectivement ». En effet certains facteurs sont nécessaires à la production et déterminent la croissance potentielle, alors que d'autres facteurs motivent la production et déterminent la croissance réelle.

A. La contribution des facteurs de production à la croissance

1. La fonction de production

Le concept de fonction de production provient de l'analyse néoclassique. Ainsi, le niveau de la production dépend de la quantité et de la productivité des facteurs de production (ou inputs) que sont le travail et le capital.

La fonction de production néoclassique (voir partie III, chapitre I) prend l'hypothèse que les rendements sont décroissants, c'est-à-dire que la productivité marginale de chaque facteur est décroissante.

La loi des rendements décroissants a d'abord été présentée par Turgot puis par Ricardo. Les deux auteurs ont pris l'exemple de l'agriculture. Turgot s'est intéressé au rendement des « avances », c'est-à-dire des différentes dépenses pour cultiver, alors que Ricardo s'est intéressé au rendement de la terre. Turgot note que le rendement d'une parcelle est forcément limité et donc que l'augmentation des dépenses en semences, irrigation… ne pourra pas induire une augmentation proportionnelle de la production ; le rendement de ces dépenses sera donc décroissant.

> “*Les dépenses de la culture consistent à donner aux terres les préparations les plus propres à les rendre fécondes. Or, il s'en faut de beaucoup que le succès de ces préparations, dont dépend la production, soit proportionné à la dépense. […] En accordant que, dans l'état de la bonne culture ordinaire, les avances annuelles rapportent 250 pour 100, il est plus que probable qu'en augmentant par degrés les avances depuis ce point jusqu'à celui où elles ne rapporteraient rien chaque augmentation serait de moins en moins fructueuse.*”
>
> Turgot, *Réflexions sur la formation et la distribution des richesses.*

Ricardo souligne, quant à lui, que le rendement de la terre elle-même est décroissant. Il affirme qu'en raison de l'augmentation de la population il est nécessaire de mettre en culture de nouvelles terres. Mais comme les parcelles les plus fertiles ont été cultivées les premières, chaque nouvelle terre a des rendements plus faibles que la terre précédente. On retrouve donc cette fameuse loi des rendements décroissants.

Les néoclassiques ont repris cette idée. Ils considèrent qu'à partir d'un certain moment chaque facteur de production a une productivité marginale décroissante. À quantité de capital inchangée, on peut ainsi supposer qu'une augmentation du facteur travail n'ait plus au-delà d'un certain point un effet positif sur la production. Rapidement les travailleurs manquent d'outils, de machines et de matières ; la productivité du travail devient décroissante, celle des nouveaux embauchés peut même être négative si, par leur présence, ils gênent les autres travailleurs. La productivité marginale du capital, à quantité donnée de travail, est elle aussi décroissante ; de nouvelles dépenses en capital auront de moins en moins d'efficacité si elles déséquilibrent la combinaison productive.

La fonction de production néoclassique se caractérise par la parfaite substituabilité des facteurs de production. Il est toujours possible de remplacer une certaine quantité d'un facteur par une certaine quantité de l'autre facteur tout en conservant le même niveau de production. Imaginons un producteur utilisant proportionnellement beaucoup de capital et peu de travail : la productivité marginale du capital est relativement faible (productivité marginale décroissante) alors que la productivité du travail est relativement forte (car il en utilise une petite quantité). S'il veut substituer du capital au travail (ce qui paraît irrationnel dans cette situation sauf si le travail est vraiment très cher), il devra compenser la perte d'une petite quantité de travail par l'utilisation d'une grosse quantité supplémentaire de capital ; s'il désire au contraire substituer du travail au capital, il pourra remplacer beaucoup de capital à faible productivité par peu de travail à productivité élevée.

Pour la théorie néoclassique, l'économie est nécessairement en situation de plein-emploi. En effet, un excédent d'offre de travail par rapport à la demande (situation de sous-emploi) entraîne, dans une économie de marché, la diminution du salaire ; ce qui incite les entreprises à substituer le travail au capital et donc à embaucher, le mécanisme fonctionnant jusqu'au plein-emploi du facteur travail.

La fonction de production d'inspiration néoclassique la plus célèbre a été formulée par James Cobb et Paul Douglas en 1928 (d'où son nom de fonction Cobb-Douglas) :

$$Q = f(L, K) \text{ et } Q = L^{\alpha} \times K^{1-\alpha}$$

– L représente la quantité de travail et K la quantité de capital.

– α et $1 - \alpha$ sont deux variables telles que :

$$0 < \alpha < 1 \text{ et } \alpha + (1 - \alpha) = 1$$

– Les valeurs de α et de $(1 - \alpha)$ expriment l'intensité capitalistique de la combinaison productive.

Cette fonction de production postule que les deux facteurs de production sont parfaitement substituables et qu'il est donc toujours possible d'opter pour une autre combinaison productive d'une intensité capitalistique différente.

2. Le progrès technique

La fonction de production de Cobb-Douglas décrit une situation d'équilibre, mais semble incapable d'expliquer l'ampleur de la croissance. C'est ce que Robert M. Solow (né en 1924 ; prix Nobel en 1987) a mis en évidence en expliquant qu'il fallait ajouter un troisième facteur de production : le facteur résiduel. Il introduit ce facteur résiduel sous la forme du facteur temps dans la fonction de production, qui devient : $Q = f(L, K, t)$.

Ce facteur temps représente le progrès technique, qui est essentiellement un facteur exogène résultant de données extérieures à la croissance économique (les connaissances scientifiques par exemple).

Les économistes français Jean-Jacques Carré, Paul Dubois et Edmond Malinvaud sont arrivés, pour le cas de la France, à la même conclusion que Solow. Ainsi, en France, le taux de croissance annuel moyen de la production est de 5 % entre 1951 et 1969 ; or l'accroissement du volume des facteurs travail et capital n'explique que 2,6 % sur les 5 %. Les travaux menés par Denison en 1967 sur les États-Unis et quelques pays européens aboutissent aux mêmes conclusions : la part du résidu est d'environ la moitié du taux de croissance effectif. Selon Carré, Dubois et Malinvaud, le résidu « traduit pour l'essentiel l'effet du progrès technique et de l'amélioration qu'a connue la gestion des entreprises et de l'économie ». Ces conclusions confirment la théorie de Schumpeter qui place le progrès technique et l'innovation au cœur du processus de croissance.

DOCUMENT 1

Croissance française et facteur résiduel

« Jamais la France n'avait connu une telle expansion sur une aussi longue période que celle des vingt-cinq dernières années. Si le taux de croissance de la production avait atteint 5 % l'an durant des périodes de boom ou pendant la décennie des années 1920, jamais, avant la dernière guerre, les taux moyens calculés sur plus de deux décennies n'avaient dépassé 2 % l'an. La même accélération de la tendance de longue période s'est manifestée sur la productivité moyenne du travail. Pour l'ensemble des branches, la production par homme/heure avait progressé au rythme annuel moyen de 2 % avant la Première Guerre mondiale et de 2,5 % entre 1913 et 1929 ; depuis 1949 le taux correspondant s'établit à plus de 5 %.

« L'analyse des facteurs physiques montre que ce fait s'explique en partie par un effort élevé d'investissement, mais plus encore par une accélération de la tendance résiduelle, souvent appelée "progrès technique", et traduisant le rythme auquel s'améliore l'efficacité dans l'emploi des facteurs de production. Alors que l'accumulation du capital eût sans doute expliqué à elle seule une croissance moyenne peu supérieure à 0,5 % l'an entre 1913 et 1929, elle intervint pour plus de 1 % au cours des vingt dernières années. Le résidu, après prise en compte des modifications quantitatives et qualitatives des facteurs, progressait à un rythme annuel approximatif de 1 % dans la première partie du siècle. Il croît maintenant de 2,5 % l'an environ. »

Jean-Jacques Carré, Paul Dubois, Edmond Malinvaud,
La Croissance française.

3. Le rôle particulier de l'investissement

L'investissement est l'acquisition de capital fixe. Toutes les théories économiques le considèrent comme un facteur principal de croissance. Elles s'opposent en revanche sur ses déterminants et sur la façon dont il agit sur la croissance.

Ainsi la théorie keynésienne distingue l'investissement autonome de l'investissement induit par le multiplicateur. L'investissement provient généralement d'une épargne préalable, mais il peut aussi provenir de la création monétaire ou de l'État, qui, selon Keynes, a le devoir de socialiser l'investissement.

Pour Keynes et les keynésiens, l'investissement est une composante de la demande, et c'est surtout par ce biais qu'il est un facteur de croissance. Depuis 1931, Kahn a démontré que l'investissement avait un effet multiplicateur sur la croissance. Tout investissement signifie l'achat de biens d'équipement et donc la production de ces biens. Cette activité supplémentaire permet de dégager de nouveaux revenus qui vont grossir la demande, d'où une nouvelle augmentation de la production (et cette fois-ci pas seulement de biens d'équipement), des revenus, de la demande, de la production… L'investissement, par un effet de demande, a donc un effet multiplicateur sur la croissance. Plus la propension marginale à consommer (part de l'augmentation de revenu destinée à l'augmentation de la production) est élevée, plus cet effet multiplicateur est important.

Les libéraux, et plus particulièrement les économistes de l'offre, mettent surtout l'accent sur l'effet d'offre de l'investissement. Reprenant la loi des débouchés de Say, ils pensent que l'offre détermine la demande. La production effective est égale à la production potentielle, et il suffit de disposer de plus de facteurs de production pour produire davantage. Ainsi, l'investissement permet d'augmenter la quantité de capital, et l'utilisation de ce dernier est source de croissance.

L'investissement a un rôle important dans les fluctuations ; c'est ce que montre le principe d'accélération présenté par Albert Aftalion (1874-1956). Les variations de l'investissement ont une amplitude beaucoup plus forte que celles de la production, car si la quantité de capital nécessaire est fonction de la production, l'investissement est quant à lui fonction de la variation de la production. Ainsi, une stagnation de la production par rapport à la période précédente induit un investissement net nul. Ces grandes variations de l'investissement expliquent en partie l'instabilité de la croissance. Cette affirmation d'Aftalion (grâce à son principe d'accélération) est reprise également par Paul Anthony Samuelson (né en 1915 ; prix Nobel en 1970), grâce à son principe d'oscillation qui utilise conjointement les effets multiplicateurs et accélérateurs de l'investissement.

> “*De faibles fluctuations dans les quantités de biens de consommation peuvent ainsi être à la source de fluctuations très considérables dans les industries productrices de capitaux fixes. Il suffit d'insensibles oscillations à la base de la pyramide économique pour déterminer de terribles ébranlements, des écroulements retentissants parmi les constructions qui sont au sommet.*”
>
> Albert Aftalion,
> *Les Crises périodiques de surproduction.*

> "*Ainsi l'économie nationale peut se trouver engagée dans un cercle vicieux, le principe d'accélération et celui du multiplicateur se combinant pour développer une spirale cumulative, déflationniste ou inflationniste selon les cas.*"
>
> Paul A. Samuelson, *L'Économique.*

B. Les facteurs qui favorisent la croissance

La croissance potentielle n'est pas toujours la croissance effective ; dans une logique keynésienne, ce qui détermine la croissance n'est pas les capacités de production, mais la demande.

1. Le rôle de la demande

Pour les économistes d'inspiration keynésienne, les entreprises ne produisent que si elles peuvent vendre et donc si elles anticipent une demande. La demande globale est composée de la demande de consommation, de la demande d'investissement, de la demande de l'État et de la demande extérieure (exportations). La demande anticipée (ou demande effective) est, dans ce cadre d'analyse, le déterminant principal de la croissance. Chaque composante de la demande a un effet multiplicateur sur la production.

L'importance de la demande permet de mettre en évidence que la croissance est un phénomène auto-entretenu, autrement dit que la croissance est un cercle vertueux et que la crise est un cercle vicieux. C'est par exemple ce que nous montrent les coefficients techniques de Wassily Leontief (né en 1906 ; prix Nobel en 1973). Cet économiste a bâti le tableau « input/output », appelé aussi tableau des échanges interindustriels, qui est l'une des composantes du tableau entrées/sorties de la comptabilité nationale. Le coefficient technique se mesure par le rapport entre la consommation intermédiaire d'un produit particulier et la production d'une branche. La matrice des coefficients techniques représente les interrelations entre les différentes branches de l'activité économique. Ainsi, il est possible de mesurer l'impact d'un changement de production d'une branche sur l'ensemble de l'activité. On s'aperçoit que les différentes branches sont interdépendantes et que la variation de la production d'une branche a un effet multiplicateur sur l'ensemble de l'activité économique par une série de vagues d'effet. Plus une branche est fortement consommatrice de biens intermédiaires plus ses effets d'entraînement sur le reste de l'économie sont importants (d'où l'adage populaire « Quand le bâtiment va, tout va »). La demande de consommations intermédiaires a donc des effets non négligeables sur la croissance.

> *« Je m'apprêtais à construire une grosse molécule à partir de tous ces atomes. J'essayais de montrer que l'offre et la demande pour l'acier dépendaient partiellement de l'offre et de la demande pour chacun des autres facteurs, et que cela impliquait certaines transformations techniques. »*
>
> Wassily Leontief, *Production domestique et commerce international.*

Ainsi, certains secteurs sont des secteurs moteurs. On a souvent mis en évidence le rôle du chemin de fer au XIXe siècle, même si Robert W. Fogel a fortement nuancé son rôle dans le développement des États-Unis de la seconde moitié du XIXe siècle (il explique que, sans le chemin de fer, d'autres moyens de transport se seraient développés et auraient eu approximativement les mêmes effets d'entraînement sur l'activité économique). Il est toutefois indéniable que, par leurs effets d'entraînement, certaines branches aient des effets de développement. François Perroux (1903-1987) pense que la croissance ne se répartit pas régulièrement dans l'espace national car le progrès se diffuse à partir d'unités motrices qui sont capables d'« exercer sur d'autres unités des actions qui augmentent la dimension de ces dernières, qui modifient leurs structures, qui changent leurs types d'organisation ». Perroux nomme ces unités motrices des « pôles de croissance » lorsqu'elles s'établissent spontanément sans intervention publique. Au contraire, si elles sont établies grâce à l'intervention de l'État par une politique industrielle appropriée, il les nomme des « pôles de développement ».

2. Le rôle de l'entrepreneur

Le mobile du chef d'entreprise dans la théorie classique et néoclassique est le profit. Selon le principe de la main invisible de Smith, la croissance provient de la volonté de certains de s'enrichir et donc de réaliser du profit. Les néoclassiques sont aussi des utilitaristes ; ils considèrent que chaque agent économique motive ses actions par la recherche de son intérêt personnel. L'intérêt du propriétaire de l'entreprise est selon eux la maximisation de son profit. Cette quête du profit mène l'entrepreneur à un calcul économique. La théorie néoclassique considère que le coût marginal (coût de production d'une unité supplémentaire) est croissant à partir d'un certain seuil, et donc que le chef d'entreprise rationnel doit produire tant que le prix de vente est supérieur au coût marginal. Le profit total est maximal lorsque le coût de la dernière unité produite est égal au prix.

Joseph Aloïs Schumpeter (1883-1950) considère que la recherche du profit de la part de l'entrepreneur est au cœur de la croissance du système capitaliste. Afin d'augmenter ce profit, « le rôle de l'entrepreneur consiste à réformer ou à révolutionner la routine de la production ». Le profit récompense l'entrepreneur dynamique et innovant ; c'est grâce à cette motivation que l'entrepreneur, incité à innover, est le moteur du progrès technique. Pour Schumpeter, il existe plusieurs possibilités pour innover : « Production d'une nouvelle marchandise, ou nouvelle méthode de production d'une marchandise ancienne, ou exploitation d'une nouvelle source de matière première ou d'un nouveau débouché, ou réorganisation d'une branche industrielle, et ainsi de suite. » La recherche du profit est donc le moteur du progrès technique qui lui-même est le moteur de la croissance.

> *« Il y a d'abord en lui le rêve et la volonté de fonder un royaume privé... Puis vient la volonté du vainqueur : vouloir lutter et vouloir remporter un succès pour le succès même. Enfin, la joie de créer une forme économique nouvelle. »*
>
> *« La réalité nous montre que chaque conjoncture prend son essor dans une branche ou dans quelques branches et qu'elle est caractérisée avant tout par des innovations dans ces branches. Les premiers entrepreneurs suppriment les obstacles pour les autres non seulement dans la branche de production où ils apparaissent, mais aussi ils les suppriment ipso facto dans les autres branches de la production. »*
>
> Joseph A. Schumpeter,
> *La Théorie de l'évolution économique.*

II. Le débat sur la croissance de longue période

La spécificité de la théorie de la croissance est d'analyser l'économie sur une longue période et de la présenter de façon dynamique.

Les premières théories de la croissance, généralement élaborées dans un contexte de croissance économique, cherchaient surtout à présenter ses caractéristiques ; le débat portait alors essentiellement sur l'aspect équilibré ou non de la croissance. En revanche, les nouvelles théories de la croissance se situent dans un contexte économique de crise ; leur propos sera donc, avant tout, de déterminer les causes de la croissance.

A. Les anciennes théories de la croissance

1. La croissance déséquilibrée des postkeynésiens

➡ Les premiers modèles : ceux de Harrod et de Domar

Roy Forbes Harrod (1900-1978) formule, en 1948, dans *Toward a Dynamic Economics* l'un des premiers modèles keynésiens de croissance. Il envisage, conformément à l'analyse de Keynes, une possibilité de sous-emploi dans la croissance car il considère qu'il faut différencier trois taux de croissance, qui résultent de déterminants différents :

- le *taux de croissance effectif* correspond à celui qui se réalise réellement ;
- le *taux de croissance garanti* est celui qui assure l'équilibre entre l'épargne et l'investissement. L'investissement résulte des anticipations des entrepreneurs, et il est rare qu'il corresponde exactement à l'épargne, qui, elle, résulte du revenu. Le taux de croissance effectif a donc peu de chance d'être un taux de croissance garanti qui assure l'équilibre. Mais même, dans ce cas, rien n'indique que ce taux de croissance assure le plein-emploi ;
- le *taux de croissance naturel* est le taux de croissance de plein-emploi ; il résulte de l'accroissement de la population et du progrès technique. La démographie et le progrès technique étant des données exogènes, considérées comme extérieures à la sphère économique (c'est justement ce point qui sera mis en cause par la théorie de la croissance endogène), aucun mécanisme n'influe sur la croissance effective pour qu'elle assure le plein-emploi.

La croissance idéale et équilibrée serait celle qui ferait coïncider croissance garantie et croissance naturelle. Mais la croissance garantie a peu de chance d'être réalisée et ses déterminants sont étrangers à ceux de la croissance de plein-emploi ; une croissance à la fois équilibrée et de plein-emploi ne peut donc que résulter du hasard.

Il y a, en effet, peu de chance pour que l'épargne, l'investissement, le progrès technique et la population évoluent harmonieusement et offrent une croissance équilibrée de plein-emploi.

Evsey Domar présente son modèle dans l'article « Capital Expansion, Rate of Growth and Employment » (*Econometrica*, 1946). Il fonde son analyse sur la théorie keynésienne de l'investissement et montre la difficulté de réaliser une croissance équilibrée.

L'investissement induit deux effets : un effet de demande et un effet de capacité.

L'effet de demande de l'investissement, appelé aussi parfois effet *ex ante*, prend en compte le fait que lorsqu'une entreprise investit, une autre doit produire le bien d'équipement. L'effet de demande repose donc sur le principe du multiplicateur d'investissement mis en évidence par Kahn en 1931 : l'investissement induit une augmentation de la demande totale et donc de la production, dont l'amplitude dépend de la propension marginale à consommer ($Y = I \times 1/1 - c$).

L'investissement induit par ailleurs un effet de capacité, appelé parfois effet *ex post ;* il permet d'augmenter la quantité de capital, c'est-à-dire la capacité productive. L'effet de capacité de l'investissement dépend du coefficient technique (Y/K) qui indique la capacité productive d'une unité de capital.

La croissance est équilibrée lorsque l'effet de demande et l'effet de capacité sont équivalents, c'est-à-dire lorsque la demande évolue en harmonie avec les capacités de production.

> “ *Si l'investissement augmente la capacité de production et crée du revenu, quelle doit être l'étendue de la somme à investir ou quel doit être son taux de croissance de manière à rendre l'augmentation du revenu égale à celle de la capacité de production ? Une équation ne pourrait-elle être établie dont le premier terme serait l'accroissement (ou le taux d'accroissement) de la capacité de production et le second, celui du revenu et dont la solution donnerait le taux de croissance requis ?* ”
>
> Evsey Domar, *Capital Expansion, Rate of Growth and Employment.*

Le point commun des modèles de Harrod et de Domar est de ne présenter qu'une seule possibilité de croissance équilibrée et de préciser qu'aucun mécanisme économique ne permet de s'en rapprocher ou de s'y maintenir. Ils ont ainsi introduit le phénomène du « fil du rasoir » : le chemin de la croissance équilibrée est très étroit, et y rester procède du hasard. Dans la tradition keynésienne, l'action d'une force extérieure au marché (l'État en l'occurrence) est ainsi légitimée.

➡ Les modèles de Kaldor et de Robinson

Les travaux de Nicolas Kaldor (1908-1986) et de Joan Robinson (1903-1983), publiés à partir du milieu des années 50, solutionnent le problème du « fil du rasoir » par l'ajustement du niveau de l'épargne.

Selon Kaldor, la propension à épargner des salaires est largement inférieure à celle des profits. À partir de là, le montant de l'épargne n'est plus un paramètre indépendant n'ayant qu'une faible probabilité d'égaliser le montant de l'investissement et ainsi d'assurer le taux de croissance garanti (pour reprendre le terme de Harrod), mais une variable ajustable qui dépend non seulement du niveau du revenu global, mais aussi de la répartition de celui-ci. Ainsi, Kaldor affirme que le taux de l'investissement et le taux de l'épargne sont l'un et l'autre fonction de la part des profits dans le revenu national.

Si le niveau de l'épargne est insuffisant pour couvrir les dépenses en investissement des entreprises, une modification de la répartition des revenus en faveur des profits permet d'assurer l'équilibre. Cette modification de la répartition peut même s'effectuer grâce aux mécanismes du marché.

En effet, si l'épargne est insuffisante par rapport à l'investissement envisagé des entreprises, l'économie est dans une situation d'excès de la demande globale par rapport à l'offre (les entreprises voudraient investir pour satisfaire la demande, mais elles ne le peuvent pas). Ce contexte crée une augmentation des prix qui, si les salaires nominaux restent inchangés, provoque la hausse des profits. Ce phénomène suscite donc une modification de la répartition des revenus qui accroît l'épargne.

Ce mécanisme joue aussi dans le cas d'une insuffisance de l'investissement par rapport à l'épargne.

Robinson considère que l'investissement (qu'elle nomme accumulation) et le profit interagissent plus ou moins harmonieusement. L'accumulation résulte du profit, qui est le moyen principal du financement de l'investissement et la motivation principale de ce dernier. D'un autre côté, le taux de profit dépend directement des investissements passés.

C'est l'interaction entre ces deux variables qui permet de définir un sentier de croissance équilibrée : l'effet du profit sur l'investissement doit être compatible avec l'effet de l'investissement sur le profit, c'est-à-dire que le taux de profit engendré par le taux d'investissement doit être précisément celui qui tend à engendrer le même taux d'investissement.

Le rapport entre l'investissement et le taux de profit dépendant directement du partage de la valeur ajoutée, la croissance est équilibrée si les entreprises parviennent à imposer la répartition des revenus qui rend compatibles les deux liens de causalité.

Dans les modèles de Kaldor et de Robinson, le problème du « fil du rasoir » peut être résolu par la répartition des revenus ; c'est elle qui permet d'assurer une croissance équilibrée en ajustant l'épargne à l'investissement (chez Kaldor) et l'investissement source de profit à l'investissement induit par le profit (chez Robinson).

2. Le modèle néoclassique de croissance équilibrée

Solow, dans *Une contribution à la théorie de la croissance économique* (1956), explique que le tort des modèles postkeynésiens est d'appliquer des hypothèses d'analyse de courte période à l'étude de la longue période. Comme la flexibilité des différents paramètres caractérise la longue période, dès lors, dans ce cadre, le problème du « fil du rasoir » ne se pose plus.

Le modèle de Solow s'appuie sur une fonction de production néoclassique. L'utilisation de cette fonction de production permet de supprimer le problème du « fil du rasoir ». La croissance est en effet nécessairement équilibrée car la flexibilité des prix des facteurs de production (le salaire pour le travail et l'intérêt pour le capital) permet d'en assurer le plein-emploi. Ainsi, un excès d'offre de travail (dû par exemple à des facteurs démographiques) ferait baisser le salaire, ce qui inciterait les entreprises à embaucher davantage et donc à opter pour une combinaison productive moins capitalistique. De fait, c'est la substitution du travail au capital qui permet à la croissance économique, et cela quelles que soient son ampleur et celle de la croissance démographique, d'assurer le plein-emploi.

L'utilisation de la fonction néoclassique de production fournit donc la démonstration que, contrairement à ce qu'affirment Harrod et Domar, la croissance est naturellement équilibrée.

Solow souligne la nécessaire prise en compte du facteur résiduel dans la théorie de la croissance. Il l'introduit sous la forme du facteur temps représentant le progrès technique, défini ici comme un facteur exogène provenant de données extérieures à la croissance (la capacité d'innovation par exemple).

Le modèle de Solow présente donc une croissance équilibrée qui assure le plein-emploi, puisque l'intensité capitalistique et la quantité de capital s'ajustent à la quantité de travail. La croissance dépend alors de deux facteurs principaux qui sont, d'une part, la quantité de travail (elle-même dépend du taux de croissance de la population), d'autre part, le progrès technique. La croissance est équilibrée, mais ses déterminants sont exogènes, c'est-à-dire indépendants de la sphère économique.

Au contraire, les nouvelles théories de la croissance considèrent que celle-ci est un phénomène cumulatif et endogène.

B. La théorie de la croissance endogène

Selon les nouvelles théories de la croissance, celle-ci aurait des déterminants endogènes ; cela rend légitime certaines interventions de l'État.

1. Les fondements des nouvelles théories de la croissance

Les théories de la croissance connaissent un renouveau depuis la fin des années 80 et le début des années 90. Les anciennes théories de la croissance considéraient que celle-ci a des déterminants exogènes (généralement la croissance de la population active et celle du progrès technique). Elles postulaient donc que la croissance ne s'auto-entretient pas et n'est pas un processus cumulatif.

L'étude des divergences entre les croissances de différentes régions du monde et celle des phénomènes de crise semblent au contraire démontrer que la croissance n'est pas un phénomène naturel. Pour intégrer ces constatations, des économistes ont bâti la théorie de la croissance endogène. Certains néokeynésiens et néolibéraux se retrouvent autour de ces nouvelles théories, dont les deux principaux représentants sont Paul Romer – dès 1986, il a lancé le terme de croissance endogène – et Robert Lucas – chef de file des nouveaux économistes classiques. Ces économistes rejettent les politiques conjoncturelles de l'État, mais acceptent que ce dernier puisse favoriser la croissance de longue période.

Les théories de la croissance endogène utilisent les instruments d'analyse de la théorie libérale et elles accordent une grande importance aux effets externes ; elles se réfèrent aussi aux analyses de Schumpeter.

➡ Le facteur résiduel est un facteur endogène

Alors que Solow considérait le fameux résidu, généralement défini par le progrès technique, comme un facteur exogène, l'originalité des nouvelles théories de la croissance est de l'endogénéiser. Ce facteur résiduel serait en réalité une conséquence de la croissance elle-même et expliquerait son aspect cumulatif : la croissance provoque l'accumulation du facteur résiduel qui lui-même suscite la croissance. Cette analyse se trouvait déjà chez Schumpeter lorsqu'il affirmait que les innovations progressives résultent de l'amélioration des innovations précédentes. Pour Schumpeter, l'innovation ne dépend pas principalement de la découverte du chercheur et de la mise en pratique de l'ingénieur. C'est l'entrepreneur qui est à la base de l'innovation, et celle-ci lui permet de dégager une rente temporaire de monopole. Comme l'innovateur est rapidement imité, il doit mettre en œuvre de nouvelles innovations s'il veut conserver sa rente. Schumpeter affirme que cette quête du surprofit explique la course au progrès technique qui elle-même explique la croissance économique. Dans le cadre de cette analyse, le progrès technique est donc bel et bien un phénomène économique endogène.

➡ L'abandon de l'hypothèse de productivité marginale décroissante

L'une des hypothèses de la fonction de production néoclassique est la loi des rendements décroissants, c'est-à-dire de la productivité marginale décroissante de chacun des facteurs de production. On comprend que les rendements décroissants ont tendance à neutraliser la croissance de longue période puisqu'il faut des inputs de plus en plus importants pour des gains de production de plus en plus faibles. La théorie de la croissance endogène refuse cette proposition et prend l'hypothèse que la productivité marginale des facteurs de production est constante ; ainsi la croissance peut-elle être un phénomène auto-entretenu.

2. Les sources endogènes de la croissance

La théorie de la croissance endogène prend quatre directions principales : la première, à la suite de Paul Romer, affirme que le moteur de la croissance (le facteur résiduel) provient essentiellement de l'accumulation de connaissances ; la deuxième direction, ouverte par Robert Lucas, privilégie l'accumulation de capital humain ; la troisième direction, également développée par Romer, étudie surtout l'accumulation du capital technologique due à l'innovation et à la recherche-développement ; la dernière direction, établie par Robert Barro, prend en compte les dépenses d'infrastructure publique.

➡ L'accumulation des connaissances

Romer considère que l'accumulation des connaissances est un facteur endogène de croissance. Il reprend en partie la théorie du « *learning by doing* » déjà formulée par Arrow en 1962. Romer affirme que c'est en produisant qu'une économie accumule spontanément les expériences et donc les connaissances. Plus la croissance est forte, plus l'accumulation d'expérience et de savoir-faire est forte, ce qui favorise la croissance.

L'accumulation de connaissances a de nombreux effets externes. En produisant, une entreprise accumule des connaissances qui lui permettront d'être plus performante, mais qui serviront aussi aux firmes qui l'entourent, par effet d'imitation ou grâce au turn-over d'une main-d'œuvre ayant gagné en savoir-faire. L'accumulation de connaissances a donc une productivité privée (celle dont profite l'entreprise), mais aussi une productivité sociale (celle dont profite l'ensemble de l'économie et de la société).

➡ L'accumulation de capital humain

Dès le début des années 60, Becker (voir partie I, chapitre IV) avait énoncé sa théorie du capital humain, qui présentait l'éducation et la formation professionnelle comme des investissements que des individus rationnels cherchaient à optimiser. Dans cette lignée, Lucas considère que le stock de connaissances (c'est-à-dire le capital humain) est un facteur endogène de croissance. La croissance économique dépend en grande partie des efforts en formation individuels et sociaux, qui eux-mêmes dépendent de la capacité d'épargner et donc de renoncer à une consommation présente pour investir dans l'éducation. Selon ce modèle, la croissance est endogène et cumulative car la capacité en épargne de formation d'une économie dépend en grande partie du niveau de la production et donc de la croissance économique.

L'accumulation du capital humain résulte de stratégies individuelles, mais aussi de la stratégie de la collectivité. Effectivement, l'accumulation du capital humain a des conséquences externes car le niveau d'éducation d'un individu joue non seulement sur sa propre productivité, mais aussi sur celle de ses partenaires. Par effet de réseau, un niveau d'éducation est d'autant plus efficace qu'il permet d'interagir avec d'autres personnes présentant ce même niveau. On conçoit alors clairement que la productivité sociale de la formation est supérieure à sa productivité privée.

➡ L'accumulation de capital technologique

D'après cette troisième voie d'analyse développée par Romer et largement inspirée par les travaux de Schumpeter, c'est l'innovation et la recherche-développement qui constituent le facteur résiduel : plus les efforts de recherche-développement sont importants, plus la croissance est forte ; plus la croissance est forte, plus les efforts de recherche-développement peuvent être importants.

La recherche-développement est une activité spécifique qui produit des biens sans exclusion et qui génère des rentes de monopole. Les biens produits par la recherche-développement ont les caractéristiques des biens collectifs car leur coût est indépendant du nombre d'utilisateurs. La théorie économique suppose que dans de tels cas l'intervention de l'État est nécessaire, par exemple en garantissant un système de brevets qui donne à l'invention la caractéristique d'un bien privé.

Le système de brevet met aussi l'entreprise innovante dans une situation de monopole qui lui assure une rente de monopole, c'est-à-dire une rémunération qui est, selon la théorie économique, supérieure à ce qu'elle serait en situation de concurrence. Ce système est source d'une dynamique car la rente de monopole est provisoire ; au bout d'un certain temps, l'innovation tombe dans le domaine public et de nouvelles innovations rendent les premières obsolètes.

Quoique contraires à l'esprit du marché, les rentes de monopole sont donc utiles car elles assurent une bonne rentabilité à l'activité de recherche-développement et leur caractère provisoire encourage une dynamique d'innovation.

➡ Les dépenses d'infrastructures publiques

En 1990, Barro démontre que la dépense publique est directement productive et doit donc être considérée comme un des facteurs de la fonction de production. La contribution du secteur public à la croissance comprend les dépenses d'éducation (afin d'accroître le capital humain) et de recherche-développement, mais aussi celles d'infrastructures en matière de transport et de communication.

Comme les autres accumulations, ces dépenses ont un effet cumulatif ; elles permettent d'augmenter la croissance qui, en élargissant l'assiette fiscale, induit un accroissement des recettes publiques et donc des dépenses publiques, facteur de croissance.

Cette théorie conduit à démontrer la nécessité du maintien des investissements publics dans une conjoncture difficile. La tentation des gouvernements est souvent grande, en période de crise, de réduire les dépenses d'investissement pour pouvoir maintenir les dépenses courantes. Les théories de la croissance endogène rejoignent ici les théories keynésiennes : l'investissement public est nécessaire à la croissance.

DOCUMENT 2

Robinson et Vendredi

« Première étape : les rendements sont décroissants.

« Robinson décida de planter une certaine proportion de son stock de blé. Les premières années celui-ci augmenta rapidement. En maintenant constante la proportion du stock qu'il plantait, Robinson consommait, plantait et récoltait toujours plus. Il se rendit cependant compte que son stock de blé s'accroissait de moins en moins vite. C'est que plus la quantité de grain semé était élevée, plus le rendement de chaque grain était faible. Un jour il s'aperçut qu'il n'avait plus d'intérêt à accroître la quantité de grain semé : la quantité supplémentaire de blé qu'il semait devenant supérieure à la quantité qu'elle permettait de récolter. Il arrêta donc son expansion. La quantité de grain semé se stabilisa ainsi que les quantités produites et consommées. [...]

« Seconde étape : grâce à un progrès technique exogène, les rendements ne sont plus décroissants. Un matin Robinson rencontra le perroquet. Ce qu'il avait d'abord considéré comme un simple compagnon de jeu s'avéra d'une aide précieuse. Ce perroquet avait manifestement été en contact avec les plus grands savants et les cultivateurs les plus experts. Chaque jour il transmettait à Robinson un peu du savoir appris auprès d'eux. Et Robinson pouvait ainsi améliorer l'efficacité de son travail. La production se mit alors à croître et rien ne semblait pouvoir l'arrêter. [...]

« Troisième étape : le progrès technique devient endogène. Un jour le perroquet disparut. Au bout de quelques années, la production se stabilisa de nouveau. Robinson comprit alors qu'en étudiant ses expériences passées et en procédant à de nouvelles expérimentations il pourrait de nouveau améliorer l'efficacité de son travail. Mais une telle étude prendrait du temps qu'il ne pourrait pas utiliser à produire du blé. Cela lui donna un second souci : quelle part de son temps allait-il consacrer à accroître son savoir-faire ? Et combien pouvait-il en consacrer à produire ?

« Quatrième étape : le savoir-faire et les recherches de Vendredi dégagent des effets externes dont Robinson profite. Puis Vendredi apparut. Comme l'île était grande, les deux hommes se la partagèrent, chacun cultivant sur sa partie la quantité de blé nécessaire à sa consommation et à son investissement, chacun partageant son

temps entre production du blé et étude. Robinson surveillait attentivement les modifications que Vendredi apportait à sa façon d'organiser la production : en les appliquant à son tour, il pouvait accroître la productivité de son travail. Quand Vendredi consacrait une grande partie de son temps à étudier, les progrès de Robinson étaient considérables... À vrai dire, celui-ci aurait souhaité que Vendredi consacre une part plus importante de son temps à étudier et une part plus faible à produire. »

Dominique Guellec et Pierre Ralle,
Les Nouvelles Théories de la croissance.

3. Une réhabilitation du rôle de l'État dans la croissance de longue période

➡ Les différentes accumulations dégagent des effets externes qui légitiment l'intervention de l'État

L'État peut favoriser les différentes accumulations de capital. Ainsi, par une politique de formation et d'éducation, il améliore l'efficacité du capital humain et peut même faciliter l'accumulation de connaissances et d'expériences. Il a aussi un rôle important à jouer dans l'accumulation technologique, non seulement en organisant le système des brevets, mais aussi en participant lui-même à l'effort de recherche-développement.

La théorie de la croissance endogène montre que les interventions économiques de l'État pour favoriser la croissance sont légitimes, même selon les principes de la théorie libérale traditionnelle. Les différentes accumulations présentent des effets externes importants, et la théorie économique affirme que le marché est démuni face aux externalités ; l'État doit donc intervenir pour internaliser les effets externes.

Ainsi, les rendements sociaux des différentes accumulations sont supérieurs à leurs rendements privés. Puisque l'expérience sert à tous, que la connaissance des individus ne profite pas seulement à ceux qui se forment mais aussi à leur entourage professionnel, et qu'une partie importante des connaissances technologiques constitue une connaissance commune non brevetable, on comprend que l'intervention de l'État est nécessaire. Il doit prendre en charge les coûts correspondant au surplus du rendement social par rapport au rendement privé.

➡ La réhabilitation de l'investissement public et de sa planification sur longue période

Les infrastructures publiques sont considérées par Barro comme des facteurs endogènes de croissance, d'où une nécessaire intervention de l'État (qui doit néanmoins éviter le déficit budgétaire).

Les théories de la croissance endogène apportent une argumentation inattendue aux thèses favorables à la planification ; le marché est un instrument efficace de la régulation du court et du moyen terme, mais l'État doit favoriser la croissance sur longue période en menant une politique industrielle appropriée. Il n'est pas question ici de proposer que l'État se substitue au secteur privé, mais il doit favoriser sa croissance en développant les infrastructures et en contribuant à l'accumulation du fameux facteur résiduel par sa participation à l'investissement, à la formation et à la recherche-développement.

Les théories de la croissance endogène inspirent certaines politiques économiques comme celle de Bill Clinton, qui a pour objectif principal de favoriser l'éducation et la recherche-développement. Ces modèles ont toutefois des défauts : ils manquent de complétude, chacun d'eux présentant un des aspects du progrès technique, mais il n'existe pas de modèle d'ensemble pour tenir compte de toutes les formes de progrès ; on peut aussi regretter que certaines hypothèses de ces modèles soient contestables : rationalité parfaite des agents économiques, rendements constants…

Chapitre II

Les théories des crises et des cycles

La croissance économique est ponctuée de crises qui se caractérisent par sa diminution, voire celle de la production, et par différentes manifestations comme la baisse de l'emploi, des salaires et des profits et généralement la baisse des prix. Les explications de la crise sont diverses : elle peut être considérée comme un phénomène cyclique, comme un phénomène exogène dû à des facteurs extra-économiques (le choc pétrolier par exemple), ou encore comme un phénomène endogène trouvant ses sources dans le fonctionnement même de l'économie.

I. La théorie traditionnelle des cycles

Selon la théorie des cycles, l'économie subirait des fluctuations qui reviennent avec une certaine régularité et une certaine périodicité.

A. La croissance est ponctuée de cycles

Les XIXe et XXe siècles connaissent un trend (tendance générale) de croissance économique. Mais ce trend n'est pas régulier : il est ponctué de cycles économiques, c'est-à-dire de périodes de récession et de périodes d'expansion qui semblent se reproduire avec une certaine régularité. C'est Schumpeter qui a bâti la théorie des cycles dans *Les Cycles des affaires* (1939). Il remarque que différents types de cycles se superposent.

Les cycles longs sont appelés « cycles Kondratieff » (du nom de Nicolas Kondratieff, 1892-vers 1930) par Schumpeter, car cet auteur russe a remarqué, dans *Les Vagues longues de la conjoncture* (1926), que les prix suivent des vagues importantes de variation ; à une période de hausse des prix succède une période de baisse. La durée du cycle varie de 40 à 60 ans.

Un cycle Kondratieff est composé de deux phases appelées par François Simiand phase A et phase B : durant la phase A, dite phase d'expansion, les prix et la production augmentent ; durant la phase B, dite phase de récession, les prix baissent et la production diminue ou augmente faiblement.

Les cycles des affaires sont aussi appelés cycles majeurs ou « cycles Juglar », du nom de l'économiste français Clément Juglar (1819-1905), qui les a mis en lumière dans *Des crises commerciales et de leur retour périodique en France, en Angleterre et aux États-Unis.*

La durée moyenne des cycles Juglar est de 6 à 10 ans. Ils sont composés de deux phases et de deux retournements :

- 1re phase : l'expansion ; la demande importante permet l'augmentation de tous les indicateurs économiques (prix, production, profit, investissement, emploi…) ;
- 1er retournement : la crise ; Juglar affirme que « la cause de la dépression, c'est la prospérité ». Il s'agit d'un retournement brutal dû à la surchauffe de l'économie ;
- 2e phase : la dépression ; l'offre est supérieure à la demande, ce qui induit la baisse de tous les indicateurs économiques. Cette dépression, en favorisant la baisse des prix et des salaires, permet un assainissement de l'économie, d'où la reprise ;
- 2e retournement : la reprise ; il s'agit d'un renversement de tendance qui annonce une nouvelle expansion et donc un nouveau cycle.

Ainsi, l'économie est toujours en déséquilibre. Lorsque la demande est supérieure à l'offre, les prix puis la production augmentent, mais au lieu de parvenir à une situation d'équilibre (la hausse des prix permet d'augmenter l'offre et de diminuer la demande), l'économie se retrouve dans la situation inverse : l'offre devient supérieure à la demande, ce qui se traduit par une baisse des prix et une baisse de la production. L'économie passe donc d'un déséquilibre à un autre.

Le cycle mineur ou « cycle Kitchin » est un cycle court d'une durée approximative de 40 mois. Ce cycle a une faible amplitude : on ne remarque ni de vraies crises ni d'expansions fortes, mais seulement des accélérations économiques et des décélérations.

Il y aurait une certaine périodicité dans la gestion des stocks ; ainsi des périodes durant lesquelles les entreprises stockent (d'où une production plus forte) succéderaient à des périodes durant lesquelles les entreprises vident leurs stocks (d'où une production moins forte).

B. L'analyse des cycles

1. L'explication schumpétérienne du cycle par le progrès technique

Selon Schumpeter, la croissance économique s'explique essentiellement par l'action du progrès technique, et c'est l'irrégularité de celui-ci qui justifie les irrégularités de la croissance.

Des périodes à fort progrès technique succèdent à des périodes à faible progrès technique. Les innovations se manifestent par grappes ; une innovation dans un secteur crée des goulets d'étranglement dans les secteurs complémentaires (par exemple une innovation dans le tissage nécessite des innovations complémentaires dans le filage), qui sont dès lors incités à innover à leur tour.

Les phases A correspondent à des périodes de progrès technique important (take off ou deuxième révolution industrielle par exemple), alors que les phases B correspondent à des périodes de faible progrès technique.

DOCUMENT 1

L'explication des cycles par Schumpeter

« Le rôle de l'entrepreneur consiste à réformer ou à révolutionner la routine de production en exploitant une invention ou, plus généralement, une possibilité technique inédite (production d'une marchandise nouvelle, ou nouvelle méthode de production d'une marchandise ancienne, ou exploitation d'une nouvelle source de matières premières ou d'un nouveau débouché, ou réorganisation d'une branche industrielle, et ainsi de suite). La construction des chemins de fer dans ses premiers stades, la production d'énergie électrique avant la Première Guerre mondiale, la vapeur et l'acier, l'automobile, les entreprises coloniales fournissent des exemples frappants d'une vaste catégorie d'affaires qui en comprend une quantité innombrable de plus modestes – jusqu'à celles consistant, au bas de l'échelle, à faire une réussite d'une saucisse ou d'une brosse à dents d'un type spécifique. C'est à ce genre d'activités que l'on doit primordialement attribuer la responsabilité des "prospérités" récurrentes qui révolutionnent l'organisme économique, ainsi que des "récessions" non moins récurrentes qui tiennent au déséquilibre causé par le choc des méthodes ou produits nouveaux. »

Joseph A. Schumpeter, *Capitalisme, socialisme et démocratie*.

D'après la théorie des cycles de Schumpeter, la crise des années 30 se situait au point de retournement d'un cycle Kondratieff et d'un cycle Juglar. Cette crise serait donc un phénomène purement conjoncturel qui devait susciter un assainissement de l'économie et ainsi contribuer à la mise en place des conditions d'une nouvelle expansion.

Quant à la forte croissance des Trente Glorieuses, elle s'expliquerait, selon les partisans de la thèse de Schumpeter, par des innovations fondamentales (dont la généralisation du fordisme ou la création de nouveaux biens de consommation) ; mais tous ces moteurs seraient actuellement en panne et aucune innovation majeure ne parviendrait à les remplacer.

Cette explication doit cependant être nuancée car la crise actuelle, avec ses tensions inflationnistes, son progrès technique important, semble bien différente d'une phase B d'un cycle Kondratieff. Effectivement des procédés de production inédits se diffusent (automation par exemple) ainsi que de nouvelles organisations de la production (flux tendus…), et de nouveaux produits continuent à apparaître (micro-ordinateurs…). On utilise même parfois la notion de troisième révolution industrielle pour caractériser toutes ces innovations.

2. Les explications en termes de monnaie et d'ajustement de l'investissement

François Simiand (1873-1935) propose une explication monétaire. Il s'inspire de la théorie quantitative de la monnaie et considère que la succession des phases serait due à la variation du rapport entre la quantité de monnaie et le volume de la production.

Ainsi, en cas d'augmentation de la quantité de monnaie (due par exemple à la découverte de nouveaux gisements d'or), les prix augmentent de même que la demande, et par conséquent la production. Mais une augmentation trop importante de la production par rapport à la quantité de monnaie risque de créer un déséquilibre entre l'offre et la demande de biens et de services, donc une surproduction et donc une baisse des prix. On retrouve ici les deux phases.

En 1894, l'économiste russe Mikhail Turgan-Baranovski considère que le cycle s'expliquerait par l'incapacité du système à ajuster besoins et capacités de financement. Durant la phase d'expansion, le besoin d'investissement est important et il risque de dépasser les possibilités d'épargne. Au bout d'un certain laps de temps, l'insuffisance de l'épargne limite l'investissement, ce qui met fin à la période d'expansion.

L'économiste français Aftalion justifie le cycle par le principe de l'accélérateur de l'investissement. En 1909, il montre que l'investissement est fonction de la variation de la production et non du niveau de production. Il en résulte que, lorsque la croissance de la production augmente, l'investissement croît fortement (ce qui accentue l'expansion) tandis que, lorsque la croissance de la production diminue, l'investissement diminue (ce qui favorise l'entrée dans la récession). Si la croissance n'augmente plus, l'investissement devient nul. L'investissement est donc une variable instable que le système parvient difficilement à ajuster aux besoins de la production. Aftalion propose l'exemple du fourneau : tant que la pièce est froide on a tendance à le charger de combustible, puis elle devient trop chaude et on n'ajoute plus de combustible jusqu'à ce qu'elle soit trop froide. En combinant l'accélérateur d'Aftalion et le multiplicateur mis en évidence par Kahn en 1931, Samuelson a montré comment l'instabilité de l'investissement peut créer des mouvements oscillatoires qui expliquent les cycles.

II. Pour l'analyse libérale, la crise est un phénomène exogène

A. Pour les classiques et les néoclassiques, l'économie s'autorégule

Ricardo a repris la loi de Say selon laquelle l'offre crée sa propre demande (voir partie I, chapitre I). Ainsi, le producteur produit pour consommer, les produits s'échangent contre les produits et il ne peut pas y avoir de déséquilibre durable entre l'offre et la demande. L'équilibre général walrasien et parétien reprend cette loi et l'étend aux marchés du travail et du capital. Un prix parfaitement flexible permet d'égaliser à tout moment et sur tous les marchés l'offre et la demande. La crise devient donc impossible et les ajustements sont parfaits.

Pour les néoclassiques (voir partie I, chapitre I), la crise est due à un mauvais fonctionnement des marchés ou à des déterminants exogènes.

Ainsi, la crise des années 70 pourrait trouver son explication dans les chocs pétroliers, mais aussi dans l'émergence de nouveaux pays industrialisés, qui viennent troubler l'ordre du marché mondial.

Les causes exogènes ne semblant pas suffisantes pour justifier l'ampleur et surtout la durée de la crise, la théorie néoclassique traditionnelle est obligée de faire appel à des causes endogènes à l'économie, mais exogènes au marché. Il s'agit des interventions de l'État, de la structure monopolistique des marchés ou de l'existence de groupes de pression.

Le marché ne fonctionne plus parfaitement et l'optimum parétien ne peut plus être atteint. La lutte contre la crise passe donc naturellement par le rétablissement des conditions de la concurrence pure et parfaite.

La théorie néoclassique traditionnelle a été radicalisée par les économistes néolibéraux.

B. Pour les néolibéraux, l'État est responsable de la crise

La théorie libérale présente l'État comme le grand responsable de la crise. Ses interventions auraient créé de nombreuses rigidités, elles auraient perturbé la répartition des revenus, elles auraient dissuadé les individus de produire et elles auraient été source d'inflation (voir partie I, chapitre IV).

C. La nouvelle théorie classique des cycles

1. Cycles d'équilibre et effets de surprise

Pour les nouveaux économistes classiques (voir partie III, chapitre IV), le cycle est un cycle d'équilibre qui s'explique par l'adaptation des agents économiques aux nouvelles données monétaires. La fluctuation résulte d'un effet de surprise qui induit de mauvaises anticipations. Ainsi, en cas de création de monnaie par la banque centrale, les agents économiques voient leurs prix augmenter, mais ils ne perçoivent pas forcément que cette augmentation concerne l'ensemble des prix ; ils pensent que cette hausse provient d'une demande accrue ne concernant que leur produit (ou leur travail s'il s'agit de la population active). Ils augmentent alors leur offre, ce qui provoque une expansion. Rapidement ils se rendent compte de leur erreur et réajustent leur comportement. Ce phénomène joue aussi à l'inverse, lorsque la diminution de la quantité de monnaie leur fait croire, par une baisse des prix, que la demande pour leurs produits diminue.

Le cycle provient nécessairement d'une surprise car les individus ajustent progressivement leurs anticipations selon leur expérience. L'effet de surprise joue donc essentiellement lorsque les individus sont habitués à une certaine orthodoxie de la part des autorités monétaires.

2. La théorie du cycle économique réel

➡ Un renouvellement important de la théorie économique

L'effet de surprise semble offrir une explication trop partielle au cycle. Pour cette raison, certains économistes proches de la nouvelle économie classique considèrent que les fluctuations résultent essentiellement des chocs réels. Selon eux, les cycles sont des cycles d'équilibre et les anticipations sont rationnelles, mais ils pensent aussi que la monnaie est parfaitement neutre et que les anticipations rationnelles sont parfaites et non biaisées. La fluctuation ne s'explique plus par une création monétaire non anticipée, mais par des chocs réels. La **théorie du cycle réel**, dont les principaux représentants sont Edward Prescott, Finn Kydland, Charles Plosser et Robert Barro, va révolutionner dans les années 80 la théorie des cycles et du même coup la théorie de la croissance.

Jusqu'aux années 80, les économistes s'entendent pour considérer que la croissance suit un trend et que les fluctuations sont temporaires et font varier l'économie de part et d'autre de ce trend. On considère généralement que ce trend de croissance résulte de facteurs d'offre que sont le capital, le travail, et le fameux facteur résiduel mis en évidence par Solow et assimilé au progrès technique, alors que les fluctuations trouvent surtout leur explication du côté de la demande. C'est la durée de ces fluctuations et le degré de confiance dans les mécanismes autorégulateurs du marché pour revenir à l'équilibre qui différencient les néolibéraux des keynésiens. Des keynésiens jusqu'au nouveaux classiques, les théoriciens s'accordaient donc à penser qu'à la fin de la fluctuation l'économie revient à son taux de croissance tendanciel. Les économistes du cycle réel pensent au contraire que la tendance générale n'existe pas : chaque fluctuation provient essentiellement des chocs d'offre et chacun de ces chocs a une influence permanente. Ainsi, la plupart des fluctuations s'expliquent par des chocs de progrès technique et donc de productivité, qui ont une incidence permanente sur l'économie. Il ne faut donc pas distinguer les déterminants de la croissance de long terme des déterminants des fluctuations ; la théorie de la croissance et la théorie des cycles deviennent une seule et même théorie.

➡ Les chocs d'offre sont essentiellement des chocs technologiques

Les **économistes du cycle réel** considèrent que les chocs proviennent essentiellement de l'offre ; ils distinguent, d'une part, les chocs exogènes, d'autre part, les chocs concernant le progrès technique et la productivité.

Les chocs exogènes peuvent résulter d'un accident climatique perturbant la production agricole, d'une augmentation du prix de certains biens importés (on pensera aux chocs pétroliers), d'une guerre, d'une révolution ou d'actions de l'État. Ces chocs modifient la fonction de production et le trend de la croissance, mais ils ont moins d'effets que les chocs réels agissant sur le progrès technique et la productivité. La théorie du cycle économique réel considère que le progrès technique et la productivité sont les principales explications du cycle. La productivité est procyclique (elle varie dans le même sens que l'emploi et la production) ; Plosser démontre une grande corrélation entre l'évolution de la production réelle et l'évolution de la technologie entre 1955 et 1985 aux États-Unis.

L'expansion s'explique essentiellement par un choc technologique qui crée un mécanisme d'impulsion à la production et à l'emploi, puis un phénomène de propagation : une augmentation de la productivité permet de modifier la fonction de production ; la courbe de la productivité marginale se déplace vers le haut, ce qui devrait inciter les entreprises à augmenter leur demande de travail ; ce phénomène a pour effets d'augmenter légèrement le salaire et fortement le nombre d'heures travaillées, les salariés profitant de ces augmentations de salaire pour travailler plus et diminuer leurs loisirs (substitution intertemporelle du travail au loisir). Dans ce modèle, la productivité, l'emploi et les salaires sont des mécanismes procycliques ; l'emploi est fortement procyclique (alors que les variations du salaire le sont faiblement) car l'élasticité de l'offre de travail au salaire est très élevée.

Ces théoriciens brisent ainsi certains rares points d'accord qui unissaient les macroéconomistes, quelle que soit leur tendance. Les cycles sont non des déviations temporaires mais des déviations permanentes, la monnaie n'a pas de rôle dans le cycle et les fluctuations, résultat d'une réponse rationnelle et souhaitable des agents économiques aux chocs réels, ne sont plus indésirables. Il ne faut donc pas chercher à limiter ces fluctuations qui, conformément à la tradition libérale du XIXe siècle, sont des ajustements nécessaires.

Les critiques de la théorie du cycle économique réel sont nombreuses. D'une part, la récession qui a fait suite aux politiques monétaires restrictives mises en place au début des années 80 semble montrer que la politique monétaire peut avoir des effets réels. D'autre part, les théoriciens du cycle réel postulent que l'économie est toujours en équilibre de plein-emploi ; or il est peu probable que les faibles variations de salaires suffisent à elles seules à expliquer les fortes variations de l'emploi ; l'élasticité de l'offre de travail au salaire ne paraît pas si élevée. Enfin, si les avancées technologiques peuvent effectivement expliquer les expansions, l'examen de la réalité économique ne confirme pas que le déclin technologique soit à l'origine des récessions.

III. La crise peut aussi être considérée comme un phénomène endogène

De nombreuses théories considèrent que la crise est inhérente au système capitaliste, ou tout au moins à son fonctionnement. La crise serait donc un phénomène endogène.

A. Les premières explications de la crise : Sismondi, Malthus et Marx

1. Les analyses de Sismondi et de Malthus

À l'instar de Malthus, Jean Simonde de Sismondi (1773-1842) s'oppose à la loi des débouchés de Say. Selon eux, l'offre ne crée pas nécessairement la demande car il est indispensable que les demandeurs aient les moyens financiers et la volonté d'acheter la production ; il faut donc que l'offre rencontre une demande effective. C'est la faiblesse de la demande effective qui est la raison de la crise. Malthus explique cette faiblesse par un excès d'épargne ; il met surtout en avant la « sous-consommation » du capitaliste : les entrepreneurs capitalistes épargnent une partie importante des revenus qu'ils perçoivent (il s'agit d'une insuffisance du « vouloir d'achat »). Sismondi met l'accent avant tout sur la « sous-consommation ouvrière » ; les ouvriers aimeraient consommer, mais leurs revenus sont trop faibles (il s'agit d'une insuffisance du « pouvoir d'achat »).

> “*On croirait que l'homme s'est réuni en société non pour assurer son bonheur, mais pour produire à meilleur marché des boutons de métal ou des tissus de coton.*”
>
> Jean Simonde de Sismondi,
> *Nouveaux Principes d'économie politique.*

2. L'analyse marxiste (voir partie I, chapitre III)

Le capitalisme génère trois contradictions fondamentales : il mène à la paupérisation des prolétaires et à l'aggravation de la lutte des classes, il provoque des crises de surproduction et il suscite la baisse du taux de profit.

B. L'analyse des crises par la théorie keynésienne

1. Selon Keynes, l'économie ne s'autorégule pas (voir partie I, chapitre II)

Keynes fut un ancien disciple de l'économiste néoclassique britannique Alfred Marshall (1842-1924). Ce fut à l'occasion d'un défilé de chômeurs à Chicago, durant les années 30, qu'il se rendit compte que, contrairement à ce qu'affirme la théorie néoclassique, le chômage n'est pas volontaire. Sa *Théorie générale de l'emploi, de l'intérêt et de la monnaie* (1936) présente les principaux fondements de sa conception de l'économie.

L'économie ne s'autorégule pas. La crise et le sous-emploi sont possibles. Ils résultent d'une insuffisance de la demande. Les keynésiens ne rejettent pas le système capitaliste, ils croient au contraire que l'État doit intervenir pour en assurer la pérennité en corrigeant la répartition primaire des revenus et, durant les périodes de crise et de sous-emploi, en contribuant à la baisse des taux d'intérêt et en acceptant un déficit budgétaire.

2. L'analyse keynésienne moderne considère que la crise est due à l'insuffisance de la demande et à la contrainte extérieure

L'analyse keynésienne préconise une relance de la demande en situation de récession. Ces politiques furent des succès face à la crise des années 30 et aux quelques périodes de ralentissement des Trente Glorieuses, mais des échecs face à la crise des années 70 ; d'où un nécessaire renouvellement de l'analyse keynésienne.

La grande différence entre la situation des années 30 et celle des années 70 est l'ouverture internationale, qui engendre une contrainte extérieure. Celle-ci a rendu inopérantes les politiques keynésiennes traditionnelles : toute relance de la demande provoque une augmentation des importations.

Ainsi, la crise actuelle est en partie due à la mondialisation de l'économie, qui réduit les marges de manœuvre des politiques nationales, et elle est aggravée par la mise en place de politiques libérales qui, en désengageant l'État de l'économie et en flexibilisant les salaires à la baisse, ont des effets dépressifs sur la demande. La solution réside donc dans la coordination internationale des politiques économiques et peut-être même dans la mise en place d'un protectionnisme modéré.

C. Théorie de la régulation et théorie du déséquilibre

1. Les crises seraient celles d'un mode de régulation

Les **théoriciens de la régulation** sont des économistes français qui, dans une perspective historique, étudient les principes généraux du fonctionnement de l'économie. Inspirés de Keynes et de Marx, les auteurs de la régulation (notamment Michel Aglietta, Robert Boyer, Jean Mistral et Alain Lipietz) considèrent que, si au XIXe siècle la concurrence permettait de réguler l'économie, à partir de la Seconde Guerre mondiale, la régulation devient monopoliste ; cette régulation monopoliste est mise en cause depuis la crise.

➡ La régulation concurrentielle et sa crise

Au XIXe siècle le mode de régulation est concurrentiel ; les conditions de la concurrence sont pratiquement réunies, la faiblesse, voire l'inexistence, des syndicats et le peu d'engagement des États permettent une flexibilité des prix et des salaires. Grâce à la concurrence et à la recherche du profit, la croissance économique est forte, aucune crise majeure ne se produit, les déséquilibres économiques sont de faible amplitude.

Dès la fin du XIXe siècle mais surtout au début du XXe siècle, le mode de régulation concurrentiel entre en crise. En effet, la croissance s'intensifie, ce qui suscite une tendance chronique à la surproduction. Durant la première moitié du XIXe siècle, la croissance était essentiellement extensive, l'augmentation de la production rendait nécessaire l'embauche de nouveaux employés, ce qui permettait d'augmenter la masse salariale et offrait ainsi de nouveaux débouchés à la production. En revanche, une croissance intensive comme celle qui se met en place durant la seconde partie du XIXe siècle est rendue possible par l'augmentation de la productivité du travail, et elle ne nécessite donc pas d'embauche supplémentaire ; les salaires fixés par la loi de l'offre et de la demande (régulation concurrentielle) n'ont aucune raison d'augmenter. L'accroissement de la production, n'induisant ni embauche ni augmentation des salaires, ne crée pas les débouchés dont elle a besoin. La concurrence ne permet plus d'assurer l'équilibre économique et n'est plus source de croissance. La Grande Dépression est la première grande crise du mode de régulation concurrentiel, et la crise des années 30 en est l'illustration majeure car elle met fin à ce mode pour laisser la place à un nouveau mode, le mode de régulation monopoliste.

➡ La régulation monopoliste

Après la Seconde Guerre mondiale, la régulation devient monopoliste : dans de nombreux secteurs de l'économie, les entreprises se sont concentrées et ont formé des monopoles et des quasi-monopoles. Les conditions de la concurrence ne sont plus respectées.

Depuis la crise des années 30, les États interviennent massivement dans les économies. La régulation se fait de moins en moins par le marché, et les États deviennent, après 1945, des États-providence garants de l'intérêt général, et qui, suivant en cela les principes de Keynes, prennent en charge la régulation économique.

La régulation monopoliste permet de dépasser la contradiction de la régulation concurrentielle car le rapport salarial s'est transformé, les salaires deviennent rigides à la baisse et les négociations collectives se multiplient ; ainsi, sous la pression des syndicats, l'augmentation des salaires a tendance à suivre celle de la productivité.

La croissance importante de l'après-guerre est permise par le fordisme ; les gains de productivité dégagés par cette nouvelle organisation du travail et par la production de masse conduisent à des augmentations importantes des revenus (aussi bien les salaires que les profits), qui sont source de croissance.

➡ La crise de la régulation monopoliste

Selon la théorie de la régulation, la crise du début des années 70 est celle de la croissance fordiste et de la régulation monopoliste.

La crise de la croissance fordiste est essentiellement la manifestation de la crise de la productivité : à partir de la fin des années 60, un ralentissement de la productivité du travail et une baisse de la productivité du capital, imputable à la suraccumulation, sapent la croissance.

Le ralentissement de la productivité du travail est généralement attribué à la crise du travail fordiste. L'organisation traditionnelle de l'activité est de plus en plus souvent rejetée par des salariés davantage formés et qualifiés, qui aspirent à d'autres conditions de travail. Leur mécontentement, surtout perceptible à partir du milieu des années 60, se caractérise par des revendications débouchant souvent sur des conflits, et par une progression de l'absentéisme, du turn-over et du gaspillage. Tous ces effets pervers nuisent bien sûr à la productivité du travail.

L'économiste américain Denison attribue la crise de la productivité aux États-Unis à plusieurs facteurs. Les facteurs secondaires sont les modifications de la structure des secteurs d'activité (le secteur tertiaire, qui est celui qui enregistre les plus faibles gains de productivité, voit sa part augmenter) et de la structure de la population active (les jeunes et les femmes seraient moins productifs). Mais la crise de la productivité incombe surtout, selon Denison, aux nouvelles dépenses induites par la protection de l'environnement et l'amélioration des conditions de travail, ainsi qu'à un ralentissement du progrès technique.

La productivité du capital subit aussi une crise de grande ampleur. Démarrant dans les années 60, cette crise s'aggrave à partir du début des années 70. Ainsi, entre 1970 et 1986, la productivité du capital diminue en moyenne de 10 % dans les grands pays industrialisés, et cette baisse atteint même 25 % en Grande-Bretagne. La théorie de la régulation explique cette diminution par la suraccumulation de ce facteur de production. En effet, les anticipations étant favorables, les entreprises ont eu tendance à beaucoup investir jusqu'au milieu des années 60 alors que la demande commençait à s'essouffler et que la concurrence du Japon et des pays nouvellement industrialisés s'accentuait.

Cette crise de la croissance fordiste est accentuée par une saturation de la demande en biens durables qui limite la croissance des débouchés et par une baisse du taux de profit et de l'investissement car les salaires ont continué à croître à leur rythme antérieur malgré le ralentissement de la productivité.

La régulation étatique est aussi en crise. Les États se sont révélés incapables de corriger les effets de la crise, et leur légitimité est de plus en plus mise en cause. Par ailleurs, le chômage, engendré par la crise, modifie les rapports salariaux, les salaires retrouvent une certaine flexibilité, les emplois se précarisent et la représentation des organisations professionnelles est contestée ; le « compromis fordiste » est donc lui aussi mis en cause.

La théorie de la régulation considère que les grandes crises signent la fin des anciens modes de régulation et permettent le passage à un nouveau mode de régulation. Celui né de la crise actuelle est encore inconnu.

2. L'analyse de Bowles, Gordon et Weisskopf

Ces trois économistes américains ont publié en 1983 une analyse proche de celle des théoriciens français de la régulation. Ils considèrent que la forte croissance des Trente Glorieuses s'explique par « le système de la grande entreprise », qui se définit par trois critères principaux : la domination économique américaine *(pax americana)*, l'accord capital-travail (appelé par la théorie de la régulation « compromis fordiste ») selon lequel les travailleurs tolèrent le système salarial en échange de salaires élevés, et le pacte citoyens-capitalisme qui aboutit à des interventions croissantes de l'État. Selon ces auteurs, l'effritement du système de la grande entreprise (perte du *leadership* américain et critique libérale des interventions de l'État et des salaires trop élevés) depuis le milieu des années 60 est la cause de la crise que connaissent les États-Unis.

3. La théorie du déséquilibre : la rigidité des prix est la cause des différents déséquilibres (voir partie I, chapitre II)

Selon Malinvaud, les prix ne dépendent pas de la loi du marché car ils sont rigides à court terme, ce qui crée des déséquilibres. Il existe trois sortes de déséquilibres : le chômage keynésien, le chômage classique et l'inflation contenue.

Les théories de la crise et du cycle sont donc très diverses. Leurs implications en terme de politiques économiques sont importantes ; ainsi, face à la crise, les keynésiens préconiseront l'intervention de l'État alors que les nouveaux économistes classiques écarteront toute politique conjoncturelle.

Chapitre III

Les théories économiques de la monnaie

Il existe trois façons principales de concevoir la monnaie en économie.

Certains économistes assurent que la monnaie est parfaitement neutre et donc qu'elle ne peut pas avoir des effets (positifs ou négatifs) sur l'économie réelle. Cette analyse dichotomique de la monnaie est soutenue par la plupart des classiques et des néoclassiques. Les nouveaux économistes classiques ont repris cette thèse.

L'analyse non dichotomique de la monnaie assure au contraire que celle-ci n'est pas neutre ; c'est ce que pense Keynes quand il affirme que la quantité de monnaie peut avoir une influence sur les niveaux de la production et de l'emploi, et que la monnaie peut être désirée pour elle-même ; il met ainsi en cause la fameuse loi des débouchés de Say.

D'autres courants se situent dans une position à mi-chemin des deux premières analyses. Ainsi, Friedman et Hayek considèrent que la quantité de monnaie ne peut jamais influencer favorablement le niveau de l'activité (sauf à court terme pour Friedman), mais qu'elle peut être un facteur de déséquilibre et de récession.

I. Pour les classiques, les néoclassiques et les nouveaux classiques, la monnaie est parfaitement neutre

A. La neutralité de la monnaie pour les classiques et les néoclassiques

Dans la théorie classique, la monnaie, qui est neutre, est considérée comme un voile : elle est indépendante de la sphère réelle de la production et elle est susceptible de masquer les réalités économiques (une augmentation des prix peut, par exemple, faire croire à une augmentation de la production).

Ainsi, dans la loi des débouchés de Say, « les produits s'échangent contre les produits », et donc la monnaie n'a pas de rôle réel.

1. La théorie quantitative de la monnaie

➡ L'équation de Fisher

La théorie quantitative de la monnaie peut être formalisée par l'équation de Mill, reprise par Irving Fisher (1867-1947) :

$M \times V = P \times T$

– M est la quantité de monnaie en circulation.
– V est la vitesse de circulation de la monnaie, c'est-à-dire le nombre de fois qu'une unité monétaire est utilisée dans une année.
– P représente le prix moyen.
– T est le montant total des transactions effectuées dans une année, c'est-à-dire approximativement la production, déduction faite de la variation des stocks.

V et T étant considérés comme des variables indépendantes (sphère réelle), toute augmentation de la quantité de monnaie se traduit par une augmentation des prix.

DOCUMENT 1

L'équation de Fisher

« Le niveau des prix ne dépend que de trois sortes de causes : 1°) la quantité de monnaie en circulation ; 2°) "son degré d'activité", c'est-à-dire la rapidité de circulation (soit le nombre moyen de fois que la monnaie est échangée, dans une année, contre des biens) ; 3°) le volume global des transactions (soit le montant des biens achetés avec la monnaie). La théorie dite "théorie quantitative", d'après laquelle les prix varient proportionnellement avec la quantité de monnaie, a souvent été mal formulée, mais elle est correcte en ce sens que le niveau des prix varie en raison directe de la quantité de monnaie en circulation, à la condition que demeurent invariables la rapidité de sa circulation et le volume global des transactions auxquelles cette monnaie doit suffire. »

Irving Fisher, *Le Pouvoir d'achat de la monnaie*,
cité par Dov Zérah, *in L'Économie par les textes.*

➡ L'équation de Cambridge

Les néoclassiques raisonnent dans un environnement d'information parfaite. Dans un tel environnement les individus n'ont pas besoin de détenir de la monnaie ; autrement dit, ils n'ont aucune préférence pour la liquidité. Les individus ont donc logiquement tendance à utiliser leur épargne pour des placements et non pour la thésaurisation. Dans ce cadre, le seul motif important de demande de monnaie est le financement des transactions ; l'encaisse monétaire des individus leur sert à couvrir l'intervalle entre l'encaissement du revenu et son utilisation. On comprend donc que la demande de monnaie est une fonction croissante du prix des transactions et donc (à la variation de stock près) du prix de la production. D'où Md = f(P,Y), où P représente le niveau général des prix et Y, le volume de la production.

Selon l'équation de Cambridge, la demande de monnaie est une fonction stable et linéaire du prix de la production, et l'on peut noter : $Md = k \times P \times Y$, où k représente le nombre d'unités monétaires demandées pour réaliser un franc de transaction dans l'année. Par exemple, si k est égal à 0,2, une pièce de 20 centimes suffit à acheter l'équivalent de 1 franc de production, et donc chaque unité monétaire est utilisée 5 fois en moyenne. k est l'inverse de V, qui désigne la vitesse de circulation de la monnaie, c'est-à-dire le nombre de fois qu'une unité monétaire est utilisée en moyenne (5 dans l'exemple qui précède).

La demande de monnaie est donc une fonction croissante des prix et du volume de la production, mais une fonction décroissante de la vitesse de circulation de la monnaie.

Pour la théorie néoclassique, l'offre de monnaie est une donnée exogène qui ne dépend ni de la demande de monnaie ni de l'activité. Dans le passé, la quantité de monnaie en circulation résultait de la quantité d'or ; depuis que celui-ci est démonétisé, elle dépend de la politique des banques centrales.

À l'équilibre, l'offre de monnaie, c'est-à-dire la quantité de monnaie en circulation (désignée par Mo ou par M) est égale à la demande de monnaie : $M = Md \Rightarrow M = k \times P \times Y$ ou $M = 1/V \times P \times Y$, d'où : $M \times V = P \times Y$.

Cette équation (nommée « équation de Cambridge ») propose donc un résultat proche de l'équation de Fisher. La monnaie est neutre, toute variation de la quantité de monnaie est contrebalancée par une modification des prix mais n'influe pas sur le niveau réel des transactions et de la production.

L'inflation serait donc un phénomène uniquement monétaire, ses causes ne sont que monétaires et elle n'a aucune influence sur l'économie réelle.

2. Effet Pigou ou « effet d'encaisse réelle »

L'équation de Fisher, qui est le fondement de la théorie quantitative de la monnaie, affirme que les prix résultent de la quantité de monnaie, mais n'explicite pas le mécanisme précis qui permet aux prix de s'ajuster à l'offre de monnaie. Ce mécanisme a été expliqué par Pigou, d'où son nom « effet Pigou » ou « effet d'encaisse réelle ».

Selon Pigou, les individus détiennent une encaisse composée d'argent liquide qu'ils jugent nécessaire et suffisante pour faire face à leurs transactions futures. Si les pouvoirs publics augmentent la quantité de monnaie en circulation, les encaisses de l'ensemble des agents économiques croissent ; se retrouvant avec des moyens de paiement dépassant leurs besoins, les individus accentuent leurs dépenses, ce qui, en augmentant la demande globale, fait progresser le niveau général des prix et par conséquent fait baisser la valeur réelle des encaisses. Les agents stabiliseront leurs dépenses lorsque la valeur réelle des encaisses de la période sera égale à la valeur réelle des encaisses de la période précédente. Le mécanisme inverse joue également : la diminution de la quantité de monnaie oblige les individus qui veulent stabiliser leurs encaisses à diminuer leurs dépenses, d'où une baisse du niveau général des prix...

On le voit, selon Pigou, les individus ne sont absolument pas victimes de l'illusion monétaire.

B. La neutralité de la monnaie selon les nouveaux économistes classiques

Pour les nouveaux économistes classiques, Lucas notamment (voir partie III, chapitre IV), le cycle s'explique par un effet de surprise monétaire qui induit de mauvaises anticipations. La monnaie n'est donc pas parfaitement neutre car une variation de la quantité de monnaie peut jouer à court terme sur le niveau de la production.

Considérant que l'explication du cycle par un effet de surprise est trop partielle, certains économistes proches de la nouvelle économie classique ont décidé de tenir compte des chocs réels (voir partie II, chapitre II). Ils considèrent que la monnaie est parfaitement neutre et que les anticipations ne peuvent pas être biaisées : la quantité de monnaie ne peut jamais, même à court terme, agir sur le niveau de la production.

“*Les modèles du cycle économique réel sont en partie une réponse aux insuffisances des modèles qui reposent fortement sur les impulsions monétaires. Dans la mesure où les modèles du cycle réel peuvent expliquer le cycle économique sans recourir aux chocs monétaires, ils soulèvent effectivement la question de l'importance relative de la monnaie comme facteur d'impulsion dominant le cycle économique.*”

Charles Plosser, cité dans *La Pensée économique moderne.*

II. Pour le courant keynésien, la monnaie n'est pas neutre et elle peut être efficacement utilisée dans le cadre de la politique économique

A. La mise en cause keynésienne de la neutralité de la monnaie

1. La préférence pour la liquidité

Dans la théorie keynésienne, la demande de monnaie (c'est-à-dire la détention d'encaisses liquides) ne dépend pas uniquement du motif de transaction. Keynes désigne la demande de monnaie par le terme « préférence pour la liquidité », et il affirme que celle-ci résulte de trois motifs : spéculation, précaution et transaction (voir partie I, chapitre II).

Cette préférence pour la liquidité infirme la loi des débouchés de Say (« l'offre crée la demande » et « les produits s'échangent contre les produits ») car la préférence pour la liquidité a un effet d'éviction sur la demande et sur le volume de transactions.

2. La fixation du taux d'intérêt

Comme les néoclassiques, Keynes considère que l'offre de monnaie, c'est-à-dire la quantité de monnaie en circulation dans l'économie, est exogène. Elle résulte de la politique de création monétaire des autorités monétaires.

Selon les néoclassiques, le taux d'intérêt est le prix du capital, et sa flexibilité permet d'égaliser l'investissement (qui en est une fonction décroissante) et l'épargne (qui en est une fonction croissante). Keynes s'oppose à cette conception car l'épargne n'est pas une fonction croissante du taux d'intérêt, mais une fonction croissante du revenu et parce que le taux d'intérêt se fixe sur le marché de la monnaie et non sur celui du capital ; il résulte de la confrontation entre l'offre et la demande de monnaie, non de la confrontation entre l'épargne et l'investissement, comme le pensent les néoclassiques. Ainsi, une augmentation de l'offre de monnaie permet de réduire le taux d'intérêt, ce qui favorise l'investissement et autorise l'augmentation du niveau de la production. La monnaie n'est donc pas neutre.

L'effet d'une augmentation de la quantité de monnaie sur la production résulte de la possibilité de cette dernière de croître et donc de son élasticité par rapport à la demande :

- en cas de plein-emploi, la production n'est pas prête à augmenter, et seuls les prix gonflent ;
- en cas de sous-emploi, la production est élastique et elle profite de la baisse des taux d'intérêt pour augmenter.

Une politique monétaire expansive est donc toujours source de relance de la production, sauf en situation de plein-emploi et si les taux d'intérêt sont déjà si bas que les encaisses de spéculation ne peuvent augmenter ; dans ce dernier cas, nommé « trappe à liquidité », l'augmentation de la quantité de monnaie ne peut plus faire diminuer les taux d'intérêt et donc ne peut plus relancer la production.

> “*L'épargne et l'investissement sont les facteurs déterminés et non déterminants.*”
>
> “*Tant qu'il existe du chômage, l'emploi varie proportionnellement à la quantité de monnaie ; lorsque l'emploi est réalisé, les prix varient proportionnellement à la quantité de monnaie.*”
>
> “*Si le taux d'intérêt était gouverné de sorte que le plein-emploi fût toujours maintenu, la Vertu reprendrait ses droits.*”
>
> John M. Keynes, *Théorie générale de l'emploi, de l'intérêt et de la monnaie.*

B. La courbe de Phillips

En 1958, l'économiste néo-zélandais Alban William Phillips publie les résultats d'une étude comparant l'évolution du taux de chômage et celle du salaire nominal en Grande-Bretagne entre 1867 et 1957. En période de croissance, le taux de chômage a tendance à baisser alors que le salaire tend à augmenter. En revanche, la crise conduit à une hausse du chômage et à une baisse du salaire nominal.

La **courbe de Phillips** établit donc une relation inversement proportionnelle entre le taux de croissance des salaires et le taux de chômage. Le développement de cette théorie, notamment par Samuelson, mène à l'établissement d'une symétrie entre l'inflation (souvent due à l'augmentation des salaires nominaux) et le chômage, impliquant dès lors un choix : opter pour un faible taux d'inflation mais dans ce cas accepter un chômage important, ou au contraire diminuer le chômage quitte à tolérer de l'inflation. En effet, les politiques restrictives (limitation de la création monétaire, limitation du déficit budgétaire, modération de la demande) permettent de ralentir l'inflation mais réduisent la croissance et favorisent le sous-emploi alors que, inversement, les politiques de relance de l'économie sont une source d'inflation. Dans cette optique, la monnaie est loin d'être neutre, et les sphères monétaire (inflation) et réelle (chômage) sont étroitement interdépendantes.

DOCUMENT 2

La courbe de Phillips présentée par Samuelson

« Le professeur A. W. Phillips, de la London School of Economics et de l'université nationale d'Australie, a fait œuvre de pionnier en s'attachant à quantifier la relation réciproque qui s'établit entre les hausses prix-salaires et le chômage. La figure ci-dessous représente la courbe typique de Phillips inclinée vers le bas, sur laquelle, plus on remonte vers la gauche aux fins d'atténuer le chômage, plus s'accentuent les taux de la progression "rampante" des prix et des salaires le long de ladite courbe. »

Relation entre l'inflation et le plein-emploi

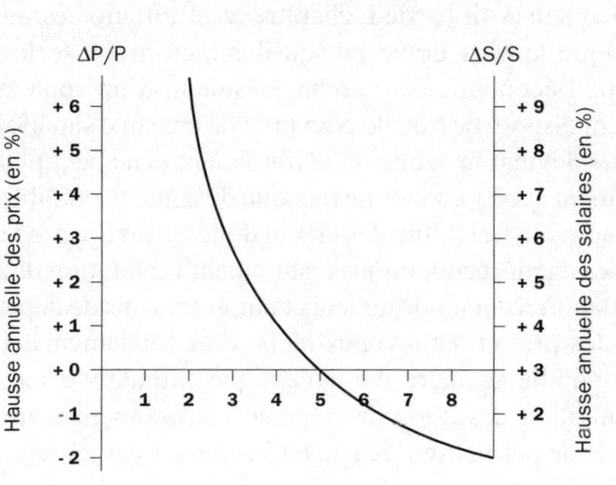

> *« Sur le diagramme, le pourcentage de chômage est porté sur l'axe horizontal. Sur l'échelle verticale de gauche est gradué le pourcentage annuel (algébrique) de variation des prix moyens, alors que le pourcentage concomitant de variation des taux de salaires horaires (nominaux) est indiqué sur l'échelle de droite. Les deux échelles ne diffèrent qu'à concurrence du pourcentage d'accroissement annuel (supposé) de la productivité. »*
>
> P. A. Samuelson, *L'Économique*, tome II.

Au début des années 70, la stagflation met en cause la symétrie entre le chômage et l'inflation. Selon Edmund Phelps, la courbe de Phillips se déplace sur la droite car l'économie se retrouve avec encore plus d'inflation et encore plus de chômage.

III. Pour les monétaristes et pour l'école autrichienne, les dérèglements monétaires, notamment l'inflation, sont à l'origine du dérèglement de la sphère réelle

A. Selon les monétaristes, la croissance de la quantité de monnaie doit suivre exactement celle de la production

1. L'inflation est le dérèglement majeur de l'économie

Pour Friedman (voir partie I, chapitre IV), l'inflation est le dérèglement économique le plus grave puisqu'il remet en cause les fondements mêmes de l'économie de marché. Résultant d'un contexte où le gouvernement dispose de trop de pouvoir, elle crée une situation où la valeur des avoirs devient instable, où le libre marché ne peut plus fonctionner efficacement et où l'économie manque de signaux crédibles. L'inflation fait obstacle à la flexibilité des prix et donc entrave le processus de régulation. Les agents économiques, anticipant l'évolution de l'inflation ou de la déflation, vont modifier leurs comportements de dépenses, influant dès lors les prix et les revenus réels. Plus fondamentalement, l'inflation, quand elle acquiert une dynamique cumulative sous la forme de l'hyperinflation, dévalorise la monnaie, compromettant ainsi sa fonction essentielle de permettre l'échange sans passer par le troc.

L'inflation résulte d'une augmentation trop forte de l'offre de monnaie ; c'est le gouvernement qui, en augmentant la quantité de monnaie plus rapidement que ne le requiert la hausse de la production, provoque l'inflation. L'augmentation de la quantité de monnaie peut créer à court terme les conditions d'une expansion économique et diminuer le chômage, mais elle est toujours source de dysfonctionnement à moyen et à long terme lorsqu'elle dépasse l'augmentation de la production. Il faut donc contrôler strictement la croissance de la masse monétaire de façon qu'elle soit identique à l'augmentation de la production.

Friedman et Keynes sont d'accord pour affirmer que la quantité de monnaie doit au moins suivre l'activité économique. Ainsi, trop peu de monnaie est préjudiciable à la croissance ; tous deux admettent que la raréfaction monétaire du début des années 30 fut un facteur d'aggravation de la crise. En revanche, ils s'opposent sur la détermination de la quantité optimale de monnaie :

- Keynes considère que la monnaie peut doper l'économie. Une augmentation de la quantité de monnaie relance la production en situation de sous-emploi ;
- Friedman considère au contraire que toute augmentation de la quantité de monnaie supérieure à celle de la production conduit à une hausse des prix. Or l'inflation est source de déséquilibres puisqu'elle nuit à la compétitivité et altère les anticipations des agents économiques.

Ainsi, dans les années 60, Friedman conseillait de limiter l'accroissement de la masse monétaire à 5 % par an, c'est-à-dire à un taux proche de celui de la croissance économique.

> “*L'inflation est toujours et partout un phénomène monétaire.*”
>
> “*Le seul moyen dont dispose le gouvernement pour lutter contre l'inflation consiste à dépenser moins et à fabriquer moins de monnaie.*”
>
> “*Je ne pense pas qu'il y ait à choisir entre l'inflation et le chômage. Le problème se pose entre l'aggravation de l'inflation et le chômage, ce qui signifie que le véritable enjeu est de savoir si l'on préfère le chômage tout de suite ou plus tard.*”
>
> Milton Friedman, *Inflation et Systèmes monétaires.*

2. Anticipations adaptatives et courbe de Phillips

La courbe de Phillips initiale présente une symétrie entre le taux de chômage et le taux de croissance des salaires nominaux. Friedman pense que cette courbe est erronée car les agents économiques (employeurs et employés) ajustent leurs comportements non pas aux salaires nominaux, mais aux salaires réels. Keynes affirmait que les salariés sont durablement victimes de l'illusion monétaire ; Friedman pense que cette illusion monétaire n'est que temporaire.

Si l'État décide de mener une politique monétaire expansive pour relancer la croissance et diminuer le taux de chômage, l'effet bénéfique ne sera que temporaire. Une augmentation de la quantité de monnaie induira une hausse des encaisses monétaires des individus ; si l'inflation n'est pas anticipée, les individus se sentiront plus riches et augmenteront leurs dépenses (d'une façon assez limitée car leur consommation dépend essentiellement de leur revenu permanent). Les entreprises augmenteront les salaires nominaux de façon à pouvoir embaucher davantage et à produire plus afin d'être en mesure de répondre à la hausse de la demande. Les salariés, victimes d'une illusion monétaire temporaire, acceptent de travailler davantage. La production et l'emploi ont donc augmenté ; l'augmentation de la masse monétaire a eu des effets réels sur l'économie.

Mais rapidement, les individus se rendent compte que les prix ont augmenté et donc que ni leurs encaisses réelles ni leurs salaires réels ne se sont accrus. À ce moment, ils adaptent leurs comportements au nouveau système de prix : les dépenses et l'offre de travail reviennent à leur niveau initial. L'hypothèse de Friedman est que l'inflation anticipée ne s'adapte que graduellement à l'inflation réelle, d'où le terme d'« anticipations adaptives ».

Le résultat à long terme de la création monétaire, c'est plus d'inflation, mais pas moins de chômage. Selon Friedman, la courbe de Phillips est une droite verticale ; le choix des gouvernements s'articule en réalité entre plus ou moins d'inflation.

Il considère qu'il est impossible d'agir sur le niveau de chômage, mais seulement sur le niveau d'inflation. L'économie est normalement dans une situation de plein-emploi car la variation du salaire à la baisse permet d'embaucher toute la population active. Le chômage est naturel ; il s'explique par l'inadaptation des individus à occuper les emplois disponibles, par les indemnités de chômage, qui altèrent le calcul rationnel de chaque individu et incitent certains chômeurs à ne pas travailler, et par les différentes rigidités du marché du travail. Le niveau effectif du chômage ne peut rester que temporairement en dessous de son niveau naturel ; la création monétaire est inflationniste, mais elle ne peut pas combattre durablement le chômage.

FIGURE 1

La courbe de Phillips interprétée par Friedman

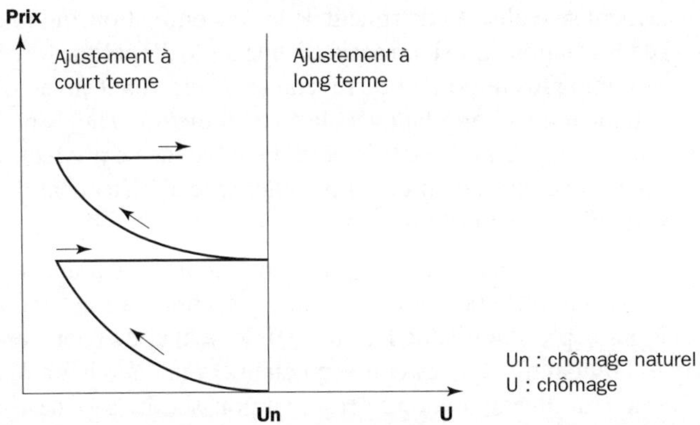

B. Pour l'école autrichienne, l'inflation est source de distorsions conduisant à la récession

L'**école autrichienne**, qui a été fondée par Menger, a souvent été assimilée à l'école néoclassique. Pourtant ses deux représentants les plus célèbres, Ludwig von Mises (1881-1973) et Hayek, ont développé des théories originales, notamment en ce qui concerne l'absence de neutralité de la monnaie et l'explication des fluctuations.

Ainsi, pour Mises et Hayek, une politique de relance par le crédit et par la création de monnaie doit nécessairement aboutir à la récession car elle crée un allongement de la durée moyenne de production. Elle provoque une distorsion, un déséquilibre dans le processus de production, caractérisé par l'augmentation de la production de biens de production au détriment de celle de biens de consommation. Expliquons le mécanisme.

À la suite de Fisher, l'école autrichienne distingue deux taux d'intérêt : le taux d'intérêt naturel, qui est un taux d'équilibre et qui représente le rendement du capital, et le taux d'intérêt du marché, qui est le taux d'intérêt effectif. En l'absence d'intervention des autorités monétaires, les deux taux sont égaux, la structure de production est harmonieuse et l'économie est en équilibre.

En revanche, une politique cherchant à favoriser le crédit sera source de déséquilibre car elle privilégie arbitrairement l'investissement au détriment de la consommation. En effet, une augmentation de la quantité de monnaie a deux effets : elle fait diminuer le taux d'intérêt du marché et elle est inflationniste. Le taux naturel devenant supérieur au taux du marché, les entreprises sont incitées à investir. Mais ce surcroît d'investissement se réalise au détriment de la consommation, qui ralentit en raison de l'inflation. Ainsi, on assiste à une sorte d'épargne forcée puisqu'un volume plus important de revenu se dirige vers l'investissement et un volume moins important vers la consommation. Hayek nomme ce phénomène « augmentation de la période moyenne de production » car la production de biens de production augmente au détriment de la production de biens de consommation.

Toute politique de relance monétaire se traduit *in fine* par une récession. D'un côté, les entrepreneurs ont fait des anticipations incorrectes concernant la profitabilité de leur investissement et ils vont s'en rendre compte. D'un autre côté les consommateurs vont chercher à rétablir le niveau de leur consommation, ce qui va pousser les prix des biens de consommation à la hausse. Les risques sont que, face à cette nouvelle situation, la quantité de biens de production se réduise plus que l'équilibre ne le requiert, et que la production de biens de consommation augmente trop fortement. C'est-à-dire que cette fois-ci la période moyenne de production risque de devenir trop courte. La crise se caractérise donc par la réduction de la période de production, et aussi par le chômage car les ressources sont moins utilisées.

L'État ne doit pas intervenir car il risquerait de freiner le processus d'ajustement ou de créer de nouvelles distorsions. Hayek propose donc de supprimer toute politique monétaire conjoncturelle et de contrôler fermement l'offre de monnaie. En revanche, il ne pense pas comme Friedman qu'il soit nécessaire d'ajuster parfaitement la croissance de la quantité de monnaie à celle de la production car il considère que la monnaie est une entité trop abstraite pour que cette politique soit réellement possible.

La théorie de Mises et de Hayek donne une explication intéressante à la crise des années 70. A la fin des années 60, on peut effectivement remarquer un allongement du processus de production, appelé par d'autres économistes « surinvestissement ». Dans les années 70 au contraire, la période de production diminue, la consommation est forte alors qu'on assiste à un désinvestissement.

Le débat sur la neutralité de la monnaie est donc loin d'être clos. Il semble que la monnaie soit omniprésente et qu'elle ne soit pas un simple outil dans les échanges ; mais tous les économistes ne s'accordent pas sur le degré d'interdépendance des sphères réelle et monétaire.

Chapitre IV

Les théories économiques de l'État

L'État est un thème central de la théorie économique. Les économistes s'opposent sur la légitimité de ses interventions. En effet, ceux qui croient aux vertus régulatrices du marché veulent limiter fortement son rôle dans l'économie, alors que les économistes qui considèrent que le marché est injuste et imparfait voudraient que l'État s'y substitue.

I. La théorie libérale du XIXe siècle préconise essentiellement le « laisser-faire »

Nous n'examinerons que succinctement ces théories, qui ont été présentées dans la partie I, chapitre I.

A. Pour les économistes classiques de la fin du XVIIIe et du XIXe siècle, l'État doit être un État minimal

L'école classique considère que l'État doit éviter toute intervention susceptible de fausser les mécanismes du marché et de contrarier les effets de la « main invisible ».

1. L'État minimal d'Adam Smith

Smith s'oppose au mercantilisme. Les mercantilistes, tels Antoine de Montchrestien ou Jean Bodin, pensaient que l'État doit intervenir pour favoriser le cumul des richesses. Smith affirme que le mercantilisme est peu efficace et même dangereux. Il est nécessaire de laisser jouer la « main invisible » : chaque individu qui cherche à s'enrichir œuvre inintentionellement pour la société tout entière en accroissant la production nationale. L'État n'a donc aucun rôle à jouer dans l'augmentation des richesses sinon celui de laisser les individus libres d'entreprendre.

Smith préconise le « laisser-faire » ; le fonctionnement de l'économie doit être libre. C'est la meilleure façon d'éviter la crise et le déséquilibre car l'économie a tendance à se réguler d'elle-même. Smith préconise aussi le libéralisme dans les échanges internationaux – c'est-à-dire le libre-échange – et démontre, dans sa théorie des avantages absolus, que l'intérêt des différentes nations est de se spécialiser et d'accepter de commercer sans entraves.

L'État doit donc être un État minimal, un État gendarme comme le nomme Antonio Gramsci. Il doit limiter son intervention à trois fonctions : protéger la nation contre les autres nations (armée) ; protéger les individus contre l'injustice et l'oppression (police et justice) et se charger des travaux d'infrastructure qui ne peuvent être rentables pour l'initiative privée (routes, canaux…).

> “*Il n'y a pas de riche qui ne s'efforce de devenir plus riche encore ; laissez-le faire ; il enrichira la nation en s'enrichissant lui-même.*”
>
> Adam Smith, *Recherches sur la nature et les causes de la richesse des nations.*

2. Le libéralisme des autres classiques

Les autres auteurs classiques poursuivent l'œuvre de Smith et s'attachent aussi à présenter les bienfaits du libéralisme. Ainsi Malthus montre que les aides sociales de l'État sont néfastes et ne permettent pas, contrairement à leur objectif, de faire reculer la pauvreté.

Ricardo démontre dans sa théorie des avantages comparatifs que tous les pays, même les moins compétitifs, ont intérêt au libre-échange et à la spécialisation internationale ; non seulement le libre-échange permet d'accroître la richesse de toutes les nations, mais en plus il ne peut pas créer de déséquilibre car, selon lui, les balances des comptes extérieurs se rééquilibrent automatiquement.

Ricardo se méfie des interventions étatiques croissantes, il craint que les dépenses de l'État n'augmentent trop fortement. À ceux qui considèrent que les impôts sont dangereux, mais que l'emprunt public d'État n'est pas nuisible, il oppose le théorème d'équivalence : que l'argent soit prélevé par impôt ou par emprunt, il s'agit de toute façon de sommes perdues pour le capital productif ; par ailleurs, les emprunts publics ne sont pas préférables à l'impôt puisqu'ils devront un jour être remboursés et qu'il faudra bien, à ce moment, faire appel aux contribuables.

> “*Quand on lève, par la voie de l'emprunt, 20 millions pour les dépenses d'une année de guerre, ce sont 20 millions que l'on enlève au capital productif de la nation.*”
>
> David Ricardo, *Principes de l'économie politique et de l'impôt.*

B. Le libéralisme des néoclassiques

1. Le « laisser-faire » néoclassique

Say est un précurseur des néoclassiques ; il démontre que « l'offre crée sa propre demande » et donc que les déséquilibres sur le marché des biens et des services ne peuvent être que ponctuels et non durables. L'économie est en équilibre, l'État n'a pas à intervenir.

Walras pense aussi que l'État a comme unique rôle de faire respecter l'ordre naturel du marché. En effet, si les conditions de la concurrence pure et parfaite sont respectées (atomicité du marché, transparence du marché, homogénéité des produits, mobilité des facteurs de production et rationalité des agents économiques), les trois marchés qui composent l'économie (le marché des biens et des services, celui du travail et celui du capital) sont en équilibre. La libre variation du prix permet, sur chaque marché, d'ajuster l'offre et la demande. L'économie s'autorégule, l'État doit respecter cet ordre naturel car toute intervention de sa part risque de le perturber.

La théorie libérale ne nie pas pour autant l'existence de l'État.

2. Le rôle de l'État pour les néoclassiques (voir partie III, chapitre I)

L'État doit d'abord faciliter le fonctionnement du marché ; il doit dès lors créer les conditions propices à la concurrence pure et parfaite et veiller au respect de celles-ci. C'est ainsi qu'il faut comprendre l'abolition du système féodal dans l'agriculture et de l'esclavage dans les colonies ou l'abrogation des corporations et des monopoles royaux. L'État doit favoriser la libre entreprise, créer un cadre légal pour les sociétés et empêcher la formation de monopoles. Le rôle de l'État est aussi de libéraliser les échanges extérieurs par la suppression des mesures protectionnistes et la signature de traités de libre-échange. Paradoxalement, l'État intervient pour mettre en place les conditions de sa non-intervention.

En cas de monopole naturel (monopole rendu nécessaire par les caractéristiques particulières d'un marché), l'État doit intervenir de façon que la tarification soit la plus proche de celle du marché. Selon la théorie libérale traditionnelle, l'État doit aussi prendre en charge les activités produisant les biens collectifs. Un bien collectif, ou bien public (de la défense nationale à la construction d'un phare par exemple), est un bien indivisible dont le coût de production n'augmente pas à chaque consommation supplémentaire. Alors qu'un bien privé ne satisfait les besoins que d'un seul individu, un bien collectif a pour vocation de répondre aux besoins, exprimés ou non, d'un maximum de personnes. L'objectif de ce type d'activité n'est pas le profit ; elle est donc à la charge de l'État.

Marshall, Pigou et, plus largement, l'école du bien-être considèrent que l'État doit aussi prendre en charge les « externalités ». Un effet externe est une répercussion de l'activité d'un agent économique sur d'autres agents qui ne donne pas lieu à une compensation monétaire (voir partie III, chapitre I).

II. Défaillances du marché et interventions de l'État

En plus des différentes inefficiences du marché mises en évidence par l'économie du bien-être, une question plus large, car mettant en cause le principe de la « main invisible » de Smith, se pose au sujet de la capacité du marché à définir et donc à satisfaire l'intérêt collectif. Nous présenterons le **théorème de Arrow**, puis nous rappellerons que certaines interventions de l'État sont souhaitables pour les keynésiens.

A. Selon Arrow, le marché et le vote ne sont pas des moyens efficaces pour effectuer un choix collectif

Kenneth Arrow (né en 1921 ; prix Nobel en 1972) affirme, dans *Choix collectifs et Préférences individuelles* (1951), qu'il n'est pas possible de définir l'intérêt général à partir des préférences individuelles ; cette théorie est connue sous le nom de « théorème d'impossibilité ».

1. Les fondements de la théorie du choix collectif

Dans les sociétés démocratiques, les choix collectifs peuvent provenir du vote, du marché ou être imposés aux individus. Dans les autres sociétés les décisions sont prises par de simples individus (dictateurs par exemple) ou proviennent de règles inscrites dans la tradition.

Le « paradoxe électoral », qui avait déjà été mis en évidence par Condorcet, montre que le vote peut mener à des résultats incohérents.

Soit une collectivité, constituée de trois électeurs (1, 2 et 3), qui ait à choisir entre trois propositions mutuellement exclusives A, B et C (par exemple : désarmement, guerre froide ou guerre). Supposons que :

– 1 préfère A à B et B à C et donc, par transitivité, A à C ;
– 2 préfère B à C et C à A et donc, par transitivité, B à A ;
– 3 préfère C à A et A à B et donc, par transitivité, C à B.

Une majorité préfère A à B et B à C et donc, par transitivité, A à C, mais une majorité préfère aussi C à A. Cette procédure de passage des choix individuels aux choix collectifs semble donc mener à un résultat illogique.

Les utilités individuelles ne peuvent pas être mesurées, elles ne peuvent être que classées. Arrow rejoint sur ce point Pareto. Ainsi un individu peut dire s'il préfère x à y, mais il est impossible d'affirmer que l'utilité que x procure à l'individu 1 est supérieure ou non à l'utilité que y (ou même x) procure à l'individu 2. L'étude des choix individuels ne peut donc porter sur des niveaux d'utilité, mais sur des relations de préférence.

Chaque individu peut définir strictement son système de préférence. Il doit ainsi choisir entre ces trois possibilités : il préfère x à y, x et y lui sont indifférents, il préfère y à x. Les éléments du choix sont les « états sociaux » ; Arrow ne prend pas uniquement en compte l'utilité économique (comme la satisfaction provenant de la consommation), mais l'ensemble des préférences individuelles (par exemple les aspirations de justice). L'objectif de la société peut être alors défini : « Elle choisit l'état social qui conduit au bien-être collectif maximal. »

Cinq conditions semblent logiquement acceptables pour assurer la rationalité de la procédure :

– les différents choix individuels doivent avoir une cohérence entre eux, que l'on peut caractériser par la « complétude » (ils concernent toutes les éventualités) et la transitivité ;
– si un état social est préféré par tous les individus à un autre, alors il doit en être de même pour la préférence collective. L'ordre social varie dans le même sens que les changements des valeurs individuelles ;
– chaque choix doit être indépendant des situations extérieures. Le classement entre deux états ne dépend que des préférences individuelles concernant ces deux seuls états ;
– les individus sont souverains ; ils disposent d'une liberté de choix réelle ;
– la cinquième condition, proche de la quatrième, est l'absence de dictature.

2. Le théorème d'impossibilité

Arrow montre que les cinq conditions ne peuvent être remplies simultanément. Elles semblent tout à fait raisonnables, mais elles sont en réalité trop restrictives pour qu'il soit possible de bâtir une fonction de choix collectif les satisfaisant toutes. Arrow affirme que, même lorsque la préférence individuelle ne porte que sur l'utilité économique et non sur des choix moraux ou idéologiques (il nomme ce cas « hypothèse individualiste »), le théorème d'impossibilité est vérifié ; il est impossible dans ce cas aussi de bâtir une préférence collective satisfaisant aux cinq conditions. Les seules méthodes de passage des préférences individuelles aux préférences collectives qui soient satisfaisantes, bien que ne respectant pas les deux dernières conditions, sont soit imposées, soit dictatoriales. Arrow explique qu'il existe trois exceptions au théorème d'impossibilité :

- lorsqu'il n'existe que deux situations possibles entre lesquelles choisir. Ainsi, le bipartisme est légitime car, dans ce cadre, les choix collectifs sont en cohérence avec les préférences individuelles ;
- en cas d'unanimité parfaite ;
- lorsque les préférences sont unimodales. Dans ce cas, les états sociaux peuvent être représentés par des niveaux différents sur une même échelle de valeur. C'est le cas lorsqu'il existe plusieurs partis politiques que l'on peut classer linéairement du plus à gauche au plus à droite. Dès lors, la règle de décision à la majorité conduit à un classement transitif des situations, et il est possible de déterminer une préférence collective.

> “*S'il existe au moins trois situations possibles que les membres de la collectivité puissent classer comme ils l'entendent, toute fonction de bien-être collectif [...] doit être soit imposée, soit dictatoriale.*”
>
> “*Il n'existe aucune méthode de scrutin qui lève le paradoxe électoral, ni le vote majoritaire ni aucun système de représentation proportionnelle quelle que soit sa complexité. De même, le mécanisme du marché ne peut donner un choix rationnel.*”
>
> “*L'idéologie de la souveraineté de l'électeur est incompatible avec celle de la rationalité collective.*”
>
> Kenneth Arrow,
> *Choix collectifs et Préférences individuelles.*

Le théorème de Arrow est un apport considérable pour la compréhension des règles de choix collectifs en démocratie, mais les économistes libéraux considèrent que le marché, même s'il ne permet pas d'agréger parfaitement les préférences individuelles, reste le meilleur moyen d'allocation des ressources.

B. Les économistes keynésiens préconisent l'intervention économique de l'État

Keynes (voir partie I, chapitre I) affirme que, pour corriger les déséquilibres du système, l'État doit intervenir dans l'économie. Ainsi, en cas de sous-emploi, l'État est dans l'obligation de mener une politique de relance afin d'augmenter la demande effective. Keynes infirme le raisonnement de Say : c'est le niveau de la demande effective qui détermine le niveau de l'offre, et non l'inverse. Les deux principales composantes de la demande sont l'investissement (compris dans un sens large, ce sont les achats en biens de production des entreprises) et la consommation.

1. La politique monétaire est la politique recommandée par Keynes

Tout au long de son œuvre principale, *Théorie générale de l'emploi, de l'intérêt et de la monnaie*, Keynes met l'accent sur la politique monétaire et sur la nécessité d'opter pour des taux d'intérêt faibles de façon à relancer l'investissement. Il considère que, en raison du « paradoxe de la pauvreté au sein de l'abondance », l'État doit favoriser de plus en plus l'investissement. En effet, plus une nation est riche, plus la propension à consommer est faible, et donc plus il est nécessaire que l'investissement soit élevé pour que la demande (consommation et investissement) soit suffisante au maintien, voire à l'augmentation, du niveau de la production et donc de l'emploi.

Puisque les entreprises ne sont incitées à investir que lorsque le taux d'intérêt est inférieur au taux de profit, la seule solution durable pour favoriser l'investissement est de baisser fortement le taux d'intérêt. Le seul risque est de voir diminuer les revenus de ceux qui apportent les capitaux. Mais cela n'est pas grave : Keynes ne préconise-t-il pas l'« euthanasie du rentier », qu'il considère comme un parasite inutile ?

2. La politique budgétaire

Keynes préconise des dépenses « sur fonds d'emprunt » ; il est donc favorable, quoique d'une façon modérée et ponctuelle, au déficit public. Celui-ci permet à l'État d'augmenter ses propres investissements et donc ses dépenses, mais sans augmenter ses recettes afin de ne pas nuire à la demande des autres agents économiques par une imposition plus forte.

Le déficit budgétaire pose surtout le problème de son financement. Mais Trygve Haavelmo a montré que, même équilibré, un budget n'est pas neutre vis-à-vis de la demande. Ainsi, il considère que l'État a une propension à consommer égale à 1 (ses recettes sont intégralement dépensées, il n'épargne pas) tandis que les agents économiques ont une propension à consommer inférieure à 1. Ainsi, plus le budget est élevé, plus le soutien à la demande globale est fort. Prenons un exemple dans lequel nous considérerons que la propension à consommer des agents économiques est de 0,8 : le budget est équilibré, l'État décide d'augmenter ses dépenses de 1 000 et pour cela de lever un impôt supplémentaire de 1 000 ; la demande de l'État augmente de 1 000 tandis que celle des agents économiques ne diminue que de 800 (1 000 × 0,8). Ainsi, le budget est resté équilibré, mais son augmentation a pu relancer la demande, et donc la production, de 200.

DOCUMENT 1

Le théorème de Haavelmo

« On a souvent soutenu que la dépense publique, en tant que remède contre le sous-emploi, doit être une dépense déficitaire, et non pas une dépense compensée par un montant équivalent d'impôts. En effet, dans ce dernier cas, le gouvernement reprendrait d'une main ce qu'il donne de l'autre. Mais, il est bien connu que cette façon d'agir – un volume d'impôt égal à la dépense publique – peut conduire à une distribution du revenu qui, en retour, entraînerait un niveau de consommation nationale plus élevé, pour un niveau donné de l'investissement privé. L'effet d'une telle redistribution dépend essentiellement de la différence plus ou moins grande des propensions marginales à consommer et des différences entre les revenus. »

Trygve Haavelmo, article publié en octobre 1945 dans la revue *Econometrica*.

3. La politique des revenus

L'État peut aussi favoriser la demande de consommation en créant des emplois publics, en augmentant par mesure réglementaire les salaires, mais surtout en redistribuant les revenus. En effet, la redistribution permet d'augmenter la demande globale de consommation car elle prélève des revenus aux catégories favorisées, qui ont une faible propension à consommer, pour les reverser aux personnes défavorisées, qui ont une forte propension à consommer. Keynes est relativement sceptique sur l'efficacité des interventions étatiques visant à augmenter la consommation, mais il est prêt à les accepter ; et de nombreux keynésiens y voient la principale solution au sous-emploi. Ainsi, Kaldor et Galbraith considèrent que l'existence d'un revenu minimal et des mesures réglementaires exigeant des hausses de salaires sont de bons remèdes à la crise.

DOCUMENT 2

La position de Keynes sur les politiques de relance de la consommation

« S'il est matériellement impossible d'augmenter l'investissement, l'accroissement de la consommation est évidemment le seul moyen d'améliorer l'emploi. Pratiquement la seule différence entre ces doctrines et la nôtre, c'est qu'à une époque où il y a encore beaucoup d'avantages sociaux à attendre d'une augmentation de l'investissement elles semblent accorder une importance quelque peu excessive au développement de la consommation. Sur le plan théorique on peut d'ailleurs leur reprocher de négliger le fait qu'il y a deux moyens d'accroître la production. Même si on estime préférable de ralentir l'accumulation du capital et de consacrer tout l'effort à l'accroissement de la consommation, on doit prendre cette décision en pleine connaissance de cause, après avoir envisagé les deux termes de l'alternative. Personnellement, nous sommes frappé par les avantages sociaux d'une accumulation de l'équipement en capital qui suffirait à mettre fin à sa rareté. Mais ce n'est là qu'un jugement de valeur et non un impératif théorique.

« Nous sommes d'ailleurs tout disposé à reconnaître que la sagesse serait de progresser dans les deux directions à la fois. »

John M. Keynes, *Théorie générale de l'emploi, de l'intérêt et de la monnaie.*

Keynes ne rejette pas le système capitaliste, il croit au contraire que l'État doit intervenir pour en assurer la pérennité en contribuant à la baisse des taux d'intérêt et en acceptant un déficit budgétaire en période de sous-emploi. Mais de nombreux libéraux contemporains considèrent que toutes ces mesures sont néfastes à l'économie et que le capitalisme perd son mode de fonctionnement naturel, le marché.

III. Le courant libéral contemporain met de nouveau en cause la légitimité des interventions de l'État

A. L'école des choix publics considère que l'intervention de l'État doit se limiter à garantir les « droits de propriété »

Tullock, Buchanan et Coase sont les principaux représentants de la théorie des choix publics, qui s'oppose à toutes les interventions économiques de l'État.

1. Buchanan affirme qu'il faut enchaîner le Léviathan

➡ La définition des droits de propriété

Dans *Les Limites de la liberté*, Buchanan affirme que la liberté de l'homme est le principe fondamental ; le monde idéal est alors anarchique, c'est-à-dire privé d'un État restreignant les libertés individuelles. Mais l'anarchie pure est un monde utopique car des règles implicites de tolérance et de respect mutuel sont une condition nécessaire à tout ordre social ; autrement dit, il faut respecter et faire respecter les « droits de propriété », qui sont des droits divers s'appliquant aussi bien à la possession proprement dite qu'au droit de vivre comme chacun l'entend.

Les droits initiaux sont établis par la « distribution naturelle », et rendus légitimes par un « contrat constitutionnel » implicite. À partir du moment où le contrat constitutionnel est conclu et donc les droits de propriété définis, les individus peuvent effectuer des échanges et conclure dès lors de nouveaux contrats.

> “*Pour l'individualiste, l'idéal est l'anarchie ; réaliste, il doit toutefois admettre la nécessité d'une agence d'exécution du droit, d'une collectivité, d'un État.*”

James Buchanan,
Les Limites de la liberté.

➡ Le rôle de l'État

L'État est le dépositaire de deux fonctions bien distinctes : la protection et la production.

Le rôle de l'État protecteur est de faire respecter les droits de propriété et les contrats. Il doit démasquer ceux qui contreviennent aux droits de propriété puis les punir, et cela en toute impartialité.

L'État producteur prend en charge les biens publics, mais il doit le faire en respectant les droits de propriété individuels, donc ne nuire à aucun individu et n'obliger personne à contribuer financièrement à un bien public qu'il ne désire pas. L'efficacité de quatre procédures peut être examinée :

- les individus qui souhaitent le bien public font part de leurs préférences et contribuent seuls à son financement. Mais les gens, incités à déclarer qu'ils ne souhaitent pas le bien public et néanmoins à en profiter, adopteront dès lors un comportement de « passager clandestin ». Que ce comportement soit stratégique ou pas, chaque individu a tendance à l'adopter car c'est de cette façon qu'il maximise son utilité ;
- s'il est possible d'exclure les agents qui ne souhaitent pas le bien public, l'efficience peut être atteinte. Ainsi seules les personnes qui désirent profiter du bien public contribuent à son financement, et les autres sont exclues du bénéfice de la jouissance de ce bien public. Le problème du « passager clandestin » est résolu. Mais l'exclusion n'est pas toujours facile à réaliser (exemple d'un phare en mer) ;
- il est habituel d'utiliser la règle du scrutin majoritaire pour prendre une décision collective et de faire participer financièrement l'ensemble de la collectivité, mais cela se fait au détriment de ceux qui ne voulaient pas de ce service public ;
- les échanges privés entre deux individus s'opèrent dans un cadre d'unanimité implicite. En cas d'unanimité réelle, les échanges collectifs sont aussi efficients.

> “*On peut soutenir que, pour accomplir son rôle d'application de la loi, l'État devrait embaucher des "experts", des "savants" qui recherchent la "vérité" et qui scrutent les "faits", des gens qui ont une formation spécialisée en droit ; il n'a pas besoin d'être démocratique, il n'a qu'un rôle technique.*”

> “*Le passager clandestin est quelqu'un qui obtient les avantages du bien ou service collectivement consommé sans réellement contribuer à son financement.*”

> “*Une personne peut s'apercevoir qu'une décision majoritaire concernant un bien public l'a déplacée vers le bas plutôt que*

vers le haut dans son espace d'utilité. [...] La coercition exercée contre [elle] est apparemment du même ordre que celle qu'[elle] subit lorsqu'un voleur lui prend son porte-monnaie à Central Park."

James Buchanan,
Les Limites de la liberté.

➡ La menace du Léviathan

Tel le Léviathan (monstre aquatique incarnant le mal ; Hobbes est le premier à avoir utilisé ce terme pour décrire l'État), l'État se développe et se révèle dangereux. Il faut donc « enchaîner le Léviathan ».

Le vote majoritaire contribue à l'accroissement des budgets. Lorsque qu'une majorité vote pour la réalisation d'un bien public, la minorité qui ne le souhaitait pas a tendance en contrepartie à essayer de créer une nouvelle majorité pour demander un nouveau bien public.

La règle de la majorité conduit à des interventions trop importantes de l'État. Prenons un exemple : trois projets d'un coût de 99 francs chacun sont envisagés, et doivent être financés par un impôt de 33 francs par personne :

Individus	Projet A Avantages	Projet B Avantages	Projet C Avantages
A	35 F	35 F	0 F
B	35 F	0 F	35 F
C	0 F	35 F	35 F

En cas de vote majoritaire, les trois projets seront adoptés, alors qu'ils sont inefficients.

Le personnel politique est responsable de l'augmentation des budgets. Les décisions collectives sont rarement prises directement par les électeurs, le plus souvent ce sont les politiciens qui décident. Il est donc nécessaire d'étudier leurs comportements, leurs préférences. Buchanan différencie trois types de politiciens :

- les « idéologues » sont des incorruptibles qui souhaitent par-dessus tout le « bien » de la communauté, mais ils seront prêts à augmenter fortement les dépenses de l'État pour arriver à leurs objectifs ;
- les « mégalomanes » aiment le pouvoir. Ils auront tendance à privilégier leur électorat et à augmenter les dépenses vers des « sous-groupes » particuliers de la communauté ;

– les « profiteurs » sont corrompus, ils recherchent les pots-de-vin et les dessous-de-table ; or plus le budget est important, plus les occasions de corruption sont nombreuses.

Pour des raisons différentes, l'idéologue, le mégalomane et le profiteur seront tous motivés à agrandir le secteur public de l'économie.

Les fonctionnaires sont aussi responsables de l'accroissement des dépenses publiques. Le fonctionnaire profite d'une rente de situation puisque son salaire n'est pas fixé sur les marchés concurrentiels ; il cherche à conserver cette rente et à faire augmenter la dotation budgétaire de son administration. Or, les fonctionnaires ont un poids électoral considérable, qu'ils utilisent dans le sens de l'augmentation des dépenses de l'État.

L'État a donc naturellement tendance à se développer et à nuire de plus en plus aux libertés individuelles. La seule solution est de mettre en place des mesures constitutionnelles limitant la marge de manœuvre budgétaire de l'État.

> “*Un moyen consisterait à introduire des dispositions constitutionnelles empêchant un projet d'être mis aux voix, à moins qu'il n'offre des avantages uniformes à l'ensemble de la collectivité.*”
>
> “*Il faudrait comprendre le principe essentiel du laisser-faire : les résultats de l'interaction des gens laissés à eux-mêmes peuvent être, et sont souvent, supérieurs à ceux de l'intervention politique directe.*”
>
> James Buchanan, *Les Limites de la liberté.*

2. La réponse de Coase concernant les externalités

Dans *Le Problème du coût social* (1960), Coase pense que l'État ne doit pas intervenir économiquement en taxant ou en subventionnant, modifiant dès lors la répartition des revenus. Coase considère qu'il suffit de définir des droits de propriété qui peuvent être échangés sur le marché (voir partie I, chapitre IV).

B. Pour les néolibéraux, l'État est responsable de la crise

La théorie libérale présente l'État comme le principal responsable de la crise. Ses interventions auraient créé de nombreuses rigidités, elles auraient perturbé la répartition des revenus, elles auraient dissuadé les individus de produire et elles auraient été source d'inflation (voir partie I, chapitre IV).

1. L'État serait le responsable de la récession

Tullock et Buchanan affirment qu'accepter les interventions de l'État pour corriger les imperfections du marché signifie supposer, de façon arbitraire, qu'elles seront plus efficaces que le marché, alors que rien ne le prouve. De plus, l'État opère un effet d'éviction sur le secteur privé car tous les revenus qu'il prélève seraient mieux utilisés par les entreprises.

Laffer et Gilder, chefs de file de la théorie de l'offre, pensent que les interventions de redistribution de l'État sont néfastes. Ainsi, en prélevant des revenus à ceux qui ont la plus forte propension à épargner, pour les distribuer à ceux qui ont la plus forte propension à consommer, la redistribution diminue l'épargne et donc l'investissement. De plus, la distribution de revenus sociaux peut déresponsabiliser les individus et les inciter à l'oisiveté.

La théorie de l'offre considère que des prélèvements obligatoires élevés sont dissuasifs. Elle postule que les individus rationnels sont davantage prêts à produire et à travailler quand leurs gains sont élevés que lorsqu'ils sont faibles. Les prélèvements obligatoires ponctionnent les revenus des individus et donc les dissuadent de travailler ou de produire.

2. L'État serait le responsable du chômage

Hayek pense que la fixation par l'État du niveau de salaire et la mise en place d'un salaire minimal conduisent au chômage car elles créent une discrimination en provoquant l'exclusion des travailleurs ayant une productivité inférieure au salaire qu'ils recevraient. Le libre jeu du marché et la flexibilité du salaire doivent permettre le plein-emploi car chaque individu peut être embauché à un salaire dépendant de ses capacités et de ses compétences.

Friedman considère que le chômage est surtout dû aux indemnités de chômage, qui perturbent le calcul rationnel des individus et les incitent à préférer les loisirs au travail, ainsi qu'aux rigidités du marché du travail résultant d'une réglementation trop stricte.

3. L'État serait le responsable de l'inflation

Selon Friedman, l'inflation est toujours due à une augmentation trop forte de la quantité de monnaie par rapport à la production. La faute en incombe systématiquement à l'État, qui opte pour un déficit budgétaire, ou crée trop de monnaie afin, dans une optique keynésienne, de lutter contre le sous-emploi, ou baisse le taux d'intérêt pour relancer l'investissement.

Une politique de relance de type keynésien ne peut être efficace et elle génère de l'inflation.

C. Les nouveaux économistes classiques conseillent l'abandon de la politique économique conjoncturelle

La nouvelle économie classique considère que les politiques économiques conjoncturelles, appelées aussi politiques économiques discrétionnaires, ne sont pas efficaces. Avec Friedman, les nouveaux économistes classiques pensent qu'il faut adopter des politiques de règles, c'est-à-dire des politiques stables sur le long terme.

1. Les politiques conjoncturelles monétaires et budgétaires sont inefficaces

La politique monétaire est inefficace car toute modification prévisible de la quantité de monnaie est rationnellement anticipée et n'a donc aucun effet sur l'emploi et la production, qui demeurent à leur niveau naturel. Les seuls effets possibles résultent de l'effet de surprise, mais celui-ci ne fonctionne que lorsque les individus sont habitués à une certaine orthodoxie monétaire ; de toute façon, son impact sur la production et le chômage n'est que très temporaire (voir partie III, chapitre IV).

La politique conjoncturelle budgétaire n'a pas non plus d'efficacité. Barro reprend le principe d'« équivalence ricardien », selon lequel un déficit budgétaire n'a pas l'effet attendu sur la demande car les individus anticipent une augmentation future des impôts nécessaires pour que l'État rembourse sa dette. Ils réduisent donc leur consommation et augmentent leur épargne pour pouvoir payer les impôts futurs ; les effets de l'augmentation des dépenses publiques sont les mêmes qu'elle soit financée par la hausse des impôts ou par le déficit budgétaire.

DOCUMENT 3

Le principe d'équivalence ricardien présenté par R. Barro

« Quel est le rôle de la politique budgétaire ?

«Je pense que la conception ricardienne a connu un grand succès [rires]. J'ai abandonné beaucoup de mes idées antérieures, mais pas celle-là. Je pense qu'à la base elle est correcte. En dépit de la grande attention que l'on consacre aux déficits budgétaires et à la dette publique, les preuves empiriques montrent qu'ils ne jouent pas un rôle important dans l'explication des taux d'intérêt, des balances courantes et de l'évolution de l'investissement.

> « Ne pensez-vous pas que des déficits budgétaires importants sont nuisibles pour les États-Unis ?
>
> *«Je pense que le problème au cours de la dernière décennie a été le poids de l'État. Reagan voulait un petit gouvernement fédéral et pour y parvenir il voulait réduire les impôts et tenter d'utiliser cela comme un levier pour réduire la dépense. Je pense qu'il avait raison. Le conflit réel se passait entre ceux qui voulaient augmenter les impôts et avoir un État plus important et ceux qui voulaient réduire les impôts afin de réduire la dépense publique. Tel était le vrai débat, et non de savoir quelle devait être l'importance du déficit. »*
>
> Extraits d'un entretien avec B. Snowdon, H. Vane et P. Wynarczyk, in *La Pensée économique moderne*.

2. La politique doit être une politique de stabilité à long terme

Les nouveaux économistes classiques (voir partie III, chapitre IV) considèrent qu'il faut mener une politique de stabilité à long terme qui assure une « cohérence temporelle » et qui soit fondée sur une « crédibilité ». Pour que cette politique soit réellement crédible et qu'elle échappe à toutes les manipulations politiques électoralistes, il est nécessaire qu'elle soit menée par une banque centrale indépendante.

IV. Crise de l'État-providence ou crise de l'État ?

La mise en cause des interventions de l'État par les néolibéraux ne signifie pas forcément que l'institution soit en crise. Ce qui est en crise est seulement une forme d'État-providence.

A. Pierre Rosanvallon affirme que l'État-providence est en crise

Dans *La Crise de l'État-providence* (1981), Pierre Rosanvallon affirme : « L'État-providence est malade de la crise. » Cette crise, qui se caractérise par les déficits de la protection sociale, la bureaucratisation, le refus de la population face à la hausse des prélèvements obligatoires, etc., risque d'ouvrir la voie à une solution libérale qui serait regrettable selon Rosanvallon. Il faut donc trouver une troisième voie entre le scénario social-étatiste, qui se nourrit de la hausse des prélèvements obligatoires, et le scénario libéral.

1. L'État-providence est en crise

L'État-providence est un approfondissement de l'État protecteur qui avait « une double tâche : la production de la sécurité et la réduction de l'incertitude ». En plus des interventions de protection, l'État-providence effectue des actions positives comme la redistribution des revenus, la réglementation des relations sociales ou la prise en charge de certains services collectifs.

La crise de l'État-providence s'explique d'abord par le doute de ses finalités. Il a pour objectif de répondre aux besoins sociaux, mais ceux-ci sont illimités et ne peuvent jamais être entièrement satisfaits ; ensuite, et c'est cela le plus important, la valeur « égalité » est en crise et cela peut s'expliquer par quatre raisons principales :

- la demande sociale envers l'État-providence se tourne de plus en plus vers la sécurité physique, notamment dans les grandes villes ;
- le développement récent de l'État-providence n'est pas le résultat d'une explosion sociale ; la réduction des inégalités apparaît alors moins légitime ;
- le financement de l'État-providence ne provient plus d'une minorité de privilégiés car les contribuables représentent dorénavant une part importante de la population ;
- la société n'est plus homogène ; elle est de plus en plus segmentée en différentes catégories sociales. Dans ces conditions chacun cherche à se placer sur le segment le plus favorable.

La crise de l'État-providence correspond aussi à une crise de la solidarité organisée par l'État : aux yeux des citoyens, cette solidarité est opaque et abstraite. De plus, l'État-providence est fondé sur l'« équation keynésienne » selon laquelle, grâce à l'intervention de l'État, la croissance économique va de pair avec le progrès social. Or, depuis le début des années 70, les politiques de relance sont impuissantes à enrayer la crise ; l'efficacité économique et le progrès social semblent redevenir contradictoires, tout au moins à court terme.

> “*L'État-providence se trouve dans une impasse financière, son efficacité économique et sociale décroît, son développement est contrarié par certaines mutations structurelles.*”
>
> “*Il y a entrecroisement de critiques de droite et d'insatisfactions de gauche.*”
>
> Pierre Rosanvallon,
> *La Crise de l'État-providence.*

2. Rosanvallon critique néanmoins la pensée libérale

Le nouveau libéralisme reconnaît les défaillances du marché, mais il considère qu'elles sont moindres que celles de l'État ; il se fonde donc sur la seule base d'un calcul coûts-avantages, qui conclut que le marché est moins inefficace que l'État. La conception libérale de l'État est floue. Rosanvallon affirme que les penseurs fondateurs du libéralisme, comme Smith ou Bentham, sont incapables de fixer clairement les limites de l'intervention étatique. Ils considèrent que deux États coexistent : « un État de droit, gardien de la démocratie et garant des libertés individuelles, et un État interventionniste, destructeur de ces libertés », mais ils sont incapables de les distinguer nettement. Ils ne développent donc pas de réelle théorie de l'État.

La critique néolibérale de l'État-providence se fonde sur la « négation du social ». L'autonomie de l'individu est au centre de la pensée néolibérale ; celui-ci ne ressent pas d'envie et donc son regard ne se fixe jamais sur ce que l'autre possède ; il est totalement indifférent aux autres individus. La pensée libérale est donc « radicalement asociologique ».

3. Il faut sortir de l'« alternative privatisation/étatisation »

Le scénario social-étatiste et le scénario libéral ne sont souhaitables ni l'un ni l'autre. Le scénario social-étatiste correspond à une fuite en avant. De nouvelles augmentations des prélèvements obligatoires conduiraient à un blocage social et au développement de nombreux effets pervers comme l'amplification de l'économie souterraine et du travail au noir et l'accélération de la segmentation du marché du travail.

Le scénario libéral est un scénario de « régression sociale ». Il risque de provoquer des révoltes sociales et il nécessite donc un État fort pour y faire face.

Rosanvallon préconise une « société solidaire » ; il faut réduire la demande de l'État et réencastrer la solidarité dans la société. L'État-providence ne doit plus rester l'unique instrument de la solidarité. Il faut réinsérer les individus dans des réseaux de solidarité et créer des « auto-services collectifs » ou « services publics ponctuels d'initiative locale ».

Le fonctionnement de l'État-providence doit aussi être amélioré. Pour cela, il faut débureaucratiser et aménager les services publics pour les rendre plus proches de l'utilisateur, et donc décentraliser afin de contrer la tendance à la prolifération des règlements administratifs. Il faudrait alors réanimer des espaces publics et démocratiques pour que la société civile prenne en main la solidarité nationale.

> “*Au fond, le scénario libéral n'aurait de sens que s'il s'inscrivait dans la perspective cynique d'une coalition sociale qui s'établirait au détriment exclusif de la minorité la plus démunie de la population.*”
>
> “*Il faut transférer à des collectivités non publiques (associations, fondations, groupements divers) des tâches de service public : c'est la voie de l'autonomisation.*”
>
> Pierre Rosanvallon,
> *La Crise de l'État-providence.*

B. La réhabilitation du rôle de l'État

1. L'État reste maître des horloges

Philippe Delmas explique que le marché privilégie le court terme et le conjoncturel ; la logique des marchés ne convient pas aux changements structurels. L'État a donc encore un rôle à jouer. Il doit garantir la continuité. Certains investissements lourds, ceux de la modernisation de l'appareil de production par exemple, ne sont pas rentables sur le court terme. Seul l'État peut donner aux entreprises le temps que nécessite la stratégie d'investissement.

> “*La logique de l'action future est que l'État soit le garant des horloges, grâce auquel la lenteur nécessaire est donnée pour la gestion du futur.*”
>
> Philippe Delmas, *Le Maître des horloges.*

2. De nouvelles théories économiques réhabilitent certaines interventions de l'État

➡ La théorie de la croissance endogène

Certains économistes appartenant à la nouvelle économie classique, dont le chef de file est Lucas, font aussi partie du **courant de la croissance endogène**. Ils considèrent que la croissance est un phénomène cumulatif dans lequel l'État a un rôle à jouer. Ainsi, les investissements publics, notamment en infrastructures, l'éducation, la recherche-développement et, plus largement, le progrès technique sont les facteurs principaux de la croissance et, ne serait-ce que parce qu'ils génèrent des effets externes importants, ils doivent en partie être pilotés par l'État (voir partie II, chapitre I).

➡ La nouvelle microéconomie

La **nouvelle microéconomie** met l'accent sur l'opportunisme des agents économiques et sur l'asymétrie d'information (voir partie III, chapitre III). Le libre fonctionnement du marché peut induire des effets pervers comme la sélection des mauvais produits, l'incitation à la flânerie, ou la fixation de salaires supérieurs aux salaires d'équilibre et induisant donc du chômage. Les participants à l'échange n'ont pas intérêt à respecter leurs engagements ni à révéler toute l'information nécessaire. Dans ce cadre, l'État se doit d'intervenir, d'imposer des règles et de mettre en place des incitations diverses afin que les contrats d'échange puissent être efficaces d'un point de vue collectif.

Les interventions de l'État ont fait l'objet de nombreuses mises en cause. Les interventions conjoncturelles sont accusées d'être déstabilisantes, mais les interventions structurelles sont en partie réhabilitées et l'exigence de « mieux d'État » se substitue progressivement à celle de « moins d'État ».

CHAPITRE V

La théorie du commerce international

L'enjeu principal de la théorie du commerce international réside dans le débat opposant les partisans du libre-échange à ceux du protectionnisme. Les premiers pensent que les différents pays ont intérêt à commercer de façon libre pour accroître leur propre richesse et donc la richesse mondiale ; les seconds considèrent que les intérêts des nations divergent et que chacune doit chercher à tirer son épingle du jeu international même si cela s'effectue au détriment des autres nations.

I. Les approches traditionnelles du commerce international

La théorie économique dominante est largement favorable au libre-échange ; elle s'oppose donc aux auteurs, assez rares, qui préconisent le protectionnisme.

A. La théorie protectionniste

Les premiers économistes, les mercantilistes, considèrent que le protectionnisme et, plus globalement, l'action de l'État sont le meilleur moyen pour accroître la richesse des différentes nations. Au XIXe siècle, d'autres économistes prolongent leurs thèses en militant pour un protectionnisme toutefois moins radical.

1. Le protectionnisme des mercantilistes

Avec Jean Bodin (1530-1596), c'est certainement Antoine de Montchrestien (vers 1575-1621) qui représente le plus la pensée mercantiliste. Pour ce dernier, « toute société semble être composée de gouvernement et de commerce » et il est impossible de dissocier les deux. Montchrestien craint que les pays étrangers ne dépouillent la France de ses richesses ; l'État, symbolisé par le roi, doit restreindre les droits étrangers, protéger et isoler l'économie française.

Bodin et Montchrestien pensent que la véritable richesse d'un pays n'est pas l'or, mais ce qui peut être consommé.

> “*Toute société doit être abondamment fournie et ne doit point emprunter ailleurs ce qui lui tient lieu de nécessaire, car ne pouvant être qu'à la merci d'autrui, elle se rend faible d'autant.*”
>
> “*Ce n'est pas l'abondance d'or et d'argent, la quantité de perles et de diamants, qui fait les États riches et opulents ; c'est l'accommodement des choses nécessaires à la vie.*”
>
> Antoine de Montchrestien, *Traité d'économie politique.*

La pratique mercantiliste diffère suivant les pays.

- Le premier mercantilisme est espagnol ; c'est un mercantilisme « chryshédoniste » (le plaisir provient de l'or) ou « bullioniste » (du mot anglais *bullion*, signifiant « lingot »), qui considère qu'il faut accroître les richesses en or grâce aux mines des colonies et surtout l'empêcher de quitter les frontières. En fait, Bodin avait critiqué cette conception de l'enrichissement en mettant en évidence que ce qui donne sa valeur à l'or est la rareté.
- Selon le mercantilisme anglais, il faut exporter le plus possible aux prix les plus élevés, et importer le moins possible. Cela permet de dégager un excédent commercial, qui fait rentrer de l'or dans le pays. Le mercantilisme anglais est donc avant tout protectionniste – les deux mesures les plus symboliques sont les Corn Laws de 1773, qui interdisent toute importation de blé, et les actes de navigation de Cromwell de 1651, qui interdisent toute importation acheminée par des bateaux autres que les bateaux anglais ou de la nationalité du pays exportateur.
- Selon le mercantilisme français, il faut développer l'activité manufacturière. Les importations doivent se limiter aux matières premières, tandis qu'il faut exporter des produits manufacturés à prix élevé. Le mercantilisme français, qui a connu son apogée avec le colbertisme, préconise donc un protectionnisme sélectif et une politique industrielle de création et de développement de manufactures d'État et de manufactures royales.

> “*Il ne faut jamais craindre qu'il y ait trop de sujets, trop de citoyens : il n'est de force ni de richesses que d'hommes.*”
>
> Jean Bodin, *La République.*

> “*La principale cause de cherté est l'abondance d'or et d'argent qui est en ce royaume plus grande qu'elle n'a été il y a quatre cents ans.*”
>
> Jean Bodin, *Réponse aux paradoxes de Malestroit.*

Pour les mercantilistes, le commerce est un jeu à somme nulle ; si certains pays sortent gagnants du commerce, alors d'autres doivent forcément en sortir perdants.

2. Les thèses protectionnistes des auteurs du XIXe siècle

Friedrich List (1789-1846), économiste libéral allemand, passe une partie de sa vie aux États-Unis et remarque que, malgré ses grandes ressources, ce pays ne réalise pas son take off du fait de sa dépendance vis-à-vis de la Grande-Bretagne.

Il reconnaît que le libre-échange procure des avantages en terme de prix, mais il pense également qu'il est nécessaire de considérer l'appareil industriel national. Il faut faire la part entre les avantages à courte échéance du libre-échange (acheter à l'étranger ce qui y est moins cher) et ses désavantages à longue échéance (nuire au développement de l'appareil productif).

Ainsi, pour développer les forces productives, il peut être nécessaire de protéger les industries naissantes de façon qu'elles ne soient pas étouffées par la concurrence étrangère avant d'être arrivées à maturité.

> “*Nous faisons avec la protection douanière un sacrifice à la valeur qui sera récompensée par le développement d'une force productive, laquelle assure à la nation, pour le futur, non seulement un flux important et ininterrompu de biens matériels, mais aussi l'indépendance industrielle en cas de guerre.*”
>
> Friedrich List, *Système national d'économie politique.*

Dès la fin du XVIIIe siècle, Alexandre Hamilton, secrétaire d'État au Trésor américain, optait pour une politique protectionniste afin de protéger les entreprises américaines de la concurrence britannique et de fournir des recettes au budget de l'État grâce aux droits de douane.

L'économiste américain Henry Carey (1793-1879) est tout d'abord libéral et libre-échangiste ; il s'oppose à la politique commerciale protectionniste des États-Unis. Puis il remarque une corrélation très nette entre les périodes de renforcement du protectionnisme et celles d'accroissement de la prospérité nationale. Il change alors diamétralement de position et devient un opposant farouche au libre-échange, considérant qu'il tend à maintenir les États-Unis dans la position de colonie anglaise.

B. La théorie libre-échangiste

Smith et Ricardo sont les premiers à définir les avantages que peuvent tirer les pays à libéraliser leurs échanges. La théorie du XXe siècle a prolongé leurs thèses en renouvelant l'analyse des déterminants et gains de l'échange, mais en restant profondément libre-échangiste.

1. Les fondateurs de la théorie libre-échangiste : Smith et Ricardo

Les deux arguments principaux du protectionnisme sont que la protection aux frontières favorise l'enrichissement monétaire et permet de protéger les industries en difficulté. Les classiques anglais répondent à ces deux arguments.

Seuls certains mercantilistes comme Bodin et Montchrestien avaient compris que la vraie richesse n'est pas l'or, mais la production ; Adam Smith partage leur opinion. Mais il s'oppose à l'ensemble des mercantilistes lorsqu'il affirme que tous les pays peuvent gagner au commerce ; l'objectif du commerce ne réside pas dans le solde commercial, mais dans le fait de pouvoir se procurer des produits à meilleur marché que si on les produisait soi-même. Adam Smith compare la nation à un père de famille et explique que, tout comme le père de famille n'a pas intérêt à produire lui-même ce qu'il peut acheter à moindre prix, un pays n'a pas intérêt à produire un bien qu'il peut importer à un prix plus faible. Smith formule sa célèbre théorie des avantages absolus, selon laquelle chaque pays a intérêt à se spécialiser dans les produits pour lesquels il est le plus avantagé (produits nécessitant une quantité de travail plus faible pour les produire) et à abandonner la production des autres produits. Cette théorie mène donc naturellement à la spécialisation internationale et à la mise en place d'une division internationale du travail.

Selon les théories libre-échangistes, le commerce ne peut être source de déséquilibre. En effet, Ricardo démontre que, en cas de libre-échange, la balance des comptes s'équilibre automatiquement ; aucun déficit durable n'est donc à craindre. En effet, un déficit provoque naturellement des sorties d'or qui, réduisant la quantité d'or détenue dans le pays, en accroissent la valeur ; de ce fait les prix intérieurs diminuent. Le pays, gagnant en compétitivité, peut exporter davantage et importer moins. Ce mécanisme autorégulateur joue aussi en cas d'excédent.

En situation de libre-échange, les balances commerciales sont donc toutes équilibrées sur le long terme. C'est le protectionnisme qui, sous prétexte de corriger les déséquilibres, est la principale cause de ceux-ci.

Aucun pays n'est exclu du commerce mondial. En prenant l'exemple de deux nations, l'Angleterre et le Portugal, et de deux produits, le vin et le drap, Ricardo démontre que, même peu compétitif, tout pays a intérêt au commerce international et à la spécialisation. En effet, chaque État gagne à se spécialiser dans les produits pour lesquels il est le plus avantagé ou le moins désavantagé et à abandonner les autres productions. Le Royaume-Uni a particulièrement intérêt au libre-échange de façon à pouvoir importer le blé qui lui fait défaut et, ainsi, reculer l'échéance de l'état stationnaire (voir partie I, chapitre I).

DOCUMENT 1

La théorie des avantages comparatifs de Ricardo

« L'Angleterre peut se trouver dans des circonstances telles qu'il lui faille, pour fabriquer le drap, le travail de 100 hommes par an, tandis que, si elle voulait faire du vin, il lui faudrait peut-être le travail de 120 hommes par an : il serait donc de l'intérêt de l'Angleterre d'importer du vin, et d'exporter en échange du drap.

« Au Portugal, la fabrication du vin pourrait ne demander que le travail de 80 hommes pendant une année, tandis que la fabrication du drap exigerait le travail de 90 hommes. Le Portugal gagnerait donc à exporter du vin en échange pour du drap. Cet échange pourrait même avoir lieu dans le cas où on fabriquerait en Portugal l'article importé à moins de frais qu'en Angleterre. Quoique le Portugal pût faire son drap en n'employant que 90 hommes, il préférerait le tirer d'un autre pays où il faudrait 100 ouvriers pour le fabriquer parce qu'il trouverait plus de profit à employer son capital à la production du vin, en échange duquel il obtiendrait de l'Angleterre une quantité de drap plus forte que celle qu'il pourrait produire en détournant une portion de son capital employé à la culture des vignes, et en l'employant à la fabrication des draps.

« Dans ce cas, l'Angleterre donnerait le produit du travail de 100 hommes en échange du produit du travail de 80. Un pareil échange ne saurait avoir lieu entre les individus du même pays. On ne peut échanger le travail de 100 Anglais pour celui de 80 autres

Anglais ; mais le produit du travail de 100 Anglais peut être échangé contre le produit du travail de 80 Portugais, de 60 Russes ou de 120 Asiatiques. Il est aisé d'expliquer la cause de la différence qui existe à cet égard entre un pays et plusieurs : cela tient à l'activité avec laquelle un capital passe constamment, dans le même pays, d'une province à l'autre, pour trouver un emploi plus profitable, et aux obstacles qui en pareil cas s'opposent au déplacement des capitaux d'un pays à l'autre.

« Dans la supposition que nous venons de faire, les capitalistes de l'Angleterre et les consommateurs des deux pays gagneraient sans doute à ce que le vin et le drap fussent l'un et l'autre faits en Portugal, le capital et l'industrie anglais passant par conséquent, à cet effet, de l'Angleterre en Portugal. »

David Ricardo, *Principes de l'économie politique et de l'impôt.*

Démontrant que tous les pays, quel que soit leur degré de développement, peuvent bénéficier du commerce international, la théorie de Ricardo reste le fondement de toute la théorie du commerce international.

2. Les prolongements modernes de la théorie libre-échangiste

Les différentes théories modernes du commerce international cherchent à déterminer les raisons de l'échange et, ce qui va de pair, les sources des gains qu'il induit. Dans la tradition des auteurs classiques, ces différentes théories demeurent fidèles au libre-échange.

➡ La dotation factorielle : le théorème de HOS

Les économistes suédois Bertil Ohlin (1899-1979, prix Nobel en 1977) et Eli F. Heckscher établissent en 1933 le célèbre théorème d'Heckscher-Ohlin, appelé aussi **théorème d'Heckscher-Ohlin-Samuelson** (HOS) car Samuelson en a présenté une formulation mathématique. Selon eux, les différentes nations sont amenées à exporter les produits incorporant une forte quantité du facteur de production qu'elles détiennent en abondance et à importer les produits incorporant une forte quantité du facteur de production dont elles sont peu dotées. Cette approche peut être considérée comme un approfondissement de celle de Ricardo, car ce dernier limitait son analyse à un seul facteur de production : le travail. Ici, les auteurs raisonnent explicitement avec plusieurs facteurs de production : le travail, le capital, la terre sont pris en compte ainsi que leurs différentes qualités.

Selon cette analyse factorielle, les rémunérations des facteurs de production (et donc leurs coûts) tendent à converger entre les différents pays participant au commerce international. En effet, les facteurs abondants (donc au départ les moins chers) sont les plus utilisés pour produire (à destination des marchés intérieurs et extérieurs), ce qui fait diminuer leur abondance relative et donc augmenter leurs prix. Les facteurs rares (au départ les plus chers) seront de moins en moins utilisés puisque les produits qui en incorporent beaucoup sont importés ; ils verront donc leurs prix augmenter. Ainsi, la spécialisation internationale provoque une certaine convergence des économies.

➡ L'analyse néofactorielle

Selon l'analyse néofactorielle, la qualité des facteurs de production doit être particulièrement prise en compte, comme l'évoque Leontief dans son célèbre paradoxe. Il remarque que les États-Unis exportent surtout des produits à forte teneur en travail et non en capital. Ce paradoxe semble contredire le théorème de HOS, en réalité il ne fait que le prolonger. En effet, il faut aussi tenir compte de l'hétérogénéité des facteurs de production. Ainsi, Leontief explique son paradoxe en affirmant que le travailleur américain, plus qualifié et plus productif, vaut trois travailleurs étrangers. Le facteur travail doit être décomposé en plusieurs niveaux de qualification ; le capital ne doit pas être considéré comme un stock homogène car il faut tenir compte du degré de technologie.

➡ Le courant technologique

Le courant technologique s'est surtout constitué à partir des analyses de Posner en 1961 et de Vernon en 1966. Ce courant explique les avantages comparatifs par le progrès technique.

Selon Posner, l'avance technologique d'un pays lui permet de produire avec des coûts de production moindres et de produire de nouveaux produits. Elle lui confère ainsi un avantage comparatif en lui offrant une situation de monopole à la production et à l'exportation de ce produit. Mais cet avantage est nécessairement momentané car d'autres pays ou d'autres firmes chercheront à rattraper l'avance technologique et à imiter le nouveau processus de production. Ainsi la firme ou le pays innovateurs devront une fois encore innover dans des processus de production ou dans des produits inédits pour se doter d'une nouvelle supériorité. L'avantage comparatif par l'écart technologique est donc temporaire, mais aussi dynamique.

Cette analyse s'applique aussi bien aux échanges entre pays de niveaux différents qu'aux échanges entre pays à développement à peu près similaire. Ainsi, dans le premier cas, les pays les plus avancés technologiquement disposent d'un avantage à l'exportation dans les produits à haute intensité technologique et importent des biens dont la production requiert des technologies moins pointues. Dans le second cas, chaque pays pourra connaître une avance dans des branches différentes ; on a alors des échanges croisés dus aux innovations.

Vernon a précisé le processus d'innovation en distinguant les trois phases du cycle de vie du produit :

- la première phase est celle de l'innovation et de l'introduction du produit sur le marché intérieur de la firme innovatrice. Le coût du produit est élevé car l'entreprise produit en petites séries et cherche à amortir les dépenses de recherche-développement. Le marché intérieur sert d'observatoire et permet d'étudier les réactions de la demande, qui reste limitée en raison de la cherté du produit ;
- la deuxième phase est celle de la production et de la consommation de masse. Mais de nombreuses autres firmes entrent sur le marché afin de profiter des nouvelles conditions de croissance. La firme innovatrice, perdant le monopole sur son marché, cherche à en acquérir un sur les marchés extérieurs et exporte son produit ;
- la troisième phase est celle de la maturité du produit. Le marché intérieur du pays innovateur est maintenant saturé. Sur les marchés étrangers, des firmes nationales produisent désormais le produit ; en raison de leur faible coût de main-d'œuvre, la firme innovatrice doit se désengager peu à peu de la production du produit et trouver de nouvelles innovations pour redémarrer un cycle ou bien délocaliser sa production afin de pouvoir, elle aussi, bénéficier des faibles coûts de la main-d'œuvre. Souvent, le pays innovateur sera amené, à la fin du cycle du produit, à importer le produit qui avait été introduit sur son sol. L'exemple le plus souvent cité est celui de la Coccinelle de Volkswagen ; alors que la production allemande avait été stoppée, elle se poursuivait en Amérique latine, et certaines Coccinelle furent importées par l'Allemagne.

En 1935, l'économiste japonais Kaname Akamatsu a élaboré une théorie du développement et de l'insertion dans les échanges des pays en phase d'industrialisation, appelée « développement en vol d'oies sauvages ». Les biens de consommation, importés dans un premier temps, sont ensuite produits puis exportés. Quand le cycle des biens de consommation est bouclé, il se reproduit pour les biens d'équipement.

Il s'agit en fait d'une politique de substitution aux importations par remontée de filière, puis d'exportations.

FIGURE 1

Le « développement en vol d'oies sauvages »

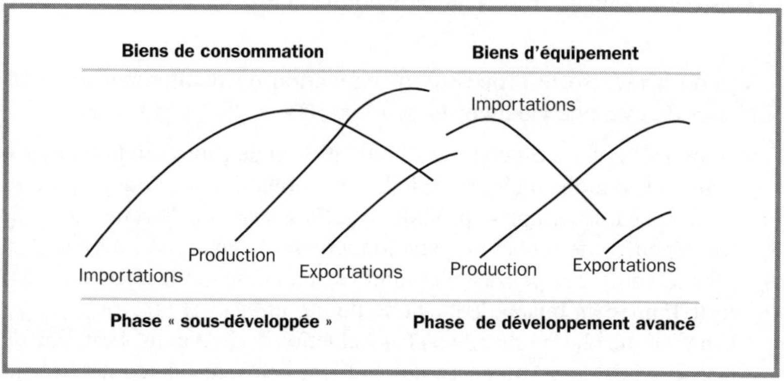

➡ L'importance de la demande

L'économiste suédois S. B. Linder pense (1961) que l'existence d'une « demande représentative » est nécessaire. Un bien n'est exportable que s'il est établi sur des bases solides et donc s'il a d'abord satisfait de façon efficiente la demande intérieure. La production est d'autant plus efficiente que la demande intérieure (demande représentative) est grande. Ainsi, le volume des échanges entre deux pays sera d'autant plus important que leur demande intérieure est forte ; la demande intérieure est, selon Linder, un déterminant de l'« exportabilité » des produits, mais aussi bien évidemment de leur « importabilité » (on n'importe que ce qui est vendu sur le marché). Cette théorie propose donc une explication intéressante aux échanges entre pays semblables et donc ne disposant pas d'avantages, les uns par rapport aux autres, en terme de facteurs de production.

Bernard Lassudrie-Duchêne propose aussi une explication du commerce de similarité. Il pense que les consommateurs des pays développés demandent une grande diversité dans les produits qui leur sont proposés. L'importation devient alors nécessaire pour proposer aux consommateurs une large gamme de produits. Cette « demande de différence » explique les échanges intrabranches – l'exemple le plus éloquent est celui de la branche automobile française, qui est fortement exportatrice, mais aussi fortement importatrice.

II. Les nouvelles théories du commerce international

A. Le renouveau du débat protectionnisme/libre-échange depuis le début de la crise

La théorie économique dominante, même si elle est en partie renouvelée, demeure globalement favorable à l'ouverture internationale, mais nombreux sont ceux qui pensent qu'une trop grande libéralisation des échanges risque d'accentuer les effets de la crise.

1. Le renouveau des théories favorables à l'ouverture internationale

Les nouvelles théories du commerce international sont développées par des auteurs comme E. Helpman et Paul Krugman, du Massachusetts Institute of Technologie, qui ont notamment écrit *Market Structure and Foreign Trade* (1985).

Les nouvelles théories refusent la détermination exogène du commerce. Elles considèrent que les avantages comparatifs sont plus une conséquence qu'une cause des échanges internationaux. En se spécialisant et en prenant part au commerce mondial, chaque pays multiplie ses avantages ; ce n'est pas essentiellement parce qu'un État est plus compétitif dans un produit qu'il l'exporte, mais c'est surtout en exportant qu'il devient plus compétitif.

➡ Les gains cumulatifs du commerce

La nouvelle théorie de l'économie internationale apporte de nouveaux arguments aux thèses favorables au commerce international. Elle considère que les gains du commerce sont cumulatifs : l'ouverture internationale entraîne des avantages comparatifs qui permettent une plus grande ouverture et ainsi de suite… L'ouverture internationale doit donc être la priorité des politiques de développement. L'échange procure trois types d'avantages : un effet de dimension, un effet de diversification et un effet de concurrence.

L'ouverture internationale crée l'avantage comparatif car elle permet la spécialisation et engendre donc un effet de dimension : chaque nation peut produire en plus grande quantité certains produits, ce qui offre des avantages comme les économies d'échelle (l'entreprise réduit ses coûts unitaires en produisant davantage) ou les effets d'apprentissage.

Le deuxième avantage induit par le commerce profite surtout au consommateur. Il s'agit de l'effet de diversification. Krugman considère que, grâce à l'ouverture, le consommateur peut choisir entre un nombre plus important de produits pour satisfaire un même besoin. Cette diversité de produits disponibles profite non seulement aux consommateurs, mais aussi aux producteurs, qui auront un choix supplémentaire en biens de production.

Le troisième avantage est l'effet de concurrence. Effectivement, les marchés nationaux ont souvent des structures monopolistiques ou oligopolistiques. La théorie microéconomique nous apprend que cette situation est avantageuse à l'entreprise en terme de profit, mais qu'elle est préjudiciable au consommateur et à l'économie dans son ensemble car elle induit des prix supérieurs et un niveau de production inférieur à ceux qui résulteraient naturellement d'un marché concurrentiel. L'ouverture internationale permet à de nouvelles entreprises d'entrer sur les marchés nationaux, ce qui accentue la concurrence ; les prix et le niveau de la production deviennent donc plus efficients car plus proches de ceux qui résulteraient d'un équilibre de marché.

➡ Pour une « politique commerciale stratégique »

Krugman reprend le modèle de James Brander et de Barbara Spencer, qui démontre l'intérêt d'une « politique commerciale stratégique ».

Le seul moyen pour une entreprise de percer sur son propre marché puis, grâce à l'effet d'apprentissage induit, sur le marché international est de profiter d'un certain protectionnisme de la part de son gouvernement. Ce protectionnisme n'est qu'éducateur (au sens de List) car, dès que l'entreprise aura profité des rendements croissants, elle sera prête à affronter la concurrence internationale.

Grâce à l'action du MITI (son ministère du Commerce et de l'Industrie), le Japon a mené une politique économique ayant comme but principal d'améliorer la compétitivité des entreprises et d'assurer la cohérence de leur développement. Sans ces multiples interventions, les entreprises japonaises ne tiendraient pas la position qui est la leur sur le marché mondial. Par exemple, le Japon n'aurait jamais été un gros exportateur de composants électroniques si ce secteur n'avait pas bénéficié d'un « protectionnisme éducateur » à ses débuts.

La « politique commerciale stratégique » peut aussi s'appliquer aux subventions. Certains marchés disposent de barrières à l'entrée qui paraissent infranchissables. Les marchés semblent effectivement non contestables, comme l'a montré William Baumol, lorsque les coûts fixes sont extrêmement élevés et qu'ils sont non recouvrables. Dans ce cas, seule une aide étatique peut permettre de franchir les barrières à l'entrée. Krugman illustre la « politique commerciale stratégique » par l'exemple des avions moyen-courriers. Boeing avait le monopole sur ce marché, qui semblait bien peu contestable en raison des coûts fixes considérables qu'impose cette activité. Pourtant, grâce à une subvention d'environ 1,5 milliard de dollars de la CEE, Airbus a pu entrer sur le marché et concurrencer Boeing. Cette intervention a été profitable à la CEE puisque de nombreux emplois ont été créés, à l'ensemble des consommateurs puisque la concurrence a permis de diminuer les prix, et à Airbus, qui a pu s'introduire sur un nouveau marché ; seul Boeing y a perdu une part de sa rente de monopole.

Krugman préconise une ouverture croissante des économies et donc une libéralisation du commerce tout en acceptant une politique étatique volontariste d'incitation à l'exportation. Dans ce cadre, bien que s'opposant à une politique globalement protectionniste, il accepte une certaine intervention de l'État pour donner le coup de pouce nécessaire aux premières exportations. Ainsi, Krugman pense qu'une « politique commerciale stratégique » de subvention, et même de protectionnisme éducateur, peut être profitable. De même, une dévaluation est susceptible, selon lui, d'être utile et efficace.

> “*Au moins dans certains cas, un État peut améliorer le bien-être national au détriment d'un autre en soutenant ses propres entreprises dans la concurrence internationale.*”
>
> “*Le meilleur moyen d'éviter une guerre commerciale est de continuer à faire du libre-échange le noyau de tout accord international.*”
>
> Paul Krugman,
> *La mondialisation n'est pas coupable.*

2. Le renouveau des thèses protectionnistes

De nombreux théoriciens du développement (voir partie II, chapitre VI) pensent que le commerce ne profite pas également à tous les pays. Arghiri Emmanuel considère que l'échange entre les nations développées et les nations en développement est « inégal », et la plupart des théoriciens de la dépendance affirment que les pays producteurs de produits de base subissent une dégradation de leurs termes de l'échange ; ils doivent alors produire davantage pour importer moins et ils se retrouvent dans une situation appelée par Jadgish Bhagwati « croissance appauvrissante ».

La qualité essentielle du libre-échange est de permettre le développement des importations et des exportations. Mais parfois en période de crise, les importations sont accusées de provoquer des licenciements, et la course à l'exportation est suspectée d'exiger des sacrifices en terme de salaires et d'emplois afin de rationaliser la production. Le protectionnisme peut alors être défensif pour préserver les industries nationales en difficulté – souvent les industries « vieillissantes », comme les nommait Kaldor, qui sont généralement fortement « travaillistiques ». Le protectionnisme devient alors le garant de l'emploi.

Jean-Marcel Jeanneney, qui fut à trois reprises ministre de De Gaulle, propose un protectionnisme européen. Selon lui, sous l'alibi du respect des lois du marché, « les forts sacrifient volontiers les faibles » ; le libre-échange a été abâtardi dans les faits car le commerce international s'est développé sous la domination des États-Unis et des firmes multinationales. Le libre-échange réduit l'autonomie des États et risque d'être préjudiciable à l'emploi et au niveau de vie des populations. Un vaste marché intérieur étant nécessaire à la croissance des entreprises, Jeanneney ne préconise pas un protectionnisme replié sur un pays, mais un nouveau protectionnisme à l'échelle européenne.

> “*Le libre-échange méconnaît cette réalité inéluctable que d'énormes inégalités existent entre richesses et puissances des entreprises et des États.*”
>
> “*À la question : un État peut-il mener une politique de bien-être de son choix s'il renonce à manier ses droits de douane ; la réponse sera non.*”
>
> Jean-Marcel Jeanneney,
> *Pour un nouveau protectionnisme.*

Quoique de tradition libérale, Maurice Allais (né en 1911 ; prix Nobel en 1988) se méfie du libre-échange et considère qu'un « libre-échange total ne peut aboutir qu'à des spécialisations économiques indésirables génératrices de déséquilibres et de chômage ». Il remarque que le libre-échange et les avantages comparatifs sont préjudiciables aux salariés les moins qualifiés. Face à la concurrence des pays à faible coût de main-d'œuvre, il n'existe que deux solutions : le chômage des moins qualifiés ou la baisse de leurs salaires. L'existence d'un salaire minimal rendant impossible la deuxième solution, le libre-échange conduit inéluctablement au chômage de toute une catégorie de la population. Le seul moyen est donc de recourir à des mesures protectionnistes sélectives pour abriter les activités employant des salariés à faible qualification.

B. Les mutations du commerce international

1. La globalisation du commerce mondial

La globalisation caractérise les nouvelles formes du commerce et de l'activité mondiales. L'entité de production ne serait plus la nation mais le « village planétaire », pour reprendre l'expression de Marshall McLuhan.

La division internationale du travail n'est plus une division horizontale en terme de produits ou de groupes de produits, mais de plus en plus une division verticale du travail ; tout se passe comme si les frontières disparaissaient et que l'optimisation du processus de production se réalisait à l'échelle du monde.

Charles-Albert Michalet définit la firme multinationale (FMN) comme « une entreprise souvent de grande taille qui à partir d'une base nationale a implanté à l'étranger plusieurs filiales dans plusieurs pays avec une stratégie et une organisation conçues à l'échelle mondiale ».

Ce phénomène conduit, selon Lassudrie-Duchêne, à une « décomposition internationale des processus de production ». Michalet pense que « le système de l'économie mondiale » se substitue aux relations internationales traditionnelles et fait perdre à l'État son entité économique, les échanges se faisant dès lors moins entre entreprises indépendantes ou entre pays, mais à travers les pays. Cette transnationalisation des économies met les nations dans un état de dépendance et limite la marge de manœuvre des politiques nationales.

Les auteurs anglo-saxons ont proposé le concept de « globalisation » pour exprimer ce nouveau commerce international en partie dominé par des entreprises « globales » et apatrides, définissant leur stratégie à l'échelon mondial.

> “*Les filiales permettent aux multinationales de segmenter les marchés nationaux et d'utiliser la discrimination des prix pour maximiser leur profit mondial.*”
>
> “*Les avantages comparatifs des différentes économies deviennent dans l'optique de la FMN des avantages de localisation.*”
>
> “*L'économie mondiale reproduit les États mais efface les nations.*”
>
> Charles-Albert Michalet,
> *Le Capitalisme mondial.*

Le secrétaire au Travail de l'administration Clinton, Robert Reich, dans *L'Économie mondialisée* (1993), considère que l'ouverture internationale a modifié les règles du jeu. Les firmes ne recherchent plus principalement à être compétitives par une production de masse, mais à produire des biens différents qui satisfont et fidélisent leurs clients. Pour cela elles font appel à des collaborateurs nommés par Reich « manipulateurs de symboles », qui identifient les problèmes (c'est le cas des spécialistes en marketing), trouvent les moyens de les résoudre (ce sont les ingénieurs et les techniciens) et organisent l'ensemble (ce sont les entrepreneurs). Les salaires des manipulateurs de symboles (20 % des emplois aux États-Unis selon Reich) ne dépendent pas de leur temps de travail mais de leurs capacités ; ils sont d'autant plus sollicités que la demande mondiale d'idées est forte. En revanche, les deux autres catégories d'emplois qui composent la société développée souffrent de la mondialisation. Il s'agit des « routiniers », qui exécutent des tâches répétitives de production de masse et dont les emplois vont disparaître sous l'effet de la concurrence des pays à bas salaire, et, enfin, des employés de différents « services personnels nationaux » (employés du commerce, infirmières, fonctionnaires…), qui ne sont pas soumis à la concurrence internationale et dont la demande d'emplois augmente, mais qui ne profiteront pas d'augmentation de salaires en raison de la pression exercée par l'immigration et les travailleurs routiniers dont les emplois sont supprimés.

Reich considère qu'il n'y a pas lieu à s'opposer à cette mondialisation, mais que l'État a tout de même un rôle à jouer. Grâce à une politique d'éducation, il peut augmenter le nombre des manipulateurs de symboles ainsi que leur efficacité. Par une politique d'infrastructure et de recherche-développement, il peut aussi aider les firmes, qui doivent constamment innover et se transformer.

> “*Quelle est la différence entre une firme "américaine" qui fabrique ou achète à l'étranger la majeure partie de ce qu'elle vend dans le monde, et une firme "étrangère" qui fabrique ou achète aux États-Unis la majeure partie de ce qu'elle vend ?*”
>
> Robert Reich, *L'Économie mondialisée.*

2. L'effacement des États-nations

Kenichi Ohmae explique que l'État-nation décline sous l'effet d'un double mouvement. D'une part, les échanges mondiaux se tripolarisent et s'effectuent davantage entre les trois grandes régions commerciales qui dominent le monde (que Ohmae nomme la « Triade ») qu'entre les pays qui la composent. D'autre part, les États-régions sont des unités économiques plus efficaces et plus homogènes que les États-nations. Le nord de l'Italie, la région Rhône-Alpes, la Chine méridionale ou la

Silicon Valley constituent des marchés suffisamment grands pour rentabiliser les infrastructures nécessaires pour participer à l'économie mondiale (aéroport international, port…), mais suffisamment petits pour qu'un intérêt commun existe encore. L'État-nation est une unité artificielle qui est incapable d'adopter une vision à long terme de l'intérêt collectif.

> « *En n'importe quel point du monde, si une opportunité est attrayante, l'argent viendra à elle.* »
>
> « *Dans un monde sans frontières, l'intérêt national au sens traditionnel, qui aujourd'hui n'est plus guère qu'un prétexte à subventions et protections, n'a plus vraiment sa place.* »
>
> « *Tous les États-nations sont des zèbres.* »
>
> Kenichi Ohmae, *De l'État-nation aux États-régions.*

La formation de blocs régionaux (Union européenne, ALENA…) contribue aussi à l'effacement de l'État-nation. Un problème est de savoir si cette tendance est favorable ou pas au libre-échange ; d'un côté elle permet la libre circulation des marchandises entre les pays de la zone, mais d'un autre côté elle a tendance à exclure les pays tiers. Jacob Viner a expliqué dès 1950 que les accords entre deux ou plusieurs pays provoquent deux effets : ils favorisent l'expansion des échanges *(trade creating)*, mais ils suscitent aussi un détournement d'échanges *(trade diverting)*. Krugman affirme que ces blocs commerciaux créent une concurrence oligopolistique qui peut se révéler contraire à l'intérêt général.

> « *Dans le monde très imparfait du commerce international, les groupements régionaux de libre-échange peuvent perturber l'équilibre des forces qui a permis la création d'un système d'échanges mondiaux relativement libéral.* »
>
> Paul Krugman.

La théorie du commerce international a comme enjeu principal le débat autour de la politique commerciale. Chacun reconnaît que le commerce international est avantageux. Mais, pour certains, il est nécessaire de l'encadrer, alors que d'autres croient dans les vertus équilibrantes du marché. L'originalité de la nouvelle théorie du commerce international est, en utilisant des concepts spécifiques à l'analyse libérale et en considérant que la concurrence est une situation optimale, de considérer qu'un interventionnisme étatique modéré puisse être souhaitable.

Chapitre VI

Les théories du développement

Certains pays se développent et d'autres pas. La théorie du développement a donc pour objet d'expliquer ces disparités. Certaines théories utilisent les mêmes modèles, les mêmes grilles d'analyse, pour l'étude des pays actuellement développés et pour celle des pays en développement (PED) ; d'autres considèrent que c'est le développement des premiers qui est la cause du sous-développement des seconds.

Nous présenterons tout d'abord les théories qui mettent l'accent sur les déterminismes géographiques et culturels. Puis nous examinerons les théories, généralement d'origine libérale, qui présentent le sous-développement comme un retard qu'il est possible de combler ; elles proposent des modèles universels s'appliquant à toutes les régions du monde et considèrent le développement comme une étape logique après le sous-développement.

La théorie du développement, dominante dans les années 60-70, estime au contraire qu'il faut mettre l'accent sur les spécificités du tiers-monde, parmi lesquelles la dépendance vis-à-vis du Nord tient une place centrale. Cette école, quoique loin d'être unifiée et regroupant des courants très différents, est fréquemment dénommée « **école de la dépendance** ».

Les remèdes souvent très globalisants proposés par les théoriciens de la dépendance ont généralement échoué ; pour cette raison, de nouvelles préoccupations apparaissent à partir des années 80 : il s'agit pour les économistes du Fonds monétaire international (FMI) d'assainir les économies des PED victimes de la crise de l'endettement, et pour d'autres, de plus en plus nombreux – relayés par les organisations non gouvernementales (ONG) –, de proposer des stratégies d'écodéveloppement adaptées aux situations locales et cherchant en priorité à satisfaire les besoins essentiels.

I. Les théories qui expliquent le sous-développement par des retards

A. La conception linéaire du développement

Les économistes libéraux considèrent que le sous-développement n'est qu'un retard au développement.

1. Les étapes de la croissance de Rostow

Walt Whitman Rostow (né en 1916), dans son livre *Les Étapes de la croissance, un manifeste non communiste* (1960), présente le développement comme une évolution linéaire devant forcément passer par les mêmes étapes :

- dans la *société traditionnelle* la productivité du travail est faible car les techniques sont rudimentaires. L'économie est essentiellement agricole et les mentalités ne sont pas favorables au développement car un fatalisme à long terme règne : les individus sont persuadés que leurs enfants et leurs petits-enfants auront approximativement des conditions d'existence identiques ;
- durant les *préalables au développement*, les conquêtes de la science moderne entraînent de grands progrès économiques qui vont favoriser les premiers développements de l'agriculture et de l'industrie. Les marchés mondiaux s'ouvrent et, surtout, les mentalités se transforment, le fatalisme recule et « de nouveaux types d'hommes animés de l'esprit d'entreprise apparaissent ». L'investissement augmente, notamment dans les transports. Un État centralisé et efficace se substitue aux pouvoirs régionaux traditionnels. Mais toutes ces transformations se produisent à un rythme modéré ;
- durant la phase de *démarrage* ou *take off*, « en l'espace d'une ou deux décennies, la structure fondamentale de l'économie et la structure sociale et politique de la société se transforment de telle façon que le taux de croissance de l'économie pourra par la suite rester constant ». L'investissement et l'épargne doublent et passent d'à peu près 5 % du revenu national à plus de 10 %. Des industries nouvelles comme le textile ou la métallurgie se développent rapidement et amènent un accroissement considérable des revenus ;
- le progrès technique et la modernisation se diffusent à l'ensemble de l'économie durant la période de la *marche vers la maturité*. Les anciennes industries plafonnent, mais de nouvelles industries comme la chimie ou l'industrie électrique se développent ;
- *l'ère de la consommation de masse* représente la dernière étape ; les principaux secteurs de l'économie deviennent la production de biens

de consommation et de services. La population s'urbanise et la main-d'œuvre est de plus en plus qualifiée. l'État-providence assume la prise en charge collective de la plupart des risques.

Les pays du tiers-monde se trouveraient donc à des étapes antérieures de développement ; le sous-développement n'est qu'un retard de développement. Tous les pays atteindront l'étape ultime de la consommation de masse ; mais pour hâter cette échéance, il est nécessaire que les différentes nations mettent en place les principes du libéralisme et acceptent de s'ouvrir sur l'extérieur.

2. Les plaies du sous-développement

Dans la même logique, Alfred Sauvy (1898-1990) prétend que, tout comme les pays actuellement développés à la veille de leur décollage, les pays sous-développés souffrent de neuf plaies. Les trois premières concernent la situation démographique : forte natalité, forte mortalité, alimentation insuffisante ; les quatre critères suivants du sous-développement concernent l'emploi : hypertrophie du secteur primaire, sous-emploi rural, travail des femmes et des enfants ; les deux derniers critères sont d'ordre sociopolitique : absence de classe moyenne et absence de démocratie.

Lorsque, à l'image des pays actuellement développés, le tiers-monde se sera débarrassé de ces neuf plaies, il pourra prétendre sortir du sous-développement.

3. La croissance économique moderne de Kuznets

Simon Kuznets (1901-1985 ; prix Nobel en 1971) pense que la « croissance économique moderne », c'est-à-dire la période de croissance que traversent les pays riches depuis le début du XIXe siècle, présente des caractéristiques très stables. Il ne croit pas, comme l'affirme Rostow, que la croissance passe par différentes étapes ; par exemple, il démontre qu'il est impossible de déterminer une période correspondant au take off durant laquelle le taux d'investissement doublerait. L'économie du XIXe siècle à nos jours se caractérise par des constances étonnantes : constance de la propension à consommer malgré l'augmentation du revenu sur longue période (d'où une mise en cause de la loi psychologique fondamentale de Keynes) et constance du coefficient de capital (capital divisé par production), autrement dit, de la productivité du capital (production divisée par capital).

Ainsi, lors de son discours de réception du prix Nobel, Kuznets présente les six grandes caractéristiques de la croissance économique moderne :

– taux élevé de la croissance du produit par tête et de la population ;
– taux élevé de la croissance de la productivité ;
– rythme rapide des transformations structurelles de l'économie (industrialisation puis tertiairisation, concentration des entreprises…) ;
– mutations rapides des structures sociales et de l'idéologie (laïcisation, urbanisation…) ;
– expansion de l'influence des pays développés dans le reste du monde ; ils modèlent ainsi un monde unique ;
– mais, malgré la caractéristique précédente, la diffusion de la croissance économique moderne est limitée ; les trois quarts de la population mondiale en sont exclus.

4. La thèse du retard doit être nuancée

Tous les pays qui se développent ne suivent pas systématiquement la même voie ; ainsi, Alexander Gerschenkron (*Economic Backwardess in Historical Perspective* [1962] et *Europe in the Russian Mirror* [1970]) montre que les pays à industrialisation tardive suivent un développement spécifique. Ne disposant pas naturellement des facteurs qui ont permis le développement des pays à industrialisation précoce (épargne, esprit d'entreprise…), ils mettent en place des stratégies de substitution :

– l'État se substitue à l'initiative privée ;
– les capitaux bancaires se substituent à l'autofinancement ;
– l'épargne étrangère se substitue à l'épargne nationale ;
– les technologies importées se substituent aux technologies nationales.

Ces stratégies permettent un développement très rapide car – l'exemple du Japon à partir de 1868 ou celui des pays nouvellement industrialisés dans les années 60-70 en témoignent – les technologies adoptées sont souvent très performantes : en effet, elles intègrent les dernières innovations, et les entreprises sont, dès le début de l'industrialisation, de grande taille, ce qui leur permet de réaliser des économies d'échelle.

B. Ragnar Nurske : le sous-développement serait dû à un cercle vicieux

Dans *Problems of Capital Formation in Underdeveloped Countries* (1953), Ragnar Nurske explique que la pauvreté et le sous-développement sont des phénomènes auto-entretenus.

En raison de la pauvreté et d'un revenu national insuffisant, les PED ne dégagent pas l'épargne nécessaire pour financer l'investissement productif qui pourrait générer le développement. Le manque d'investissement ainsi que la malnutrition limitent la productivité du travail.

L'insuffisance de l'épargne nationale pourrait être comblée par des capitaux étrangers, mais cela risque de générer un autre cercle vicieux, celui du surendettement.

L'inconsistance de la demande due au faible pouvoir d'achat est un obstacle supplémentaire à la hausse de la production. La pauvreté conduit au sous-développement, qui est un obstacle à l'enrichissement. Comme le dit Nurske, « un pays est pauvre parce qu'il est pauvre ».

Comme Rostow, Nurske considère que le développement agricole est un préalable nécessaire à une croissance industrielle harmonieuse. Mais de nombreux PED ont tendance à orienter leur économie vers une branche unique leur fournissant des recettes d'exportation. Que cette branche soit agricole, minière ou industrielle, les investissements sont spécialisés et les effets d'entraînement sur le reste de l'économie sont faibles. La volonté de profiter des avantages comparatifs pour exporter peut donc, selon Nurske, constituer un réel obstacle au développement.

II. La théorie de la dépendance

A. Les fondateurs de la théorie du développement : Myrdal et Lewis

1. Gunnar Myrdal

Un des fondateurs de la théorie du développement est l'économiste suédois Gunnar Myrdal (1898-1987 ; prix Nobel en 1974). Il est le premier à avoir milité pour un nouvel ordre économique international. Il montre dans *Asian Drama* (1968) qu'il faut se méfier des approches traditionnelles marquées d'eurocentrisme et de schématisme ne faisant appel qu'à un seul facteur explicatif. Il préconise une approche « multifactorielle ». C'est par exemple ce que fait Arthur Lewis, autre fondateur de la théorie du développement.

2. Arthur Lewis

Arthur Lewis (1915-1991 ; prix Nobel en 1979), économiste britannique originaire des Antilles, met l'accent sur les spécificités des pays en développement. Il est considéré comme le fondateur principal de la théorie du développement car :

- il annonce les théories de l'échange inégal, en expliquant que les échanges entre les pays riches et les pays pauvres n'obéissent pas à la loi « à travail égal, salaire égal » ;
- il annonce la théorie de la dépendance lorsqu'il s'oppose à la théorie des avantages comparatifs et qu'il affirme que des relations internationales entre un pays dominant et un pays dominé risquent de constituer un obstacle au développement du pays le plus pauvre ;

– il fonde la théorie du dualisme et annonce la désarticulation chère à Perroux. Il oppose en effet un secteur traditionnel, composé en grande partie par l'agriculture, et le secteur capitaliste, essentiellement industriel.

Lewis s'interroge sur l'origine du take off et sur la raison du doublement rapide du taux d'investissement. Il pense, contrairement à la théorie néoclassique, qu'il existe une offre de travail illimitée à un certain taux de salaire proche du salaire de subsistance.

Pour la théorie néoclassique, l'augmentation de la productivité déplace la courbe de la productivité marginale vers le haut, ce qui devrait, à salaire inchangé, entraîner une augmentation de l'embauche. Mais cette embauche n'est possible que si le salaire augmente pour inciter la hausse de l'offre de travail (les néoclassiques postulent en effet que le salaire est forcément un salaire d'équilibre qui assure le plein-emploi) ; on voit donc que dans le modèle néoclassique les salariés profitent des gains de productivité. Mais si l'offre de travail est illimitée, l'augmentation des salaires ne suit pas celle de la productivité, et les salariés ne sont donc pas, contrairement à ce qu'affirme la théorie néoclassique, rémunérés à leur productivité marginale. Les capitaux nécessaires à l'augmentation de l'investissement proviennent dès lors d'une forte augmentation des profits, eux seuls bénéficiant des gains de productivité en raison de l'offre de travail illimitée.

DOCUMENT 1

Le modèle néoclassique

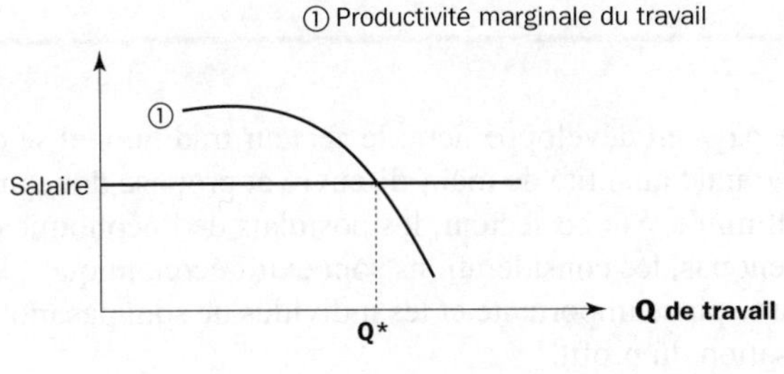

Situation initiale : le producteur rationnel achète la quantité de travail qui lui permet d'égaliser la productivité marginale et le salaire.

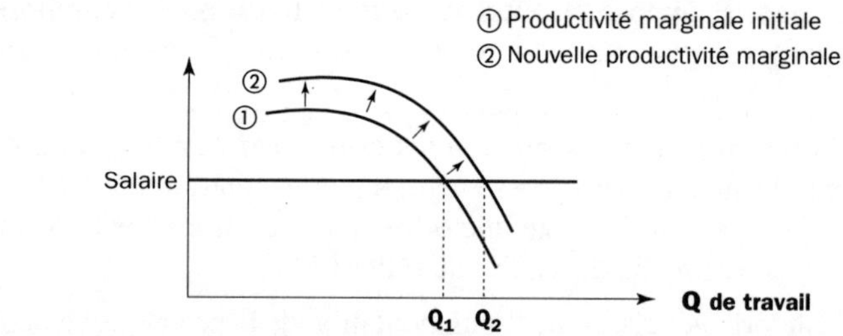

Si la productivité augmente, il est nécessaire d'embaucher plus afin d'atteindre l'équilibre. Mais cela ne peut se faire qu'en augmentant les salaires pour attirer de nouveaux individus sur le marché du travail.

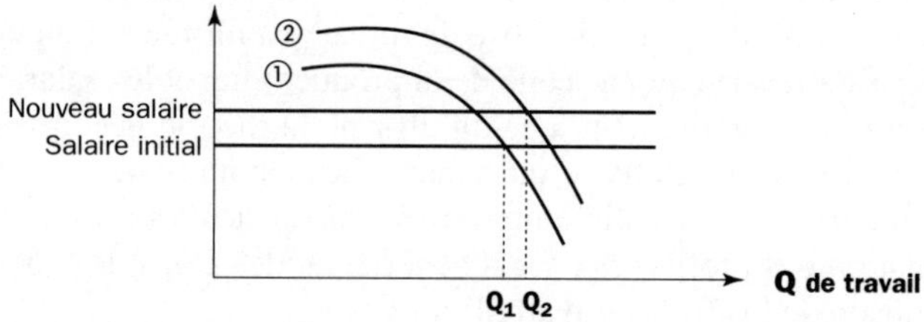

Situation finale : le niveau de l'embauche et les salaires ont augmenté. Les salariés ont donc profité de l'augmentation de la productivité.

Mais Lewis met en cause ce modèle en affirmant qu'il existe une offre de travail illimitée et qu'il n'est donc pas nécessaire d'augmenter le salaire pour embaucher davantage.

Dans les pays en développement, le secteur traditionnel se caractérise par une grande quantité de main-d'œuvre et propose donc une offre de travail illimitée. Sur ce secteur, les postulats de l'économie de marché ne tiennent pas, les considérations sont extra-économiques, la tradition occupe une place importante et les individus ne sont pas motivés par la maximisation du profit.

La croissance provient dès lors du secteur capitaliste moderne, qui, progressivement, absorbe les excédents de main-d'œuvre du secteur traditionnel. Mais, si le secteur capitaliste (et c'est souvent le cas) est tourné vers l'exportation, les gains de productivité risquent de ne profiter qu'aux seuls pays importateurs, qui sont souvent en mesure de faire baisser les prix.

Lewis n'en rejette pas pour autant les échanges internationaux, mais il se prononce pour la mise en place d'un nouvel ordre économique international.

> « *Les pays tropicaux ne peuvent rééquilibrer à leur profit les termes de l'échange en accroissant la productivité dans les secteurs où ils exportent, car cette amélioration a pour seul effet d'abaisser les prix de leurs exportations.* »
>
> « *Le jeu des termes de l'échange est défavorable aux seuls produits tropicaux, que ceux-ci viennent de l'agriculture ou de l'industrie, parce que, dans cette partie du monde, la main-d'œuvre non qualifiée reçoit sur le marché, indépendamment de ce qu'elle produit, un salaire fondé sur l'existence d'une réserve illimitée d'agriculteurs faiblement productifs.* »
>
> « *La tâche prioritaire sur le front du développement est de transformer le secteur alimentaire, de produire des excédents agricoles pour nourrir la population urbaine et de créer de la sorte, au plan national, les fondements de l'industrie et des services modernes.* »
>
> Arthur Lewis, *L'Ordre économique international.*

B. Hirschman et Perroux préconisent un développement déséquilibré

Rostow a une conception d'un développement équilibré se diffusant à l'ensemble de l'économie. Hirschman préconise au contraire l'acceptation de déséquilibres afin de susciter le développement.

1. La théorie du développement de Hirschman

Pour Alfred O. Hirschman, économiste américain d'origine allemande né en 1915, il faut « naviguer contre le vent ».

Son ouvrage *La Stratégie du développement économique* (1958) expose son approche des stratégies de développement en terme de déséquilibres. Selon lui, le développement étant le fruit de goulets d'étranglement (voir la théorie de Schumpeter), il est nécessairement déséquilibré.

De déséquilibre en déséquilibre, l'ensemble de l'économie se développe. C'est à l'État de mener une politique industrielle qui encourage l'investissement dans certaines branches, si possible à forte intensité de capital, car ce sont celles-ci qui produisent le plus de goulets d'étranglement et qui ont donc le plus d'effets d'entraînement.

Pour Hirschman, l'inflation et le déficit de la balance des paiements ne doivent pas être absolument évités car ils sont souvent le signe d'un démarrage du développement ; l'inflation, inévitable, est d'autant plus forte que les réactions de l'offre sont lentes.

Le déficit de la balance des paiements n'est pas forcément dû à une épargne domestique insuffisante, il peut résulter du fait qu'« une économie en expansion a besoin d'inputs importés qui dépassent sa capacité à augmenter les exportations ».

Hirschman nomme la politique de développement déséquilibré qu'il préconise « navigation contre le vent ». Cette théorie a inspiré le Français Destanne de Bernis, qui proposa à l'Algérie de mettre en place une stratégie d'industrialisation par les industries industrialisantes.

2. François Perroux

L'économiste français François Perroux (1903-1987) pense qu'il faut favoriser les pôles de croissance. Il rejette la conception néoclassique de l'économie :

- il met en cause l'atomicité car il considère que l'économie est en grande partie fondée sur des effets de domination (entre entreprises ou entre nations) ;
- il distingue la croissance du développement, et considère que les PED ne sont pas seulement des nations ayant un faible produit par habitant, mais qu'il s'agit aussi d'« économies dominées, désarticulées et ne couvrant pas les coûts de l'homme » ;
- il estime que la théorie néoclassique ne prend pas en compte les disparités des différentes branches. Or, il existe des pôles de croissance qui exercent des « effets d'agglomération » (effets d'entraînement sur les activités proches). C'est à l'État de favoriser la croissance de ces pôles et la « jonction » entre les différents pôles, de façon que toute l'économie se développe et échappe ainsi à la désarticulation.

C. Les fondateurs du courant de la dépendance : Prebisch et les économistes de la CEPAL

Raul Prebisch, économiste argentin (1901-1987), est le principal représentant avec Celso Furtado de la fameuse CEPAL (Commission économique pour l'Amérique latine), qui a été créée en 1948. Il fut aussi le secrétaire général de la CNUCED (Conférence des Nations unies sur le commerce et le développement).

1. Les blocages de la croissance

Pour lui, les blocages de la croissance de l'Amérique latine proviennent essentiellement de sa mauvaise insertion dans la division internationale du travail. Sa spécialisation dans les produits primaires induit de nombreux blocages :

- une partie importante du revenu national est ponctionnée par la détérioration des termes de l'échange dont sont victimes les produits primaires ;
- l'économie est duale ;
- la répartition des revenus est inégale, ce qui alimente les importations de produits de luxe ;
- en cas d'industrialisation, il est nécessaire d'importer des biens d'équipement et des biens intermédiaires, d'où une dépendance technologique ;
- pour compenser la détérioration des termes de l'échange, l'exportation de produits primaires doit augmenter ; de ce fait, la production agricole doit être de plus en plus orientée vers les produits d'exportation, d'où une insuffisance de la production vivrière et la nécessité d'importer des produits alimentaires pour les salariés urbains.

2. Le système « centre/périphérie »

Selon Prebisch, les PED, et plus exactement les pays d'Amérique latine, sont insérés dans un système de relations économiques internationales (REI) qu'il appelle système « centre/périphérie ». Les pays industrialisés organisent les REI en fonction de leurs propres intérêts. La production des PED est orientée en fonction des besoins des pays du centre ; leurs produits subissent une dégradation des termes de l'échange alors que la périphérie est dans la situation d'acheter des produits toujours plus chers en provenance du centre.

La périphérie est dominée par le centre : domination commerciale, domination technologique, domination financière et domination culturelle.

La solution réside donc dans une politique d'industrialisation. Mais, manquant de maturité, les nouvelles industries ne peuvent subir la concurrence des pays riches, d'où la nécessité d'un protectionnisme modéré. La politique préconisée est celle d'une industrialisation par substitution aux importations, accompagnée d'une réforme agraire.

> “*Le sous-développement est un processus historique autonome et non pas une étape par laquelle serait nécessairement passées les économies ayant déjà atteint un degré supérieur de développement.*”
>
> Celso Furtado, *Théorie du développement économique.*

D. Les théories marxistes et néomarxistes de la dépendance

Dans son livre *L'Impérialisme, stade suprême du capitalisme*, Lénine analyse l'internationalisation de l'exploitation capitaliste. Le système capitaliste étant trop à l'étroit dans ses frontières, l'exploitation de la nation par la nation a relayé l'exploitation de l'homme par l'homme. La paupérisation des pays pauvres a remplacé la paupérisation de la classe ouvrière.

1. Les théories néomarxistes de la dépendance

La dépendance et le capitalisme expliquent « le développement du sous-développement », pour reprendre les termes d'André Gunder Frank. L'économiste égyptien Samir Amin et l'économiste français Pierre Salama le rejoignent et considèrent que :

- l'origine du sous-développement réside dans la colonisation et dans la néocolonisation, qui produisent la dépendance (orientation de la production en fonction des besoins des pays du centre) ;
- le sous-développement perdure en raison des relations centre/périphérie, qui mènent à l'échange inégal et donc à l'exploitation du tiers-monde par les pays développés ;
- dès lors, la solution est de rompre avec le système mondial, de se déconnecter des échanges internationaux et de mettre en place une stratégie autocentrée.

> “*Déconnexion, [...] non pour revivre l'illusion d'un repli culturel illusoire, mais pour faire progresser la perspective universaliste du socialisme.*”
>
> “*Tandis que dans le modèle de l'accumulation autocentrée les relations extérieures sont soumises à la logique et aux impératifs de l'accumulation interne, dans le modèle du développement extraverti, ce sont au contraire les relations avec l'extérieur qui déterminent presque intégralement le rythme et les caractères de l'accumulation interne.*”
>
> Samir Amin,
> *L'Échange inégal et la loi de la valeur.*

2. L'échange inégal d'Emmanuel

Le modèle de l'échange inégal a été présenté dans l'*Échange inégal* (1969), d'Arghiri Emmanuel, économiste français d'origine grecque. Reprenant l'idée de Ricardo, il affirme que la valeur des biens provient de la quantité de travail nécessaire pour les produire ; il ajoute toutefois que le prix du travail n'est pas semblable dans tous les pays.

Pour reprendre l'exemple de Emmanuel, si l'ouvrier africain ne touche que l'équivalent d'un kilo de farine alors que l'ouvrier américain en gagne l'équivalent de 20, il y a échange inégal. Les produits vendus par les pays en développement, à prix égal, incorporent beaucoup plus de travail que ceux vendus par les pays riches. Là réside l'inégalité. Les travailleurs des PED sont rémunérés au salaire de subsistance, alors que ceux des pays riches ont réussi, grâce à leurs organisations salariales, à faire augmenter leur salaire. Mais Emmanuel nuance la théorie de la dépendance car il considère que la dépendance et l'échange inégal sont davantage les effets du sous-développement que ses causes.

III. Le renouveau théorique des années 80-90

A. Un retour des préoccupations libérales avec les politiques d'ajustement du FMI

Les économistes du FMI et de la Banque mondiale prennent le contre-pied des théories précédentes. Pour eux, ce n'est pas trop, mais au contraire pas assez de capitalisme et de marché qui est un obstacle au développement. Les **politiques d'ajustement structurel (PAS)** qu'ils préconisent ont une double ambition : assainir l'économie en luttant contre l'inflation et le surendettement, et libéraliser de façon durable l'économie.

Les économistes du FMI pensent que c'est le marché qui fait défaut aux PED. Pour y remédier, ils préconisent une libéralisation de l'économie :

– arrêt du protectionnisme ;
– diminution du budget de l'État ;
– diminution du déficit de l'État ;
– déréglementation généralisée ;
– privatisation des entreprises publiques.

Ce type de politique est maintenant plus ou moins suivi par l'ensemble des PED car le FMI y conditionne ses aides.

B. De nouvelles préoccupations : développement durable et besoins essentiels

1. Écodéveloppement et développement durable

Dans les années 80 est né le courant de l'**écodéveloppement**. Il s'agit de mettre en valeur les ressources locales, de tenir compte de l'environnement écologique, culturel et humain. C'est ainsi que, depuis cette époque, la Côte d'Ivoire ou le Sénégal ont infléchi leur politique globale d'industrialisation, préférant de petits projets locaux qui respectent la vie sociale. Le problème réside dans le peu d'effets d'entraînement de tels projets.

Dans la même logique s'est développée la volonté d'opter pour un **développement durable**. Selon le rapport de la CNUCED, « il s'agit d'un développement qui répond aux besoins du présent sans compromettre la capacité des générations futures de répondre aux leurs ». La conférence de Rio de Janeiro en 1992 propose dans ce cadre de veiller au développement harmonieux et de protéger l'environnement.

2. La théorie des besoins essentiels

Les conclusions du **courant des « besoins essentiels »**, né au sein du BIT (Bureau international du travail), sont de plus en plus acceptées par la Banque mondiale. Toute politique de développement doit avoir comme objectif principal la satisfaction des besoins essentiels, c'est-à-dire ceux dont la satisfaction est nécessaire pour la survie (besoins physiologiques : alimentation, habillement et petit nécessaire ménager) et les services de base (santé, éducation, assainissement, transport, distribution d'eau potable).

Les besoins essentiels ont trois caractéristiques principales : ils sont universels, quantifiables, et leur satisfaction a des effets positifs sur la croissance ; c'est pour cela qu'ils doivent être des préalables à toute politique de développement.

La théorie des besoins essentiels inspire largement différentes ONG qui viennent en aide aux PED.

Quoique assez différentes, la théorie des économistes du FMI et la théorie des besoins essentiels ont en commun de s'opposer aux théories globalisantes de la dépendance. Si les remèdes du FMI peuvent s'appliquer en priorité à des pays sur la voie de l'industrialisation mais en proie à de graves problèmes financiers, les solutions de la théorie des besoins essentiels sont surtout adaptées aux pays les moins avancés, qui restent à la marge de l'économie mondiale.

CHAPITRE VII

Les théories du marché du travail

Les théories libérales traditionnelles, qui considèrent que le chômage est volontaire, et les théories keynésiennes, qui affirment qu'il résulte d'une insuffisance de la production, s'opposent vigoureusement. Malgré la redéfinition du concept de chômage involontaire, l'enjeu principal des théories du marché du travail semble encore s'articuler autour des causes du sous-emploi.

I. L'opposition traditionnelle entre la théorie libérale et la théorie keynésienne

A. La théorie libérale du marché du travail

Bien que le travail soit au centre de leur analyse (la valeur des marchandises résulte de la quantité de travail nécessaire pour les produire), les classiques ne décrivent pas de réel marché du travail. Selon eux, comme pour Marx, le salaire est nécessairement un salaire de subsistance qui permet au travailleur et à sa famille de survivre.

Ricardo reprend l'idée de Malthus selon laquelle la population a tendance à s'accroître lorsque les ressources dont elle peut disposer sont importantes ; le salaire ne peut donc pas rester durablement supérieur au salaire de subsistance car cette situation provoquerait une croissance démographique qui entraînerait une augmentation de l'offre de travail et donc une baisse du salaire ; le mécanisme se poursuivant jusqu'à ce que le prix du travail égalise le salaire de subsistance. D'autre part, un salaire plus faible que le salaire de subsistance paraît à moyen et à long terme impossible puisqu'il ne permettrait pas de reproduire la force de travail nécessaire à la production.

1. La conception des néoclassiques

Pour les néoclassiques, le marché est un instrument optimal de régulation de l'économie. Lorsque les mécanismes du marché sont respectés, l'économie est obligatoirement en plein-emploi. Le chômage est soit volontaire, soit l'indicateur d'un mauvais fonctionnement du marché.

➡ Le fonctionnement du marché du travail (voir partie III, chapitre I)

Les néoclassiques considèrent le travail comme une marchandise homogène et refusent toute spécificité au marché du travail. Les agents économiques sont rationnels. Sur ce marché se confrontent une offre et une demande de travail, qui sont une fonction respectivement croissante et décroissante du salaire réel (salaire nominal duquel l'effet de l'inflation a été supprimé).

L'offre de travail provient des ménages, qui comparent l'utilité apportée par le loisir (c'est-à-dire le non-travail) et l'utilité apportée par le salaire (qui permet de consommer). Plus le salaire est élevé, plus il compense la perte de loisir, et donc plus l'offre de travail est forte.

La demande de travail provient des entreprises, qui comparent le salaire (c'est-à-dire le coût du travail) et la productivité des salariés. Les néoclassiques postulent que la productivité marginale est décroissante, c'est-à-dire que chaque nouveau salarié embauché a une productivité inférieure au précédent. L'intérêt de l'entreprise est alors d'embaucher tant que le salaire est supérieur à la productivité marginale du travail ; une hausse du salaire permet donc d'embaucher davantage. Puisque le comportement rationnel de l'entrepreneur tend à égaliser la productivité marginale et le salaire, la demande de travail est une fonction décroissante du salaire.

➡ le chômage est volontaire

Lorsque le marché fonctionne convenablement, le salaire est parfaitement flexible et permet d'égaliser l'offre et la demande de travail. Une offre supérieure à la demande conduit à une baisse du salaire, et une demande supérieure à l'offre à une augmentation, cela jusqu'à égalité entre elles deux. Tous ceux qui souhaitent être embauchés au salaire d'équilibre peuvent l'être. L'économie est donc en situation de plein-emploi. La théorie néoclassique du marché du travail, reprise notamment par Pigou dans *La Théorie du chômage*, stipule donc que le chômage est volontaire.

Un certain taux de chômage frictionnel ou chômage d'équilibre (mis en évidence par William H. Beveridge), résultant de la mobilité du travail et du laps de temps nécessaire pour retrouver un nouvel emploi après avoir quitté le précédent, est possible. Mais à part cela, tout chômage est forcément volontaire et s'explique par un refus individuel ou collectif (action syndicale, ou fixation par l'État d'un salaire minimal) d'accepter de travailler au salaire d'équilibre.

2. Les prolongements néolibéraux

Les néolibéraux, confrontés à la forte augmentation du chômage depuis le début des années 70, s'engagent dans un renouvellement de la théorie néoclassique. Leur objectif est de montrer que le chômage résulte de certaines rigidités et d'expliquer comment des individus rationnels peuvent avoir intérêt à rester sans travail.

➡ L'État est responsable du chômage

Les interventions étatiques, qui nuisent au libre fonctionnement du marché du travail, sont mises sur la sellette. Ainsi, Hayek explique que le salaire minimal exclut de fait tous ceux qui ont une productivité inférieure à ce seuil, car aucune entreprise rationnelle n'embauche un salarié qui lui coûte plus cher qu'il ne lui rapporte. Loin de protéger une partie de la population, le salaire minimal est considéré comme la cause du chômage des moins adaptés et des moins productifs.

Le Français Rueff et l'Américain Friedman accusent également les allocations de chômage de perturber le calcul rationnel des individus. Celles-ci les incitent à préférer le chômage (temps libre rémunéré) au travail. Pour Friedman, il existe un taux de chômage naturel et difficilement compressible qui résulte du chômage frictionnel et de l'inadaptation de certains individus (voir partie I, chapitre IV).

➡ Capital humain et chômage de prospection

Les recherches les plus récentes expliquent le chômage par le comportement rationnel des agents. Ainsi se situe la théorie du *job search* (chômage de prospection), dans la lignée de la théorie du capital humain présentée par Becker.

Selon cette théorie, le salarié gère son capital humain de la même façon que l'entreprise gère son capital technique. L'individu se livre à des calculs d'optimisation de manière à décider ou pas d'effectuer des investissements en formation, et ainsi de gagner en productivité et donc en rémunération. Un intérêt de cette analyse est de dépasser la conception néoclassique de l'homogénéité de la marchandise travail. Becker conçoit dans son modèle des différences de qualification.

C'est à la suite des travaux de Becker sur le capital humain et de ceux de George J. Stigler (1911-1991 ; prix Nobel en 1982), qui montrent que les coûts de l'information et de la transaction sont loin d'être nuls, que la théorie du *job search* a été développée. L'objectif est de confirmer que le marché du travail peut fonctionner correctement, que les salariés peuvent être rationnels et malgré cela au chômage. Ici le chômage est considéré comme un chômage de prospection. Plutôt que d'accepter n'importe quel type d'emploi à n'importe quel salaire, les individus restent sans travail un certain laps de temps pour trouver un emploi plus conforme à leurs attentes. Ils se fixent un « salaire de réservation », qui est le salaire minimal qu'ils acceptent ; en dessous de ce seuil, ils refusent de travailler. Plus le salaire de réservation (qui résulte de la situation du marché du travail, de la patience ou de l'impatience de l'individu, mais aussi des indemnités de chômage qui limitent le coût de la prospection) est élevé, plus la période de chômage sera longue.

Toutes ces analyses cherchent à confirmer la théorie du chômage volontaire. Pourtant, pour Keynes, le chômage est avant tout involontaire.

B. La théorie keynésienne du marché du travail

On l'a dit, c'est en assistant à un défilé de chômeurs en 1930 que Keynes se rendit compte que le chômage peut être involontaire. Cette constatation fut le point de départ de sa réfutation de la théorie néoclassique du marché du travail.

1. Pour Keynes, le chômage peut être involontaire

Keynes soutient que le chômage n'est pas un phénomène microéconomique et volontaire, mais un phénomène macroéconomique et involontaire.

La conception néoclassique du marché du travail doit être réfutée car les salariés sont victimes de l'illusion monétaire ; ils n'ajustent pas leurs comportements aux variations du salaire réel comme l'affirment les néoclassiques, mais aux variations du salaire nominal. L'équilibre potentiel existe, mais il n'y a aucune raison pour que les seules forces du marché y parviennent puisque offre et demande de travail résultent de variables différentes (salaire nominal pour l'offre de travail, et salaire réel pour la demande de travail).

Keynes présente le principe du *no bridge ;* selon lui, il n'existe pas de « pont » entre micro et macroéconomie, et le niveau de l'emploi résulte de mécanismes macroéconomiques et non de mécanismes microéconomiques. Le niveau de l'emploi n'est pas fixé sur le marché du travail, il résulte directement du niveau global de la production, qui lui-même résulte du niveau de la demande effective, c'est-à-dire la demande anticipée par les entreprises. Ces dernières, mues par des « esprits animaux », n'embauchent que si elles peuvent produire et ne produisent que si elles peuvent vendre.

Le chômage qui résulte de la différence entre le niveau de l'emploi et l'effectif de la population active peut donc être involontaire. Il n'y a d'ailleurs que peu de chance, en l'absence d'intervention de l'État, que le volume de la production corresponde justement à celui qui assure le plein-emploi. Pour Keynes, une situation d'« équilibre de sous-emploi » est donc possible ; la crise aggrave le chômage, mais il n'est pas nécessaire d'être en crise pour connaître le sous-emploi.

Contrairement à la conception néoclassique, la rigidité à la baisse des salaires n'est pas responsable du chômage ; c'est au contraire la flexibilité qui, en risquant de déprimer la demande, peut accentuer ce fléau.

2. La courbe de Phillips (voir partie II, chapitre III)

La courbe de Phillips établit une relation inversement proportionnelle entre le taux de croissance des salaires nominaux et le taux de chômage. Le développement de cette théorie par les keynésiens mène à l'établissement d'une symétrie entre l'inflation (souvent due à l'augmentation des salaires nominaux) et le chômage.

C. Une tentative de synthèse par Malinvaud (voir partie I, chapitre II)

Malinvaud considère que les déséquilibres (notamment le chômage) proviennent de la rigidité à court terme des prix, qui entrave l'ajustement entre l'offre et la demande.

II. Les nouvelles approches de la théorie du marché du travail

A. La théorie de la segmentation du marché du travail

Les économistes américains Michael Piore et Pierre Doeringer ont, au début des années 70, bâti la théorie de la segmentation du marché du travail. Ce marché aurait éclaté en deux segments principaux. Cette dualité du marché du travail provoque une dualisation sociale.

Piore et Doeringer pensent que le marché du travail se divise en deux sous-marchés cloisonnés. Le marché primaire permet à l'entreprise de se constituer un noyau dur d'actifs ; il favorise la continuité et la pérennité de la firme en fidélisant une partie de la main-d'œuvre et en satisfaisant certaines revendications syndicales. Le marché secondaire permet de diminuer les coûts et d'assurer la flexibilité. Ainsi, sur le marché primaire les emplois sont stables et souvent bien rémunérés, alors que le marché secondaire se caractérise par la précarité et les mauvaises conditions de salaire et de travail.

D'après Piore, le marché primaire est lui-même décomposé en deux strates principales. La strate inférieure regroupe des salariés fortement syndiqués et faiblement qualifiés, bénéficiant d'une forte stabilité et de salaires corrects. Il s'agit par exemple des ouvriers d'usine durant les Trente Glorieuses. Les salariés de la strate supérieure ont une qualification importante ; peu syndiqués, ils sont fortement mobiles, mais leur instabilité est volontaire et non subie. Il s'agit des cadres supérieurs qui veulent gérer au mieux leur carrière.

Les salariés du marché primaire profitent d'un système de relations professionnelles développé. Les négociations entre les employés et les employeurs portent sur le salaire, la sécurité de l'emploi, mais aussi sur de nombreux autres critères. Les négociations collectives offrent aux salariés un statut lié à la reconnaissance de leur qualification et aux nombreux avantages extra-professionnels dont ils peuvent bénéficier (mutuelle, vacances, tarifs préférentiels…). L'employeur a des devoirs vis-à-vis de ces salariés, et le rapport ne se limite pas à un échange travail contre salaire.

En revanche, sur le segment secondaire, les négociations sont totalement atomisées ; chaque salarié se retrouve seul face à l'employeur et aucune relation professionnelle institutionnalisée ne le soutient. Le rapport, qui se limite à un échange de travail contre salaire, est inégal, et l'employeur n'a aucun devoir sinon celui de rémunérer le salarié et de respecter les normes de sécurité ; il peut à tout moment mettre un terme à cet échange.

Certains actifs bénéficient donc d'emplois stables, de salaires corrects, de nombreux avantages sociaux, de bonnes conditions de travail, d'une sécurité de l'emploi, de possibilités de promotion et de formation. Les actifs concernés cumulent dès lors les avantages ; ce sont en grande partie des hommes de plus de 30 ans qui ont une certaine qualification en terme de savoir ou de savoir-faire. Ils sont peu vulnérables car ils sont bien insérés dans l'entreprise.

D'autres catégories de main-d'œuvre sont en revanche très vulnérables ; elles semblent cumuler les désavantages. Les actifs concernés sont surtout des femmes, des jeunes et des immigrés ; leur qualification et leur expérience sont réduites. Ils sont peu insérés dans l'entreprise ; de surcroît, leurs faibles possibilités de promotion et de formation interne ne peuvent leur faire espérer une meilleure insertion. Il est difficile en temps de crise de quitter le marché secondaire pour entrer sur le marché primaire.

B. La nouvelle économie keynésienne : la rigidité du salaire réel

Les théoriciens de la nouvelle économie keynésienne expliquent l'existence de déséquilibres et la possibilité d'un chômage involontaire par la rigidité des salaires. Ils pensent que les individus sont rationnels mais que leurs comportements ne conduisent pas automatiquement à l'instauration d'un salaire d'équilibre.

1. La théorie des contrats implicites

La théorie des contrats implicites a été créée par C. Azariadis, M. N. Bailey et D. F. Gordon au milieu des années 70.

Dans un système concurrentiel l'équilibre se réalise par la variation des prix, qui fluctuent en fonction de la conjoncture. Mais les auteurs remarquent au contraire que la réalité se caractérise par une grande rigidité des salaires, une sorte de viscosité économique qui maintient les employés et les employeurs dans des relations de long terme ; l'emploi semble être davantage la variable d'ajustement que le salaire. Pour la théorie des contrats implicites, la rigidité des salaires ne provient pas des syndicats ou du refus des salariés à travailler en dessous d'un certain niveau de salaire ; elle provient d'un accord tacite entre les employés et les employeurs dans le but de limiter l'incertitude.

Les salariés craignent en effet que leur salaire ne subisse les aléas de la conjoncture (appelée aussi « état de la nature »), et ils attendent de l'entreprise qu'elle joue un rôle d'assurance ; si les entreprises garantissent des salaires stables, les employés acceptent un salaire réel en moyenne inférieur à celui, fortement variable, qui résulterait des seules forces du marché.

Le salaire est alors rigide et différent du salaire d'équilibre. La condition d'égalisation entre la productivité marginale et le salaire réel n'est plus respectée, et l'économie se trouve dans une situation sous-optimale.

2. La théorie du salaire d'efficience

Dans la théorie néoclassique, le travail est une marchandise homogène, la productivité est une donnée dépendant de la combinaison productive et de la quantité relative du facteur travail, enfin le salaire résulte de l'offre et de la demande de travail.

En revanche, la théorie du salaire d'efficience considère que la productivité et le salaire sont interdépendants. Les fondements de cette théorie se trouvent dans une étude de H. Leibenstein (1957) qui explique que dans les pays en développement un apport nutritionnel plus important peut augmenter la productivité du travail. Le salaire d'efficience est alors le salaire optimal qui offre la meilleure combinaison entre le coût du travail et sa productivité. Celui-ci étant fixé par l'entreprise avec des critères hors marché, il peut donc s'écarter du salaire d'équilibre qui permettrait le plein-emploi.

De nombreux modèles ont prolongé ce point et ont montré que l'entreprise pouvait avoir intérêt à opter pour un salaire plus élevé que le salaire d'équilibre (salaire d'efficience).

➡ Les « coûts de rotation » de la main-d'œuvre

Une première direction, explorée par Joseph Stiglitz (1974), met l'accent sur les coûts de rotation de la main-d'œuvre. Le turn-over a en effet un coût non négligeable pour l'entreprise : un coût de licenciement (surtout si des primes de licenciement sont prévues), un coût d'embauche (par exemple l'utilisation d'un cabinet de recrutement), un coût de formation et un coût d'adaptation (les nouveaux embauchés sont moins productifs que les anciens). Ces différents coûts peuvent inciter les entreprises à rémunérer leurs salariés au-dessus du salaire du marché (et donc du salaire d'équilibre) afin de fidéliser leur main-d'œuvre.

Cette théorie contribue aussi à expliquer les différences de rémunération dans l'entreprise ; celles-ci ne sont pas seulement dues à des productivités différentes, elles peuvent aussi dépendre du degré de mobilité des salariés. Ainsi les cadres, généralement plus mobiles que les autres catégories de salariés, pourront davantage profiter d'un salaire supérieur à celui du marché.

➡ Le modèle « échange/don » d'Akerlof

Une autre direction est empruntée par George Akerlof en 1982 et 1984. Sa théorie se fonde sur le souci d'équité et de justice de nombreuses entreprises qui les dissuade d'offrir des salaires trop bas. De leur côté, les employés ont un besoin psychologique de se faire traiter équitablement, sinon leur moral et leur productivité se dégradent. Des salariés gratifiés d'un salaire supérieur à celui du marché ont l'impression d'être bien traités, et en contrepartie ils améliorent leur productivité ; ils font ainsi un *don* volontaire à l'entreprise en *échange* de ce salaire plus élevé.

➡ Le risque de sélection adverse

Une autre voie, empruntée par A. Weiss en 1980, prend en compte l'embauche. Une entreprise appliquant de faibles taux de salaire risquerait de n'attirer que les travailleurs les moins productifs (sélection adverse). Offrir des salaires à l'embauche plus élevés, c'est espérer attirer les salariés les plus productifs ayant les salaires de réservation les plus hauts ; manquant d'informations sur les qualités réelles des chercheurs d'emploi, les entreprises font l'hypothèse que le salaire de réservation reflète approximativement leur efficacité.

➡ Le modèle du « tire-au-flanc »

Le modèle du « tire-au-flanc », développé par C. Shapiro et J. Stiglitz en 1984, part du principe qu'il est très difficile pour l'entreprise de contrôler le comportement au travail de chacun de ses employés. Les coûts de surveillance étant importants, l'entreprise peut proposer des salaires relativement élevés pour augmenter le coût d'opportunité du licenciement. La menace du renvoi n'est une réelle dissuasion qu'en cas de chômage ou lorsque le travailleur a peu de chance de retrouver un emploi aussi bien rémunéré. Un salaire élevé dissuade les individus de « tirer au flanc » car la perte est plus importante s'ils sont démasqués.

Ces différents modèles dérivés de la théorie du salaire d'efficience montrent donc que l'entreprise a souvent intérêt à rémunérer ses salariés au-dessus du salaire d'équilibre. Ce phénomène risque de produire un excès d'offre de travail par rapport à la demande, et donc de créer du chômage involontaire.

3. L'hystérèse du chômage

La théorie de l'hystérèse (ou hystérésis) du chômage a été fondée par Phelps. L'idée est que le taux de chômage d'une période dépend directement du taux de chômage des périodes précédentes, d'où la difficulté d'inverser la tendance lorsqu'elle est défavorable. L'hystérèse s'explique essentiellement par deux catégories d'analyse : la théorie de la durée du chômage et la théorie des « insiders/outsiders ».

➡ La théorie de la durée du chômage

Le chômage conduit à la dépréciation du capital humain. De nombreux chômeurs de longue durée sont démotivés et donc moins efficaces ; ils subissent un chômage d'exclusion et éprouvent de grandes difficultés pour retrouver un emploi. Ces chômeurs sont souvent l'objet d'une discrimination de la part des employeurs, qui peuvent avoir tendance à douter de leurs compétences et de leur productivité. De nombreux chômeurs devenant peu employables, on comprend que le chômage actuel est en partie dû au chômage passé.

➡ L'opposition entre les « insiders » et les « outsiders »

Selon le modèle « insiders/outsiders », qui dérive de la théorie du salaire d'efficience – il a été développé par A. Lindbeck et D. Snower –, l'opposition entre les salariés déjà employés dans l'entreprise (les insiders) et les chômeurs (outsiders) tend à prendre le pas sur l'opposition traditionnelle entre employeurs et employés. Les insiders sont conscients des coûts de rotation importants de l'entreprise, et ils savent qu'ils peuvent exercer une influence sur ces coûts en acceptant de coopérer avec les nouveaux arrivants ou en décidant au contraire de les harceler. Puisque l'embauche des outsiders est coûteuse, les insiders sont en mesure de demander un salaire supérieur à celui du marché et bénéficient donc d'une rente de situation.

Cette théorie a une portée significative : elle offre des éléments pour expliquer l'existence d'un chômage involontaire, elle va aussi dans le sens du « dualisme du marché du travail » en expliquant que les travailleurs stables et intégrés sont peu vulnérables alors que les outsiders sont marginalisés. D'autre part, elle contribue à expliquer l'hystérèse du chômage : les insiders, freinant la baisse du salaire en cas de chômage, empêchent les outsiders de se faire embaucher moyennant un salaire plus bas.

DOCUMENT 1

Entretien avec Edmund Phelps

« Quelles sont les implications pour la politique économique des théories du salaire d'efficience et de insiders-outsiders ?

«Je crois fermement que c'est une bonne idée de subventionner le travail, plutôt que le non-travail. Donc j'essaie moi-même de plaider de plus en plus fermement en faveur d'un programme de subventions, en particulier pour le recrutement de travailleurs à bas salaires. C'est là que se trouve une bonne partie du chômage. Il peut aussi s'avérer nécessaire de réduire ou de supprimer la plupart des subventions aux chômeurs sous forme des prestations de chômage.

« Quelles sont les implications des effets d'hystérèse sur le taux naturel de chômage ?

«Dire qu'une récession durable exerce des effets quasi permanents sur le taux de chômage, c'est se référer au taux naturel. Mais pour autant, l'idée d'hystérèse n'est pas sans intérêt. Déjà, dans mon article de 1968, j'insistais sur le fait que les coûts de rotation et de recrutement, et ainsi de suite, peuvent expliquer le chômage. La présence de ces coûts entraîne des frictions, de sorte que si l'on débute avec un taux élevé de chômage, il faudra longtemps pour qu'il se réduise à son niveau normal ou d'équilibre. Je pense que c'est ce qu'on appelle "persistance" et ce que certaines personnes définissent par le concept d'hystérèse. D'autres y voient quelque chose de plus permanent.

Snowdon, Vane et Wynarczyk,
La Pensée économique moderne.

Lucas, économiste néolibéral, écrivait en 1978 que le chômage est volontaire. Les néokeynésiens considèrent, quant à eux, qu'à partir du moment où les taux de salaire sont supérieurs à leur niveau d'équilibre du marché il y a rationnement et donc chômage involontaire. La grande différence avec la théorie traditionnelle de Keynes est qu'ils expliquent le chômage involontaire par des phénomènes microéconomiques alors que Keynes le faisait en utilisant des modèles macroéconomiques.

PARTIE 3

Les analyses microéconomiques et macroéconomiques

CHAPITRE I

L'analyse microéconomique

La microéconomie est une conception de l'économie bâtie par les néoclassiques, eux-mêmes inspirés par Smith. Pour ce dernier, une « main invisible » conduit l'économie : en recherchant leur intérêt propre, les individus œuvrent pour l'intérêt collectif. En effet, c'est grâce à la volonté des individus de produire pour s'enrichir que la production et donc les possibilités de consommation s'accroissent. Cette théorie est utilitariste car elle part de l'hypothèse que des individus rationnels cherchent à maximiser leur utilité, c'est-à-dire à maximiser leur satisfaction et à minimiser leurs coûts. Ces agents économiques rationnels évoluent dans une économie de marché régulée par la variation des prix.

Pour que la régulation par les prix soit optimale et donc pour que l'économie soit réellement et totalement une économie de marché, il est nécessaire que les conditions de la concurrence pure et parfaite soient respectées : l'atomicité du marché (multitude d'offreurs et de demandeurs) est nécessaire pour qu'aucun des agents ne puisse à lui seul maîtriser les prix ou le niveau de la production ; grâce à l'homogénéité des produits (ceux-ci sont semblables afin d'être comparables), la concurrence s'effectue sur le prix et non sur la qualité du produit ; la libre entrée et la libre sortie du marché permettent de fluidifier ce dernier et, pour finir, la transparence du marché autorise toutes les informations nécessaires à l'ensemble des agents.

L'examen du comportement du consommateur permettra de construire la fonction de demande, celui du comportement du producteur permettra de construire la courbe d'offre. Nous n'aurons plus qu'à présenter l'équilibre du marché qui résulte de la confrontation de l'offre et de la demande.

I. Le consommateur et la demande

Le consommateur est un agent rationnel qui cherche à maximiser son utilité et donc à acheter au meilleur prix les produits qui lui apportent le plus de satisfaction. L'équilibre du consommateur est atteint lorsqu'il maximise son utilité avec un budget donné.

A. La fonction d'utilité du consommateur

La théorie de l'utilité a été construite presque simultanément par le Français Walras, le Britannique Jevons et l'Autrichien Menger. Ces économistes ont voulu faire de l'utilité le fondement de la valeur des marchandises ; ils ont compris qu'il ne fallait pas raisonner en terme d'utilité totale ou moyenne, mais en terme d'utilité marginale, c'est-à-dire de degré de satisfaction apportée par la dernière unité consommée.

1. L'utilité d'un bien

Chaque consommateur rationnel n'achète un produit que s'il lui procure davantage d'utilité que ne lui coûte en désutilité son prix. Or chaque unité consommée supplémentaire a une utilité inférieure à la précédente ; l'utilité marginale est donc décroissante.

Si nous ne possédons pas de véhicule, la première automobile achetée nous procure une grande satisfaction, la seconde aussi, mais moins que la première et ainsi de suite. On peut aussi reprendre le célèbre exemple de Menger qui explique qu'un premier litre de blé servira à l'alimentation et aura donc une grande utilité, un deuxième litre pourra être utilisé pour l'alimentation du bétail et aura donc un niveau d'utilité inférieur, et le troisième litre pourra servir à faire de l'alcool, d'où une utilité encore plus faible.

La théorie de l'utilité permet de comprendre pourquoi la demande du consommateur est décroissante par rapport au prix : le consommateur rationnel consomme tant que l'utilité marginale du produit est supérieure à la désutilité du prix ; si l'utilité était mesurable (comme le pensaient les premiers microéconomistes), on pourrait dire que l'équilibre du consommateur (c'est-à-dire son optimum) se situe au point qui égalise l'utilité marginale avec la désutilité du prix de vente (au-dessus, il y a un manque à gagner). On comprend dans ce cas que la demande diminue lorsque le prix augmente.

FIGURE 1

Quantité consommée

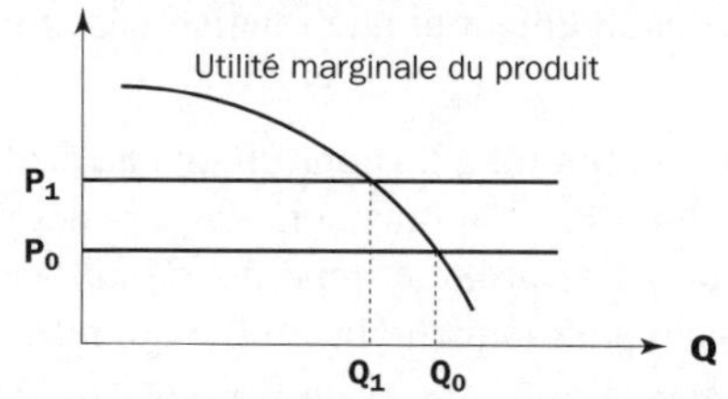

Les premières théories du consommateur étaient des théories de l'utilité cardinale ; elles supposaient que le consommateur peut à chaque utilisation mesurer exactement le degré d'utilité que lui procure la consommation. Pareto considère quant à lui que le degré d'utilité (qu'il nomme « ophémilité ») n'est pas mesurable ; le consommateur peut seulement savoir si une consommation lui procure plus d'utilité qu'une autre consommation ; l'utilité n'est plus cardinale mais ordinale, et c'est ce concept qui est utilisé depuis en microéconomie.

De ce fait, la théorie de l'utilité doit être renouvelée : plutôt que de comparer l'utilité d'un bien avec la désutilité de la dépense, l'analyse microéconomique va examiner les différentes combinaisons de consommation de deux biens quelconques pour un budget donné. La théorie ne prend en compte que deux biens pour simplifier l'étude, mais l'objectif est de présenter le comportement du consommateur face à tous les biens dont il peut disposer.

2. Le choix entre deux biens

La théorie du consommateur suppose que tout consommateur a un ensemble bien défini de préférences et qu'il n'est jamais totalement saturé d'un bien, ce qui signifie que, même si l'utilité marginale est décroissante, elle n'est jamais nulle et toujours positive. Pour simplifier l'étude mathématique et la représentation graphique, la théorie suppose que les produits sont parfaitement divisibles et qu'il est donc toujours possible d'ajouter ou de soustraire n'importe quelle quantité de produit.

➡ Les courbes d'indifférence

Prenons un exemple : considérons un bien représentant l'ensemble de l'alimentation et un autre représentant l'habillement. Le consommateur choisit la combinaison de consommation optimale entre ces deux biens. Il est tout à fait possible d'imaginer qu'une relativement forte consommation d'habillement et une relativement faible consommation d'alimentation lui procurent la même utilité qu'une relativement faible consommation d'habillement et une relativement forte consommation d'alimentation.

À partir de là, on comprend que, pour un niveau d'utilité totale donné, il existe une infinité de combinaisons de ces deux biens ; chacune d'elles procure la même utilité et rend donc indifférent le consommateur. C'est la raison pour laquelle la courbe qui relie toutes ces combinaisons se nomme la « courbe d'indifférence ». À chaque nouveau degré d'utilité correspond une nouvelle courbe d'indifférence ; plus l'utilité est élevée, plus la courbe d'indifférence se trouve sur la droite. Pareto a repris ces courbes d'indifférence qui avaient été présentées pour la première fois par Francis Y. Edgeworth.

FIGURE 2

Les courbes d'indifférence

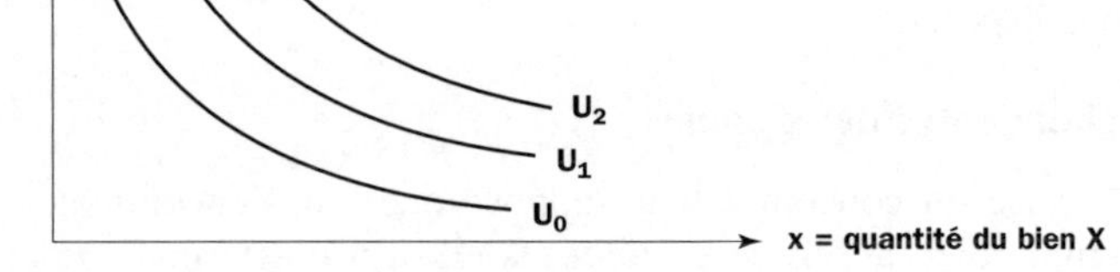

➡ La prise en compte de la contrainte budgétaire

Le choix du consommateur dépend de l'utilité, mais aussi de son budget. Le consommateur rationnel devra choisir la combinaison qui maximise son utilité pour un budget donné. Autrement dit, si l'on trace une ligne de budget, il devra choisir l'intersection entre cette ligne et la courbe d'indifférence la plus élevée, c'est-à-dire le point où la ligne de budget est la tangente de la courbe d'indifférence.

FIGURE 3

Contrainte budgétaire
et optimum du consommateur

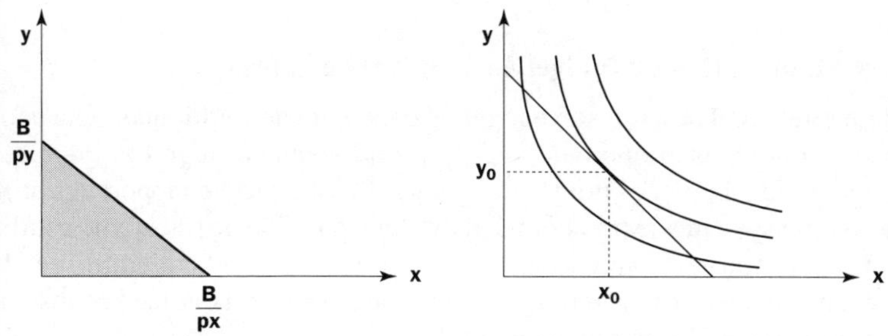

La contrainte budgétaire — L'optimum du consommateur

➡ L'égalité des utilités marginales pondérées par les prix

Le consommateur rationnel cherche à maximiser son utilité ; rappelons que l'utilité marginale de chaque bien est décroissante. Chaque franc dépensé dans un bien ou dans un autre procure une utilité. Si la dépense d'un franc pour le bien X apporte plus d'utilité que la dépense d'un franc pour le bien Y, c'est le bien X qui sera acheté, mais l'utilité de la dépense suivante d'un franc pour le bien X sera plus faible. On comprend que l'optimum (meilleure solution possible) ne sera atteint que lorsque l'utilité marginale procurée par une même dépense pour ces deux biens sera égale. Dans le cas contraire, une modification de la consommation permettrait d'augmenter le niveau de satisfaction. On retrouve ici la loi fondamentale de l'égalité des utilités marginales pondérées par les prix.

À l'optimum :

Utilité marg. de X/Prix de X = Utilité marg. de Y/Prix de Y

ou

Utilité marg. de X/Utilité marg. de Y = Prix de X/Prix de Y

Hicks a créé la notion de TMS (taux marginal de substitution), qu'il définit comme la quantité d'un bien qui suffit à dédommager le consommateur de la perte d'une unité de l'autre bien. Le TMS est le rapport des utilités marginales. Ce taux, qui est égal (au signe près) à la pente de la courbe d'indifférence, doit être, à l'équilibre, identique au rapport des prix. Un TMS égal à 2 signifie que le consommateur à un instant donné est prêt à échanger un bien X contre deux biens Y ; dans une situation optimale, quand l'utilité est maximale, le prix de X doit être deux fois plus fort que celui de Y ; sinon, une modification de son panier pourrait améliorer son utilité.

➡ Modification du budget ou d'un des deux prix

En effet, quel que soit son budget, le consommateur rationnel opte pour une combinaison optimale, qui ne lui laisse aucun regret et donc qui égalise le rapport des utilités marginales (TMS) avec le rapport des prix. Pour un système de prix donné, il est donc possible de tracer une courbe de « revenu-consommation » qui rejoint les points d'équilibre de chaque courbe d'indifférence. Elle montre comment évolue la consommation quand le revenu augmente.

FIGURE 4

La courbe de « revenu-consommation »

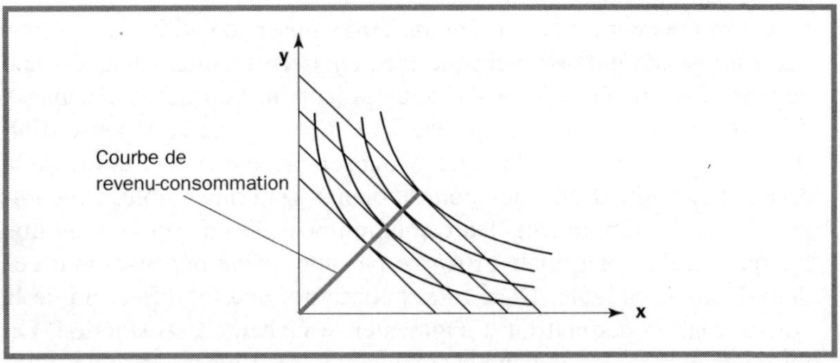

Le changement de prix d'un des deux produits modifie l'optimum du consommateur. En effet, ce changement a deux effets : un effet revenu, qui modifie l'utilité totale et donc qui suscite le passage à une nouvelle courbe d'indifférence, et un effet de substitution, qui modifie la combinaison de consommation. Ainsi, la baisse du prix du produit X augmente le pouvoir d'achat du consommateur, ce qui lui permettra d'augmenter son utilité et de monter de courbe d'indifférence, mais elle modifie aussi la combinaison de consommation car le consommateur choisira une proportion plus forte que précédemment du bien X et moins forte du bien Y, dont le prix relativement à X a augmenté.

FIGURE 5

Les effets de la modification d'un prix

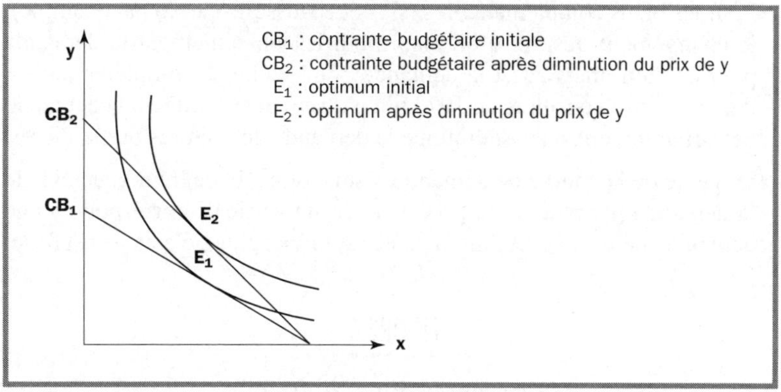

La théorie de l'utilité permet de comprendre pourquoi les individus sont prêts à payer à tel prix les produits, autrement dit, elle explique l'origine de la valeur des marchandises. La fonction d'utilité permet aussi de construire la fonction de demande.

B. La fonction de demande du consommateur

Si la demande globale du consommateur dépend surtout de son niveau de revenu, sa demande pour un bien particulier résulte essentiellement du prix de ce bien. Ici, le terme prix doit être compris au sens large : il s'agit du prix relatif du bien par rapport aux autres biens.

La demande est considérée en microéconomie comme une fonction décroissante du prix.

Mais la réaction de la demande face à une modification de prix n'est pas équivalente pour tous les produits. Par exemple, la demande de sel de table ou d'allumettes ne change quasiment pas quand le prix varie, alors que la demande d'automobiles varie fortement par rapport au prix. C'est l'élasticité de la demande par rapport au prix qui mesure le degré de variation de la demande lorsque le prix varie. L'élasticité se mesure par le rapport du taux de variation de la demande et du taux de variation du prix.

L'élasticité-prix du produit dépend :

– du degré de nécessité du bien ; ainsi les biens de première nécessité ont une demande relativement inélastique, alors que les biens de luxe ont une demande relativement élastique ;

– du degré de substituabilité ou de complémentarité du bien ; ainsi la demande est relativement inélastique pour les produits qui n'ont pas de concurrents et qui sont donc non substituables.

Pour les biens complémentaires (skis et chaussures de ski par exemple), le changement du prix d'un bien modifie non seulement la demande pour ce bien, mais aussi la demande pour les biens complémentaires. Ainsi, la crise pétrolière de 1973 n'a pas seulement infléchi la demande de carburant, elle a aussi diminué la demande de voitures particulières.

La pente de la courbe de demande résulte donc du degré d'élasticité de la demande par rapport au prix. Une droite verticale correspond à une demande inélastique, et plus la pente est faible, plus l'élasticité est forte.

FIGURE 6

Différentes élasticités-prix

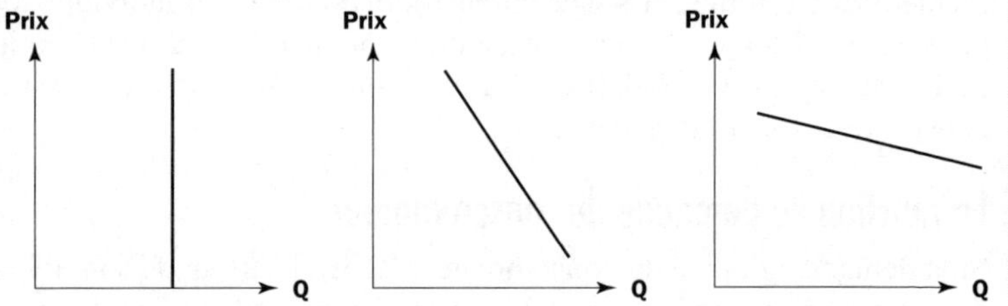

Inélasticité *(exemple : sel de table)* — *Élasticité faible* *(exemple : pain)* — *Élasticité forte* *(exemple : automobile)*

On notera bien sûr que le producteur, surtout lorsqu'il est en situation de monopole et qu'il est un « *price maker* », tient compte du degré d'élasticité pour fixer son prix.

C. Limites et prolongements de la théorie du consommateur

1. La demande n'est pas toujours une fonction décroissante du prix

Dans certains cas, parfois reconnus par la théorie néoclassique, la demande n'est pas une fonction décroissante du prix.

– L'**effet Giffen**, qui avait été cité par Marshall, montre que la baisse du prix de certains produits de première nécessité, appelés « produits inférieurs », peut provoquer une baisse de leur demande. Ainsi, la baisse du prix du pain peut permettre aux consommateurs d'acheter davantage de produits alimentaires supérieurs et donc moins de pain.

– La hausse du prix peut aussi susciter une hausse de la demande si le consommateur craint que cette hausse ne se poursuive. Cet effet, qui joue également pour la baisse des prix conduisant alors à une baisse de la demande, s'appelle généralement « effet d'anticipation ».

Le consommateur préfère parfois acheter des produits chers plutôt que des produits bon marché.

– L'effet d'ostentation mis en avant par l'économiste et sociologue américain d'origine scandinave Thorstein Veblen montre que, pour des produits de luxe, certains demandeurs préfèrent des achats à prix élevé, signes de leur statut ou du groupe auquel ils se réfèrent.

– L'effet mis en évidence par Akerlof s'appelle aussi « effet de marque ». L'idée est que le consommateur peut être amené à préférer des produits chers car il croit que leur cherté est le signe d'une meilleure qualité.

2. Le comportement du consommateur peut différer de la théorie

Dans la théorie néoclassique, « le consommateur est roi » car l'entreprise répond à sa demande et contribue, en produisant et en offrant des produits, à sa satisfaction et parce que la concurrence lui permet de se procurer les produits au meilleur prix. John Kenneth Galbraith pense au contraire que « la filière est inversée » : les consommateurs se font manipuler par les entreprises. D'une part, comme l'affirmait Nietzsche, « ce n'est pas le besoin qui crée la chose, mais la chose qui crée le besoin ». D'autre part, les consommateurs sont victimes d'une pression à la consommation (par la publicité), d'une désinformation sur les produits et surtout de conditions de prix où ceux-ci sont très éloignés de ceux que leur apporterait le libre jeu du marché.

Hirschman également critique la conception néoclassique du comportement du consommateur. La théorie microéconomique traditionnelle considère que le consommateur n'a d'autre choix que d'acheter ou de refuser d'acheter le produit. Hirschman montre au contraire que, face à une augmentation de prix ou une détérioration de la qualité du produit offert, le consommateur a trois possibilités :

– la première, l'« exit », est conforme à la théorie néoclassique : le consommateur quitte le marché et décide de ne plus acheter le produit ;
– le consommateur a aussi la possibilité de donner de la voix *(voice)* et de manifester son mécontentement en espérant ainsi modifier la déci-

sion du producteur ; c'est par exemple le cas des usagers de la SNCF qui pétitionnent mais qui continuent de voyager en train ;
- le consommateur peut par ailleurs rester fidèle à un produit ou à un type d'achat *(loyaulty)*. De nombreux facteurs sont susceptibles d'expliquer cette fidélité : habitude, sens civique s'il s'agit de produits nationaux, effet d'ostentation...

3. Le besoin d'imitation et de différenciation des consommateurs

J. Duesenberry explique en partie la consommation par une dynamique d'imitation/différenciation entre les divers groupes sociaux. La publicité a alors un rôle à jouer pour persuader les consommateurs que le produit a réellement la signification sociale qu'ils lui donnent.

K. Lancaster montre que le consommateur effectue une demande de « caractéristiques » plus que de produits particuliers. L'utilité des consommateurs ne serait pas définie directement en terme de biens, mais dépendrait plutôt des qualités de ces derniers. La demande des consommateurs serait dépendante d'un certain nombre de caractéristiques (par exemple pour une automobile : vitesse, sécurité, confort...). L'objectif du marketing est alors de définir les caractéristiques recherchées et celui de la publicité est de démontrer au consommateur que le produit vendu est conforme à celles-ci. Lancaster considère aussi que le consommateur a une demande de diversité. Il aime pouvoir effectuer un choix entre plusieurs produits pour satisfaire un même besoin. D'ailleurs le commerce international permet de satisfaire plus aisément cette demande de diversité.

Les nouveaux développements de la critique de la théorie néoclassique du comportement du consommateur portent de plus en plus sur les hypothèses de la théorie. Ainsi, la théorie des jeux montre que les différents agents sont interdépendants et qu'ils prennent leurs décisions certes en fonction du prix, mais aussi en fonction des décisions prises ou supposées prises par les autres agents ; dès lors le comportement des agents économiques est un comportement stratégique. D'autres analyses mettent l'accent sur l'information asymétrique et affirment que le consommateur ne connaît pas l'exacte qualité des produits. Pour finir, rappelons que Simon affirme que l'hypothèse de rationalité peut être critiquée, les agents économiques ayant en réalité une rationalité limitée. Toutes ces théories sont présentées dans le chapitre suivant, qui traite des nouveaux développements de l'analyse microéconomique.

II. L'entreprise et l'offre

L'entrepreneur est un agent rationnel qui cherche en premier lieu le profit. L'activité de l'entreprise est la production ; pour cela, elle achète des facteurs de production qu'elle combine de la façon la plus efficace possible. Nous présenterons tout d'abord la théorie du producteur puis les fonctions de coûts et d'offre en concurrence pure et parfaite ; enfin, dans un troisième temps, nous montrerons que cette analyse peut être à nuancer car la concurrence n'est qu'un idéal type et parce qu'il existe d'autres logiques entrepreneuriales.

A. La théorie du producteur en concurrence pure et parfaite

L'utilisation des facteurs de production (le travail et le capital, auxquels est parfois ajoutée la terre) permet de produire. À long terme les deux facteurs sont variables (l'entreprise peut en modifier la quantité), mais sur courte période le capital est fixe et seul le travail est variable. La théorie du producteur reprend l'analyse à la marge de la théorie du consommateur.

1. La théorie du producteur en courte période

La loi sur laquelle se fonde toute la théorie du producteur est la loi des « rendements décroissants » (ou de la productivité marginale décroissante), déjà présentée par Ricardo lorsqu'il avait remarqué que chaque nouvelle terre mise en culture était moins fertile que la précédente (en effet, les meilleures terres étaient cultivées en priorité). Selon les néoclassiques, sur courte période et à partir d'un certain point, la productivité marginale du travail est décroissante.

Ainsi, à une quantité de capital donnée, une machine par exemple, on peut imaginer qu'un seul travailleur sera inefficace car incapable de faire fonctionner à lui seul la technique ; le deuxième sera un peu plus efficace, le troisième aussi et ainsi de suite jusqu'à ce que la combinaison productive soit optimale (cinq salariés par exemple). Jusque-là, les rendements sont croissants. À partir du sixième ouvrier, la combinaison productive commence à se déséquilibrer, on entre dans une phase de rendements décroissants ; chaque ouvrier permettra de produire plus, mais sa productivité marginale sera inférieure à celle de l'ouvrier précédent. Les rendements peuvent même à partir d'un certain moment devenir négatifs : chaque nouvel ouvrier gêne le processus productif et provoque une diminution de la production.

Cette loi est fondamentale ; elle permet d'illustrer par exemple qu'il ne suffit pas d'ajouter du facteur travail pour qu'un simple lopin nourrisse la population entière.

FIGURE 7

Productivité totale, moyenne et marginale

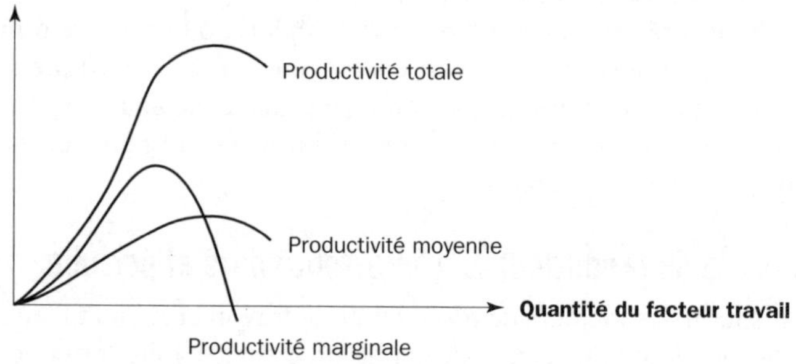

Cette loi permet aussi de comprendre comment l'entreprise détermine la quantité de travail qu'elle achète. En concurrence pure et parfaite, le salaire s'impose à l'entreprise car il dépend de la loi de l'offre et de la demande. L'entreprise a pour objectif de maximiser son profit. Elle n'embauche donc que si la productivité du salarié est supérieure au salaire, autrement dit, si ce qu'apporte le travailleur est supérieur à ce qu'il coûte. Or nous l'avons vu, la productivité marginale du travail est, à partir d'un certain point, décroissante. L'entreprise aura donc intérêt à embaucher jusqu'au nombre de salariés (l'analyse raisonne en réalité en heures de travail) qui permet d'égaliser la productivité du dernier salarié et le salaire. Tout point situé avant cette égalité constitue pour l'entreprise un manque à gagner. Le salaire est donc égal à la productivité marginale du travail.

FIGURE 8

Quantité optimale de facteur travail

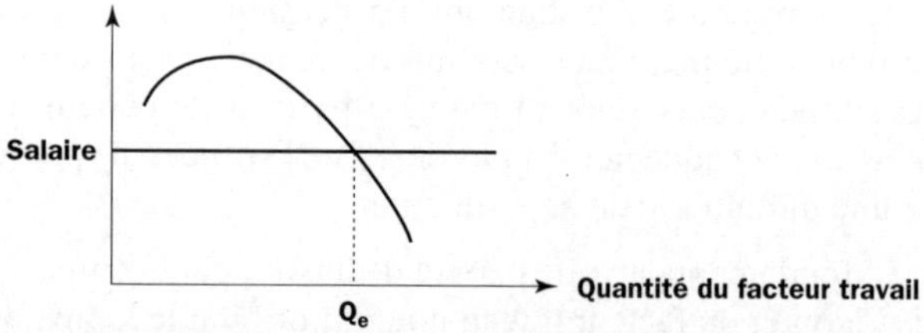

On comprend donc que, pour l'analyse libérale néoclassique, la demande de travail est une fonction décroissante du salaire, puisque toute augmentation de salaire rend les derniers employés embauchés trop chers par rapport à ce qu'ils rapportent. En cas de chômage, le seul moyen d'augmenter la demande de travail des entreprises est la baisse du salaire.

Cette théorie peut aussi s'appliquer au facteur capital. Ainsi chaque facteur de production est rémunéré à sa productivité marginale. Il est à noter que la rémunération du capital n'est pas *stricto sensu* le profit ; d'ailleurs le capital n'est pas forcément apporté par l'entrepreneur, il peut être emprunté.

2. La théorie du producteur en longue période

En longue période, il n'y a pas de facteur fixe, les deux facteurs sont variables. L'objectif de l'entreprise sera d'optimiser la combinaison productive avec une contrainte de budget donnée.

➡ Les isoquants

Si l'on prend pour hypothèse que les deux facteurs de production (capital, travail) sont parfaitement substituables, on comprendra que différentes combinaisons (incorporant plus ou moins de capital et plus ou moins de travail) peuvent assurer un même niveau de production. La courbe qui représente les diverses combinaisons de travail et de capital permettant de produire une même quantité se nomme un isoquant (ou une isoquante). Il est possible de tracer un isoquant par niveau de production ; il en existe donc une infinité.

FIGURE 9

Les isoquantes

Le taux marginal de substitution technique (TMST) est celui auquel un facteur de production peut être substitué à l'autre en conservant son niveau de production. Il est égal au rapport des productivités marginales et à la pente de l'isoquant. Le TMST varie car, la productivité marginale des facteurs étant décroissante, un facteur détenu en abondance a une productivité marginale relative moindre qu'un facteur peu utilisé.

➡ La prise en compte de la contrainte budgétaire

Comme le consommateur, le producteur doit tenir compte de sa contrainte budgétaire. L'entreprise a un budget et les facteurs de production ont des coûts. On peut donc tracer une droite de budget, appelée aussi « ligne d'isocoût », qui représente l'ensemble des combinaisons de capital et de travail qu'il est possible de se procurer pour un budget et des prix de facteur donnés. L'optimum du producteur est atteint à l'intersection entre la droite d'isocoût et l'isoquant le plus élevé, autrement dit au point de tangence entre l'isoquant et la droite d'isocoût.

FIGURE 10

Contrainte budgétaire et otpimum du producteur

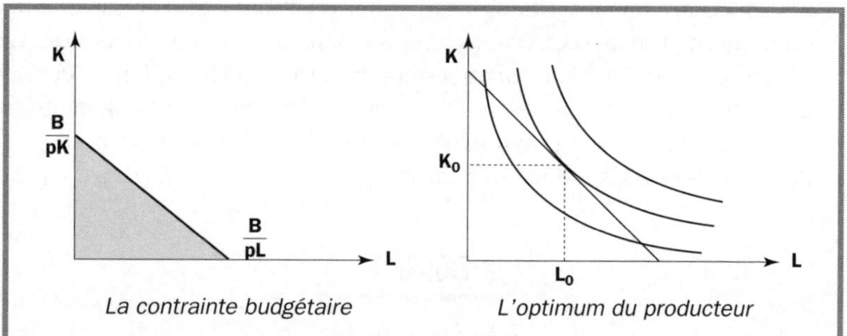

Les productivités marginales de chaque facteur étant décroissantes, l'optimum sera atteint lorsque le rapport des productivités marginales (autrement dit le TMST) sera égal au rapport des prix. On comprend par exemple que, si le prix du capital est le double du prix du travail et qu'une unité supplémentaire de travail a la même productivité qu'une unité de capital, la situation n'est pas optimale. Il faudrait utiliser plus de travail et moins de capital, ce qui ferait baisser la productivité marginale du travail et augmenter la productivité marginale du capital, et cela jusqu'à ce que la productivité marginale du capital soit le double de celle du travail et donc que le rapport des productivités marginales soit égal au rapport des prix.

A l'optimum : TMST = Prod. marg. du travail/Prod. marg. du capital = Prix du travail/Prix du capital

➡ **Modification du budget**

Lorsque l'entreprise augmente le volume de la production, elle atteint des isoquants plus élevés. La courbe qui joint les différents optimums s'appelle le « sentier d'expansion » de l'entreprise. Elle décrit comment évolue la combinaison de facteurs lorsque la production augmente. C'est une droite lorsque la combinaison de facteurs ne varie pas et une courbe lorsque l'augmentation de la production provoque la substitution d'un facteur de production à un autre.

FIGURE 11

Le sentier d'expansion

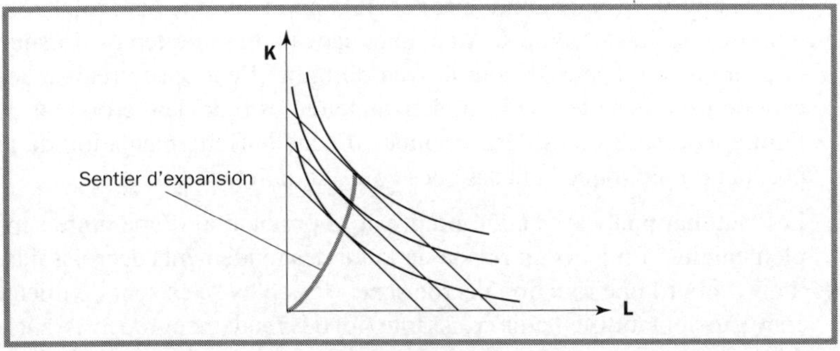

FIGURE 12

Les effets de la modification du prix d'un facteur de production

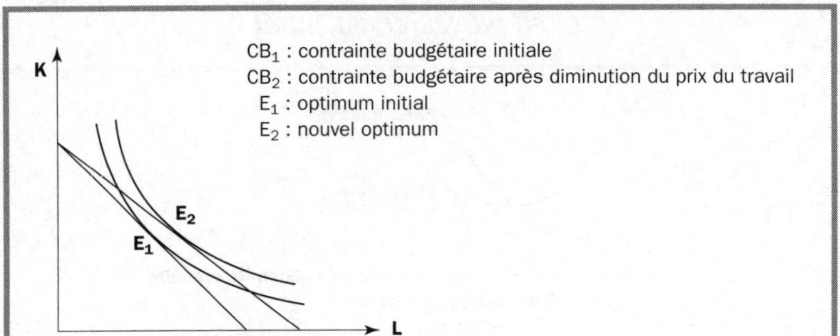

B. Les coûts et le profit en concurrence pure et parfaite

1. Les coûts du producteur

Les coûts de production sont la somme des dépenses engagées par l'entreprise pour produire.

Il est tout d'abord nécessaire de distinguer les coûts fixes des coûts variables. Les coûts fixes sont constants sur courte période : il s'agit essentiellement du coût des machines et des bâtiments. Sur longue période, la fonction de coûts fixes n'est pas continue, sa représentation graphique est dite « en escalier » car il existe des seuils à partir desquels il faut procéder à de nouveaux investissements.

Les coûts variables sont les coûts qui varient en même temps que la quantité produite ; ce sont essentiellement les salaires et le coût des consommations intermédiaires. En raison de la loi des rendements décroissants, ils augmentent de plus en plus fortement à partir d'un certain seuil.

Le coût moyen (ou coût unitaire) est le rapport entre le coût total et le nombre d'unités produites. Alors que, dans un premier temps, lorsque la quantité augmente, le coût moyen diminue (l'entreprise réalise des économies d'échelle), dans un deuxième temps il devient croissant, et l'entreprise réalise des déséconomies d'échelle (l'augmentation de la production provoque la hausse des coûts unitaires).

Le coût marginal est le coût induit par la production d'une unité supplémentaire. Toujours en raison de la loi des rendements décroissants, il est d'abord une fonction décroissante (les coûts fixes sont de mieux en mieux rentabilisés) puis croissante (loi des rendements décroissants) de la quantité produite.

FIGURE 13

Coût moyen et marginal

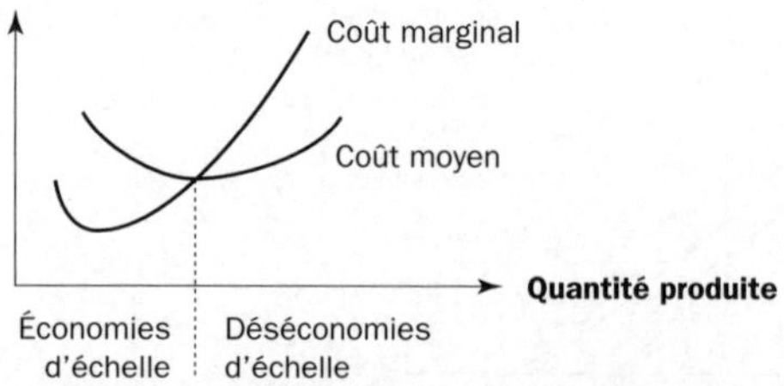

2. La maximisation du profit en situation de concurrence pure et parfaite

L'entreprise rationnelle cherche à maximiser son profit. Pour déterminer la quantité à produire qui maximise ce profit, l'entreprise compare ce que lui rapporte et ce que lui coûte chaque unité produite. Il s'agit alors de comparer le coût marginal et la recette marginale et de produire la quantité permettant d'égaliser exactement ces deux termes. Produire moins signifierait un manque à gagner et produire plus signifierait une perte.

En situation de concurrence pure et parfaite, l'entreprise est un « *price taker* » *:* le prix provient du marché. En raison de l'atomicité du marché, chaque firme ne peut agir que très marginalement sur les prix et les quantités produites. Dans ces conditions la demande à l'entreprise est infinie pour un prix donné. Elle peut être représentée par une droite horizontale : au-dessus du prix du marché les ventes sont nulles, et aucune entreprise ne vend en dessous puisque la totalité de la production peut être écoulée au prix du marché.

➡ Maximisation du profit en courte période

Dans une situation de concurrence pure et parfaite, la recette marginale de l'entreprise est égale au prix de vente puisque chaque unité vendue supplémentaire lui rapporte ce prix de vente. L'entreprise doit donc produire la quantité qui égalise le prix de vente et le coût marginal.

Au-dessus de ce point, l'entreprise a un manque à gagner ; en dessous, l'entreprise réalise une perte sur la dernière unité produite.

On peut donc affirmer qu'au-dessus d'un certain seuil la courbe d'offre (courbe qui détermine la quantité produite en fonction du prix) de l'entreprise se confond avec la courbe de coût marginal.

En dessous de l'intersection entre la courbe du coût marginal et celle du coût moyen, l'entreprise réalise des pertes ; ce point est appelé « seuil de rentabilité » ou « point mort ». Mais la perte peut être acceptée à titre temporaire car la poursuite de la production, sans couvrir le coût unitaire, permet au moins de couvrir une partie des coûts fixes tant que le prix de vente est supérieur au coût variable unitaire. En dessous de ce second seuil, appelé « seuil de fermeture », la production ne présente plus aucun intérêt.

FIGURES 14 ET 15

Fonction d'offre, profit et perte

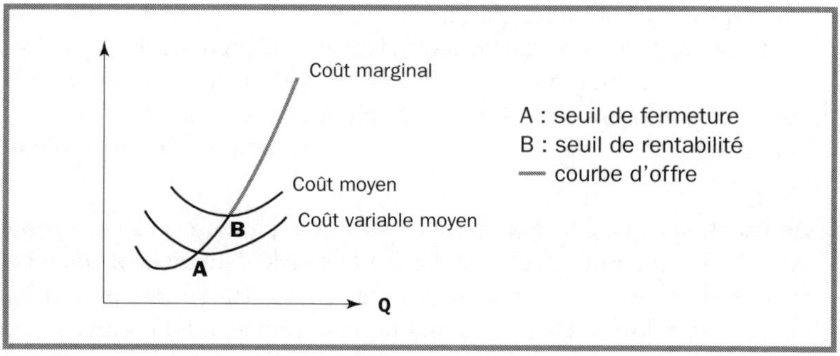

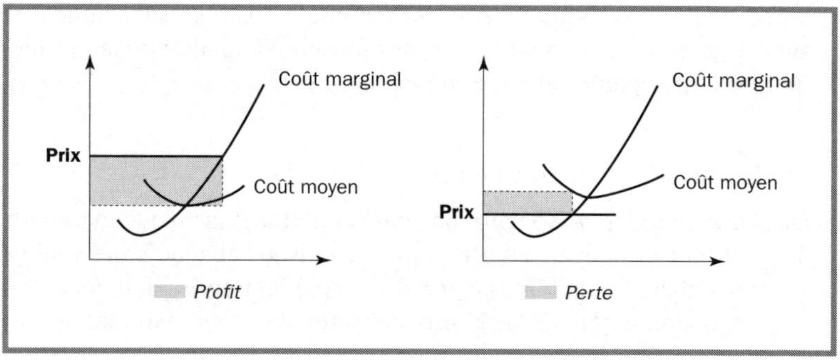

➡ La disparition du profit sur longue période

Sur longue période le profit a tendance à s'annuler : en effet, tout surprofit attire de nouveaux offreurs, ce qui modifie la courbe d'offre, fait augmenter le niveau de la production et fait baisser les prix. L'incitation à entrer sur le marché perdure tant que le prix du marché est supérieur au seuil de rentabilité. Lorsque le prix est égal au seuil de rentabilité, le profit, au sens de l'analyse microéconomique, est nul ; il s'agit ici de ce que l'on nomme parfois le surprofit car le capital continue à être rémunéré à sa productivité marginale.

FIGURE 16

Disparition du surprofit sur longue période

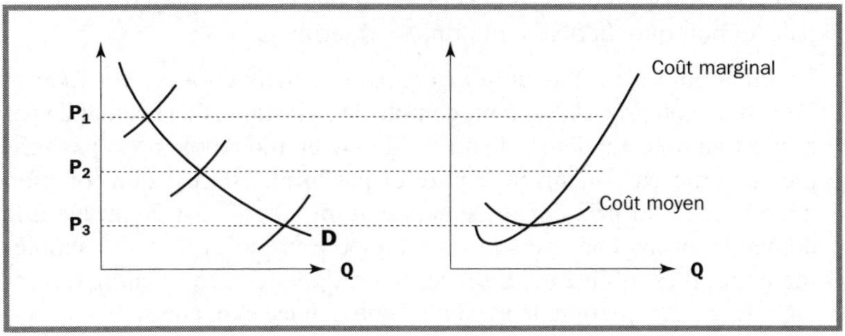

C. Autres structures de marché et autres logiques entrepreneuriales

1. Les autres structures de marché

La théorie microéconomique traditionnelle raisonne dans le cadre de la concurrence pure et parfaite. Celui-ci est en réalité un cadre idéal car cette situation existe rarement dans la réalité. Dès le début du XIXe siècle, Cournot a étudié le comportement de chacun des membres d'un duopole (seulement deux entreprises se partagent le marché), mais la théorie de la concurrence imparfaite a surtout été développée par E. H. Chamberlin dans *The Theory of Monopolistic Competition* en 1933 et, la même année, par Joan Robinson dans *The Economics of Imperfect Competition*.

➡ Le monopole

La situation opposée à celle de la concurrence est celle du monopole. La théorie économique différencie habituellement trois types de monopole : le monopole naturel, qui résulte de conditions techniques (coûts fixes élevés par exemple) qui font que des entreprises concurrentes ne seraient pas rentables ; le monopole légal, qui est protégé par des règlements administratifs ; et le monopole d'innovation, étudié par Schumpeter – ce dernier modèle est temporaire puisque l'innovation est rapidement imitée par d'autres entreprises (IBM, Polaroid ou Rank Xerox, par exemple, ont bénéficié à un moment donné d'un monopole temporaire).

Dès 1912, Pigou avait montré dans *Wealth and Welfare* que le monopole avait parfois intérêt à discriminer, c'est-à-dire à proposer des prix différents sur chacun des marchés en fonction de l'élasticité de la demande par rapport aux prix. On comprend ainsi pourquoi les entreprises automobiles proposent des prix plus faibles à l'étranger que dans leurs pays d'origine, où ils bénéficient d'une certaine préférence nationale, et pourquoi la SNCF multiplie ses tarifs.

Le monopole n'est pas un « *price taker* », mais un « *price maker* ». Pour fixer son prix, il doit tenir compte de l'élasticité de la demande par rapport au prix. La demande qui s'adresse au monopole n'est pas infinie (comme en concurrence pure et parfaite), elle est une fonction décroissante du prix car la demande au monopole est identique à la demande au marché. Lorsqu'un monopole produit une unité supplémentaire, il est obligé de diminuer le prix pour pouvoir vendre davantage. La recette marginale n'est plus une donnée exogène stable à court terme, mais une fonction décroissante de la quantité produite. Pour maximiser son profit, le monopole doit produire la quantité qui permet d'égaliser le coût marginal avec la recette marginale.

FIGURE 17

Le profit du monopole

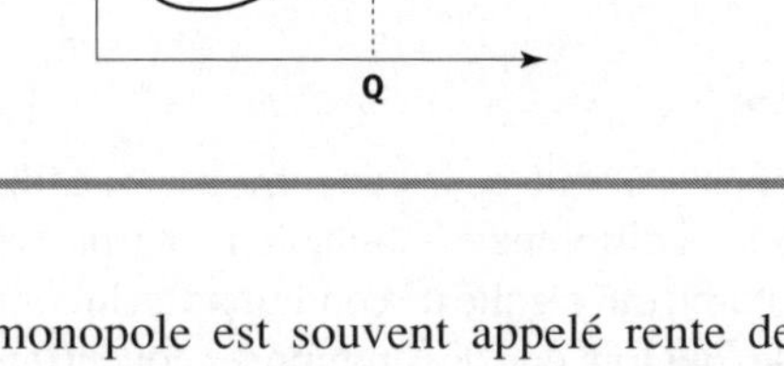

Le profit du monopole est souvent appelé rente de monopole car, contrairement à celui des entreprises en concurrence pure et parfaite, son surprofit est durable même sur longue période.

➡ La concurrence imparfaite

La concurrence imparfaite est une situation intermédiaire entre les deux idéaux types que sont le monopole et la concurrence pure et parfaite. Il existe trois principaux cas de concurrence imparfaite : d'une part, les producteurs peuvent s'entendre pour fixer les prix et la quantité produite et donc former un cartel ; ensuite, ils peuvent chercher à différencier leurs produits afin de faire croire aux consommateurs que leur produit est unique et ainsi de profiter d'un certain pouvoir de monopole ; enfin, un nombre limité d'entreprises peut offrir un même produit et donc être dans une situation oligopolistique.

Lorsque plusieurs entreprises créent un cartel, elles passent un accord entre elles afin de limiter la concurrence et de se retrouver dans la situation la plus proche possible du monopole. Les accords portent sur le prix, le niveau de la production et le partage des marchés. Les cartels durables sont rares car leur formation impose des coûts de négociation et surtout des coûts de surveillance très élevés. Chacun étant incité à tricher en vendant moins cher ou en produisant plus, une surveillance est nécessaire (un moyen de diminuer les coûts de surveillance et d'engager de nombreux « inspecteurs » à titre gratuit peut être de proposer aux consommateurs de leur rembourser la différence s'ils trouvent moins cher ailleurs). De plus, lorsque le cartel est efficace, les surprofits qu'il engendre incitent de nouvelles entreprises à entrer sur le marché. Les cartels sont donc généralement temporaires.

Comme l'a montré Chamberlin, l'entreprise qui cherche à différencier son produit veut développer une « concurrence hors prix ». Chamberlin nomme le résultat de cette différenciation qui peut porter sur des critères objectifs (couleur, esthétique, résistance…) ou subjectifs (mode, prestige de la marque…) la « concurrence monopolistique ». L'objectif est de faire croire au consommateur que le produit est unique, ce qui permet de se rapprocher d'une situation de monopole. Ce sont ces stratégies de différenciation qui incitent à faire usage de la publicité.

Dans le cas de l'oligopole, un nombre limité d'entreprises est présent sur le marché. Chaque décision de chaque firme a une influence sur les autres firmes ; elles doivent donc adopter un comportement de type stratégique. Dans le cas des duopoles, on considère que chaque entreprise peut adopter deux types de comportement. Elle peut chercher à dominer le marché ou se comporter en satellite. Dans cette seconde situation, l'entreprise considère la production de l'autre comme une donnée, alors que l'entreprise qui se comporte en maître fixe ses prix et son niveau de production en fonction de sa propre situation et de la réaction supposée de son satellite. À partir de là, trois cas sont possibles : celui étudié par Cournot, où les deux entreprises acceptent de considérer la production de l'autre comme une donnée (il y a alors double dépendance) ; celui étudié par Stackelberg, où une entreprise domine et l'autre accepte de se comporter en satellite ; et le cas étudié par Bowley, où les deux entreprises cherchent à dominer. Dans cette dernière situation conflictuelle l'augmentation de la production provoque une baisse des prix qui devient vite insupportable ; l'issue est soit la collusion (cartel), soit l'absorption d'une entreprise par l'autre, soit l'acceptation d'une des deux entreprises de se comporter en satellite.

Pour finir, il est nécessaire de souligner que William Baumol, J. C. Panzar et R. D. Willig ont montré dans *Contestable Markets and the Theory of Industry Structure* (1982) que le comportement de l'entreprise ne résulte pas seulement de la structure du marché ; des firmes en situation de monopole peuvent adopter un comportement de concurrence pure et parfaite en abandonnant volontairement leur surprofit. Tout dépend du degré de contestabilité des marchés. Sur les marchés peu contestables, pour lesquels la production exige des dépenses importantes en coûts fixes non recouvrables, les entreprises se comportent en monopole. Mais sur les marchés contestables sur lesquels les coûts fixes sont faibles, une entreprise en situation de monopole aura intérêt à se comporter comme en situation de concurrence et d'abandonner son surprofit afin de dissuader d'autres firmes d'entrer sur le marché et de la concurrencer.

2. Les autres logiques entrepreneuriales

Pour les auteurs néoclassiques, le chef d'entreprise est avant tout motivé par la recherche du profit qu'il obtient en combinant les facteurs de production. Cette recherche du gain se trouvait déjà chez Smith dans son fameux principe de la « main invisible ». Pour compléter ou même nuancer cette analyse, il peut être intéressant d'effectuer une incursion dans d'autres théories.

Le profit n'est pas toujours la motivation de l'entrepreneur. La propriété des grandes entreprises est de plus en plus morcelée. Selon John Kenneth Galbraith, dans *Le Nouvel État industriel*, « un divorce est survenu entre la propriété du capital et la direction effective de l'entreprise ». Dans les années 60, la compétence des managers est entrée en concurrence avec le droit de propriété, et il semble que les grandes entreprises soient en réalité dirigées par un ensemble de responsables qui, selon Galbraith, « englobe tous ceux qui apportent des connaissances spécialisées, du talent, ou de l'expérience aux groupes de prise de décision ». Galbraith nomme « technostructure » cet ensemble d'individus qui détient une grande partie du pouvoir dans l'entreprise. Le pouvoir changeant de mains, les mobiles sont différents. Ainsi, le profit n'est souvent plus le but de l'entreprise mais seulement le moyen de ne pas déclencher une désaffection des actionnaires qui créerait une crise financière, et de pouvoir être en mesure d'opérer, si besoin est, des augmentations de capital. La technostructure œuvre pour l'intérêt supposé de l'entreprise et non des propriétaires ; le mobile est, le plus souvent, l'augmentation de la taille de celle-ci. Les grandes firmes ont donc tendance à devenir de plus en plus grandes.

Dans la lignée de Galbraith, Alfred Chandler, dans sont livre *Scale and Scope* (1990), considère que le capitalisme américain est un capitalisme managérial au sein duquel les directeurs ont remplacé les entrepreneurs. Ces nouveaux managers se soucient essentiellement de l'investissement stratégique et donc du long terme.

Le profit n'est pas non plus la motivation principale de nombreux entrepreneurs individuels (commerçants, artisans, exploitants agricoles…) qui cherchent avant tout à assurer la survie de leur entreprise. Les revenus que celle-ci rapporte sont davantage considérés comme la récompense d'un travail que comme un profit capitaliste.

III. L'équilibre de marché

Les auteurs néoclassiques ont cherché à démontrer que le libre fonctionnement du marché permettait l'équilibre général de l'économie et l'optimum, c'est-à-dire la satisfaction maximale pour tous.

A. L'équilibre général

Le premier à avoir démontré l'impossibilité d'un déséquilibre durable entre l'offre et la demande est Say, qui affirme que « l'offre crée sa propre demande ». En effet, la production, lorsqu'elle est vendue, se transforme en revenus qui servent à acheter la production.

« Les produits s'échangent contre les produits » et la demande est forcément égale à l'offre.

1. L'équilibre général walrasien

Walras généralise la théorie de Say à l'ensemble des marchés : l'économie est composée de trois marchés principaux, qui sont le marché des biens et des services, le marché du travail et le marché du capital. Sur chacun de ces marchés agrégés se confrontent une offre globale et une demande globale ; ainsi, sur le marché des biens et des services, l'offre globale est obtenue en additionnant les offres de chacune des entreprises, et la demande globale en additionnant les demandes de chacun des consommateurs. Chaque marché est régulé par un prix qui est parfaitement flexible (le prix du travail est le salaire, et le prix du capital est le taux d'intérêt). L'offre est une fonction croissante du prix, alors que la demande en est une fonction décroissante.

Le tâtonnement walrassien permet d'assurer constamment l'équilibre. En effet, tout se passe, selon Walras, comme si un commissaire-priseur était présent sur chaque marché. Celui-ci, par un processus de tâtonnement, augmente (lorsque l'offre est inférieure à la demande) ou diminue (lorsque l'offre est supérieure à la demande) les prix jusqu'à ce que l'offre soit égale à la demande. Cette autorégulation par les prix se réalise sur tous les marchés interdépendants. C'est l'équilibre général : toute la production offerte au prix du marché est achetée, l'économie est en plein-emploi car tous ceux qui voulaient travailler au salaire du marché sont embauchés, et toute l'épargne est investie.

➡ Déplacement sur la courbe et déplacement de la courbe

Tout choc qui modifie l'offre ou la demande provoque un ajustement des prix qui assure ainsi un retour à l'équilibre. Il faut distinguer les déplacements de la courbe des déplacements sur la courbe. Les déplacements sur la courbe (les fonctions d'offre et de demande demeurent inchangées) ne se produisent qu'à un nombre de demandeurs ou d'offreurs donné ; il s'agit par exemple du nombre d'heures de travail qu'offre une population active donnée. Mais la plupart du temps, la variation des prix provoque l'arrivée de nouveaux offreurs ou demandeurs sur le marché ou le départ de certains d'entre eux du marché ; dans ce cas, les fonctions de demande et d'offre sont modifiées et c'est toute la courbe (elle résulte de l'agrégation des offres et des demandes individuelles) qui se déplace. Les modifications d'offre et de demande peuvent aussi être dues à des causes autres que les mouvements de prix (augmentation du nombre d'habitants, innovation qui permet de diminuer le coût marginal…).

FIGURE 18

Le déplacement de la courbe

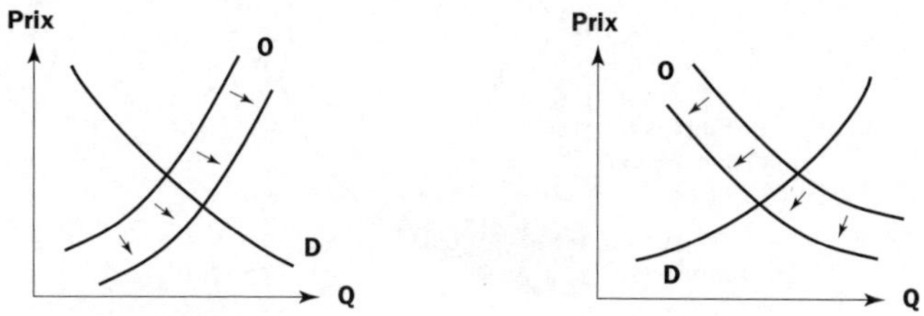

Augmentation du nombre d'offreurs — *Diminution du nombre de demandeurs*

➡ La loi de King

En 1696, Gregory King (1648-1712) remarque qu'un déficit de la récolte de blé provoque un accroissement plus que proportionnel du prix de ce produit ; par exemple, une baisse de la production de blé de 20 % suscite une augmentation de son prix de 80 %. Plus tard, le même phénomène sera observé lors des surproductions de produits agricoles : une surproduction limitée provoque un effondrement des prix. Ces faits s'expliquent par la faiblesse de l'élasticité de la demande de produits agricoles par rapport au prix : la hausse du prix provenant d'une baisse de la production est cumulative car elle n'entraîne pas une baisse proportionnelle de la demande.

2. Surplus du consommateur et du producteur

Marshall a mis en évidence le surplus du consommateur : au prix d'équilibre, les demandeurs qui effectuent la transaction (c'est-à-dire ceux qui achètent) sont tous ceux qui avaient proposé un prix égal ou supérieur au prix d'équilibre. De nombreux demandeurs se retrouvent donc avec un surplus car ils peuvent disposer de produits à prix plus bas que ce qu'ils étaient prêts à payer (et donc de l'utilité que ces produits leur procurent). Inversement les offreurs qui ont proposé des prix plus faibles que le prix d'équilibre se retrouvent avec un surplus du producteur qui est égal à la différence entre le prix d'équilibre et le prix qu'ils avaient posé au départ.

FIGURE 19

Surplus du consommateur et du producteur

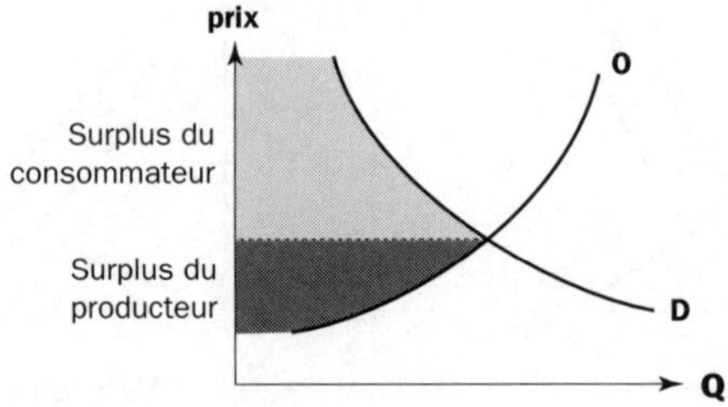

B. L'optimum de Pareto

La notion d'optimum économique a été définie par Pareto. Une situation économique est optimale au sens de Pareto lorsque l'on ne peut pas améliorer la satisfaction d'un individu sans détériorer celle d'au moins un autre individu dans une proportion égale ou supérieure.

On comprend que, pour parvenir à cet optimum, il faut que les facteurs de production soient utilisés de façon optimale et donc que les taux marginaux de substitution technique soient identiques pour toutes les entreprises. S'ils ne le sont pas, cela signifie que dans une situation donnée deux entreprises pourraient augmenter leur production en s'échangeant des facteurs de production ; on ne serait pas alors dans une situation optimale. Il faut aussi que les biens soient répartis de façon optimale entre les ménages et donc que les TMS de deux biens quelconques soient identiques pour tous les ménages (sinon, il existe une opportunité d'échange inexploitée). Il faut enfin une répartition optimale de la production globale entre les biens : le TMT (taux marginal de transformation), qui est égal à la quantité d'un produit que la collectivité doit sacrifier pour produire un autre produit (par exemple, si l'on veut produire une table en plus, il faut produire trois chaises en moins) soit identique pour deux produits quelconques au TMS. Si, dans l'exemple précédent, un consommateur est prêt à échanger deux chaises contre une table, on peut affirmer que la situation n'est pas optimale ; il faudrait produire plus de chaises pour atteindre l'optimum.

Seul le marché en situation de concurrence pure et parfaite offre un optimum au sens de Pareto. Mais le marché est dans certains cas inefficient, et l'intervention de l'État peut se révéler nécessaire.

C. Inefficience du marché et théorie du bien-être

Il y a trois cas principaux dans lesquels la théorie microéconomique traditionnelle reconnaît l'inefficience du marché : le monopole, les biens collectifs et les externalités.

1. Inefficiences concernant des activités particulières

La situation de monopole, si elle avantage l'entreprise, est contraire à l'intérêt général. Effectivement le monopole fixe des prix plus élevés et un niveau de production plus faible que ceux qui résulteraient du marché. L'État doit donc intervenir, soit pour interdire le monopole (c'est par exemple le cas des lois antitrust aux États-Unis), soit, si les conditions techniques du marché rendent nécessaire un monopole, en le nationalisant, soit en imposant une tarification au coût marginal. Les nationalisations ne sont donc pas contraires à la théorie traditionnelle, mais elles doivent être limitées aux secteurs non concurrentiels. L'école néolibérale des choix publics s'oppose sur ce point à la théorie traditionnelle et considère que la nationalisation n'est jamais légitime.

L'État doit aussi prendre en charge les activités produisant des biens collectifs (appelés aussi biens publics). Un bien collectif (défense nationale ou phare par exemple) est un bien indivisible dont le coût de production n'augmente pas à chaque consommation supplémentaire. Alors qu'un bien privé ne satisfait les besoins que d'un seul individu, un bien collectif a pour vocation de répondre aux besoins, exprimés ou non, d'un maximum de personnes. Lorsqu'il n'est pas possible d'exclure les utilisateurs qui ne paient pas (phare, défense nationale…), les individus sont tentés d'adopter un comportement de passager clandestin (du concept de *free rider*, développé par l'un des fondateurs de la théorie des choix publics, Buchanan) et donc de profiter du bien public sans contribuer à son financement. C'est à l'État de se charger de la production de ce type de biens et de contraindre tous les individus à contribuer au financement grâce à l'impôt.

2. L'économie du bien-être de Pigou

La théorie du bien-être a été élaborée par Pigou dans *Wealth and Welfare* (1912) et dans *The Economics of Welfare* (1920). Quoique néoclassique, Pigou légitime une certaine intervention de l'État. Ses développements les plus célèbres et les plus acceptés par l'ensemble du courant libéral concernent les effets externes, mais nous verrons que Pigou préconise certaines autres interventions étatiques.

➡ L'État doit internaliser les effets externes

L'État doit prendre en charge les externalités. Un effet externe est une répercussion de l'activité d'un agent économique sur d'autres agents qui ne donne pas lieu à une compensation monétaire. Certaines externalités sont positives (implantation d'une usine qui profite aux commerçants locaux par exemple), mais la plupart des externalités sont négatives (pollution, épuisement des ressources naturelles, coûts sociaux et médicaux d'un travail éprouvant…). Ces externalités ne peuvent être prises en compte par le marché, et éloignent donc l'économie de l'optimum au sens de Pareto.

Prenons l'exemple des effets externes négatifs : l'entreprise rationnelle égalise sa recette marginale avec son coût marginal, mais elle ne tient pas compte des effets externes négatifs engendrés par son activité (pollution par exemple) ; son coût marginal privé est plus faible que le coût marginal réel, que Pigou nomme coût marginal social, et qui englobe le coût marginal de l'entreprise, mais aussi les coûts additionnels supportés par l'entourage.

FIGURE 20

Effets externes négatifs

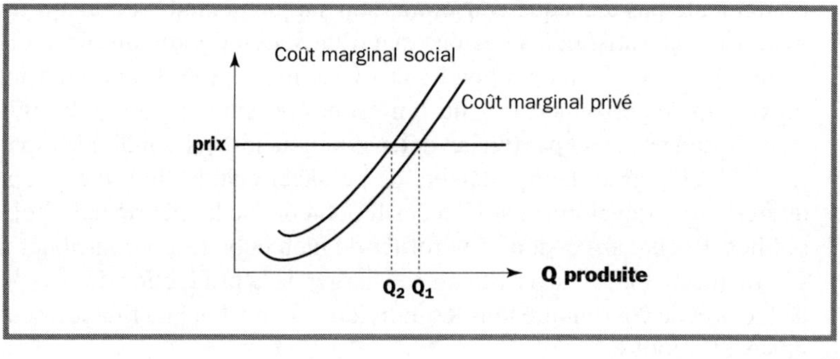

Ne tenant compte que du coût marginal privé, l'entreprise produit une quantité Q_1 qui est trop élevée par rapport à l'optimum. La quantité optimale (au sens de Pareto) est la quantité Q_2. On se rend compte que les effets externes négatifs conduisent à une surproduction. L'État doit donc internaliser l'effet externe grâce à l'impôt. Cette imposition va faire augmenter le coût marginal privé de l'entreprise qui deviendra égal au coût marginal social ; l'optimum sera ainsi respecté. L'État utilise la somme prélevée pour dédommager les victimes des effets externes négatifs (pollution par exemple).

L'État doit aussi internaliser les effets externes positifs. Prenons le cas d'un parc d'attractions qui attire des touristes dont profitent les commerçants d'une commune. Sans intervention des pouvoirs publics, le parc d'attraction égalise sa recette marginale avec son coût marginal privé. En réalité, l'avantage social marginal (ou produit social marginal) est bien plus important que la seule recette marginale privée (ou produit privé). Donc, sans intervention des pouvoirs publics, la production est trop faible par rapport à l'optimum au sens de Pareto. Cette fois-ci, l'autorité publique doit subventionner l'entreprise de façon à augmenter ses recettes pour égaliser la recette marginale privée et l'avantage marginal social. Les subventions de l'État sont financées par l'imposition des commerçants qui bénéficient de l'effet externe.

FIGURE 21

Effets externes positifs

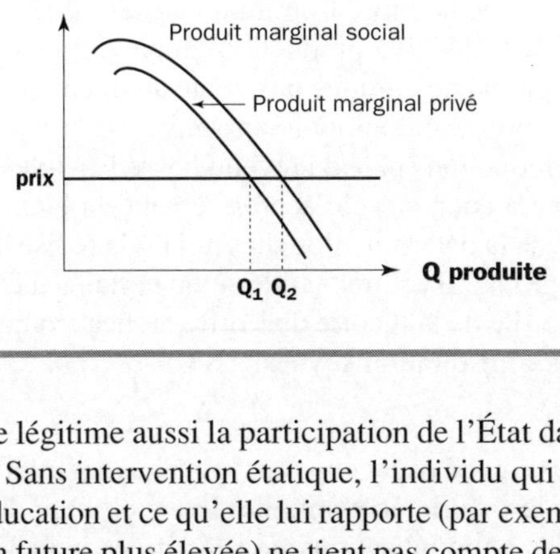

Cette analyse légitime aussi la participation de l'État dans les dépenses d'éducation. Sans intervention étatique, l'individu qui compare ce que lui coûte l'éducation et ce qu'elle lui rapporte (par exemple en terme de rémunération future plus élevée) ne tient pas compte de l'effet externe : son éducation, par effet de réseau, profitera à toute la collectivité. Pour atteindre l'optimum au sens de Pareto, il est nécessaire que l'État subventionne l'éducation. En effet, si l'on considère que le prix d'une unité d'éducation est constant pour l'individu et que le produit marginal est décroissant (les premières unités d'éducation rapportent davantage à l'individu en terme de rémunération future que les suivantes), seule la subvention par l'État permet d'atteindre l'optimum.

Pour conclure, sans intervention étatique, les effets externes négatifs conduisent à une surproduction par rapport à l'optimum de Pareto et les effets externes positifs à une sous-production. Pour se rapprocher d'une situation optimale, l'État doit donc imposer les effets externes négatifs et subventionner les effets externes positifs.

➡ Les autres motifs de l'intervention publique selon Pigou

Pigou considère que les individus ont tendance à privilégier le présent sur le futur. Le taux d'intérêt devrait compenser cette préférence, mais la capacité de prévision des agents économiques est souvent faussée ou insuffisante. Pour cette raison, ils ont tendance à ne pas épargner assez, ce qui est préjudiciable à la croissance et donc à l'intérêt de tous. L'État, meilleur juge que les agents économiques, doit dès lors inciter les individus à épargner pour favoriser la croissance.

Le bien-être dépend aussi de la répartition des revenus. Pigou considère qu'une unité monétaire apporte plus de satisfaction à un pauvre qu'à un riche (utilité marginale décroissante de la monnaie). La redistribution est donc légitime et améliore l'optimum au sens de Pareto tant qu'elle n'est pas préjudiciable à la production globale. Pigou affirme : « Tant que le revenu global ne diminue pas, toute augmentation, dans un large éventail, du revenu réel dont jouissent les classes les plus pauvres, aux dépens d'une réduction égale du revenu possédé par les classes les plus riches, entraîne à coup sûr, un accroissement du bien-être. » La difficulté réside dans la détermination du seuil où la redistribution fait baisser le revenu global. Il est très faible selon certains théoriciens comme Laffer, chef de file de la théorie de l'offre, et beaucoup plus élevé pour les théoriciens d'inspiration keynésienne.

L'État est souvent allé beaucoup plus loin dans ses interventions que ne le préconisait la théorie économique. Il a multiplié, durant les Trente Glorieuses, des nationalisations non justifiées pour la théorie et des réglementations qui nuisent au libre fonctionnement du marché. De même, il a souvent fixé des prix planchers (salaire minimal par exemple) ou des prix plafonds (pain, carburant…) qui créent des déséquilibres et éloignent l'économie de l'optimum selon la théorie néoclassique. En effet, la fixation d'un prix plancher risque d'entraîner un excès d'offre et celle d'un prix plafond un excès de demande.

FIGURE 22

Les effets pervers de l'intervention de l'État sur les prix

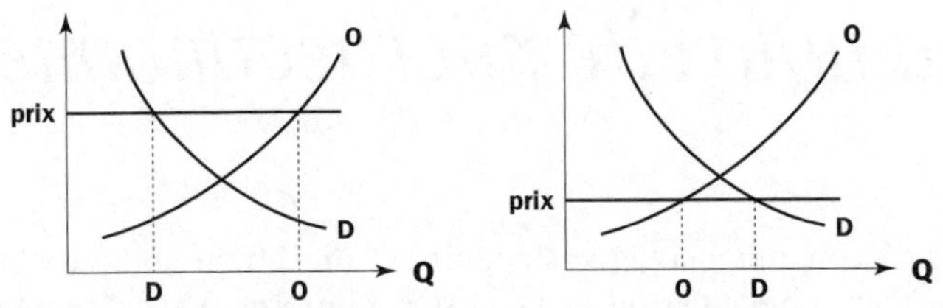

Déséquilibre (O > D) dû à un prix plancher supérieur au prix d'équilibre

Déséquilibre (D > O) dû à un prix plafond supérieur au prix d'équilibre

La microéconomie classique a connu de nombreuses mises en cause plus ou moins globales. Keynes a ainsi voulu démontrer que les marchés ne sont pas toujours efficients, que le chômage peut être volontaire et que l'intervention de l'État au-delà des cas prévus par la microéconomie classique peut être nécessaire. Dans le chapitre suivant nous présenterons la nouvelle microéconomie, qui revient sur certaines hypothèses fondamentales comme la perfection de l'information (transparence du marché) ou la totale rationalité des agents économiques.

Chapitre II

La nouvelle microéconomie

La microéconomie classique s'appuie sur un certain nombre d'hypothèses qui semblent parfois peu réalistes. L'information est censée être parfaite, les transactions n'ont pas de coût et des individus rationnels prennent des décisions à caractère non stratégique. Ces différentes hypothèses sont progressivement mises en cause par ce que l'on appelle généralement la nouvelle microéconomie. Nous verrons tout d'abord que la théorie des jeux considère que les individus adoptent des comportements stratégiques, puis que l'asymétrie de l'information modifie les règles d'échange.

I. La théorie des jeux

Le marché n'est pas totalement atomistique, les individus et les entreprises ont donc des relations d'interdépendance et ils exercent un certain pouvoir sur le marché. Les individus adoptent alors des comportements stratégiques. La théorie des jeux étudie la prise de décision et les effets de ces comportements stratégiques. Cette théorie est assez ancienne car elle a été introduite par Johannes von Neumann et Oskar Morgenstern en 1944 dans *Theory of Games and Economic Behavior (Théorie des jeux et du comportement économique)*. Mais c'est surtout à partir des années 80 qu'elle a connu les développements les plus importants. La théorie des jeux montre comment des individus rationnels maximisent leur satisfaction dans le cadre de stratégies.

On distingue les jeux coopératifs, dans lesquels les agents économiques se concertent, des jeux non coopératifs, dans lesquels les individus prennent leurs décisions seuls en essayant de maximiser leurs gains propres. C'est essentiellement ce dernier type de comportement qu'étudie la théorie des jeux. L'étude de ce second cas montre que des individus rationnels qui prennent des décisions sans concertation parviennent généralement à des résultats non optimaux au sens de Pareto.

A. Théorie des jeux et situation sous-optimale

1. Le dilemme du prisonnier

L'exemple le plus connu de la théorie des jeux est celui du « dilemme du prisonnier ». Deux individus suspectés d'avoir commis un vol sont interrogés séparément. Chaque prisonnier se déclare non coupable, mais il peut accuser ou pas son partenaire. Si les deux prisonniers s'accusent mutuellement, ils sont condamnés à une peine légère. Si aucun des deux n'accuse l'autre, ils sont libérés et peuvent se partager le butin. Si l'un accuse et l'autre non, le prisonnier accusé, portant entièrement la responsabilité du crime, est condamné à une peine lourde, tandis que l'autre est libéré et garde l'ensemble du butin.

FIGURE 1

Matrice des gains du dilemme du prisonnier

		Prisonnier B	
		Accuse	**N'accuse pas**
Prisonnier A	**Accuse**	– / –	+ + / – –
	N'accuse pas	– – / + +	+ / +

Le gain de gauche concerne le prisonnier A et le gain de droite le prisonnier B.

La stratégie consistant à dénoncer l'autre est une « stratégie dominante » car, quelle que soit la stratégie de l'autre prisonnier (accuse ou pas), c'est cette stratégie qui apporte les gains les plus élevés. La stratégie qui consiste à ne pas accuser l'autre prisonnier est une « stratégie dominée ». Les prisonniers vont donc se dénoncer mutuellement et ils seront condamnés à une peine légère. Leur comportement quoique rationnel est sous-optimal car la stratégie consistant à ne pas s'accuser est certainement la meilleure. Ce jeu met en cause la « main invisible » de Smith et la théorie de l'optimum de Pareto. La recherche de l'intérêt individuel ne permet pas toujours d'atteindre l'optimum collectif.

Le dilemme du prisonnier peut être appliqué à l'économie et permet de comprendre pourquoi certaines stratégies semblent contraires à l'intérêt général. Prenons deux exemples : celui d'un duopole dans le cadre d'un marché, et celui du choix de la politique commerciale entre libre-échange et protectionnisme.

2. Le dilemme du duopole

Deux entreprises se partagent le marché. La théorie microéconomique nous apprend que les prix dépendent du niveau de la production. Pour écouler une production plus importante, les entreprises doivent baisser les prix, ce qui érode les profits. Considérons que chaque entreprise doive choisir entre un niveau élevé et un niveau faible de production et que chacune prenne sa décision sans coopération avec l'autre.

FIGURE 2

Matrice des gains du dilemme du duopole

		Entreprise B	
		Prod. faible	**Prod. forte**
Entreprise A	**Prod. faible**	**10 / 10**	**2 / 12**
	Prod. forte	**12 / 2**	**5 / 5**

Le nombre de gauche concerne le profit attendu de l'entreprise A et celui de droite celui de l'entreprise B.

La stratégie « production forte » est une stratégie dominante car, quel que soit le choix de B (production forte ou production faible), A a intérêt à opter pour une production forte, et il en va de même pour B. Les deux firmes choisissant une production forte, leur profit respectif est de 5, ce qui est une solution sous-optimale. Seule une entente leur permettrait de maximiser leur profit et d'atteindre ainsi un optimum au sens de Pareto.

3. Le dilemme de la politique commerciale

Le discours dominant est favorable au libre-échange, mais de nombreux pays optent pour un protectionnisme modéré, souvent déguisé. La théorie des jeux permet d'éclairer ce phénomène.

Prenons l'exemple de deux pays (on pourrait aussi prendre l'exemple d'un pays et du reste du monde). L'avantage maximal serait que les deux pays adoptent une politique libre-échangiste, mais chacun d'eux est tenté d'adopter une politique commerciale protectionniste.

FIGURE 3

La matrice des gains de la politique commerciale

Pays B

Pays A	Protection	Libre-échange
Protection	**0 / 0**	**+ + / –**
Libre-échange	**– / + +**	**+ / +**

Le gain de gauche concerne le pays A et le gain de droite le pays B.

Ici encore, le libre-échange, quoique globalement plus favorable, est une stratégie dominée, qui n'a donc pas de raison d'être choisie en l'absence de concertation internationale.

Les exemples de jeux économiques non coopératifs menant à une solution sous-optimale sont nombreux (on pourrait aussi prendre l'exemple des politiques de relance ou d'austérité : le pire choix étant de mener une politique de relance quand les partenaires mènent une politique d'austérité [cas de la France en 1981], et le meilleur choix global [mais impossible en cas de non-concertation] étant la politique de relance conjointe). Seules la concertation et la coopération permettent d'atteindre l'optimum.

B. L'équilibre de Nash

Il arrive qu'il n'existe pas de stratégie dominée. Dans ce cas, la meilleure solution, celle qui ne laisse aucun regret, est appelée, du nom de celui qui l'a définie en 1951, « **équilibre de Nash** ». Il s'agit de la combinaison de stratégies optimales ; elle consiste dans la meilleure solution que chaque joueur aurait donnée s'il avait connu la réponse de l'autre joueur.

FIGURE 4

Exemple d'équilibre de Nash

Joueur A \ Joueur B	**Réponse a**	**Réponse b**	**Réponse c**
Réponse a	**2 / 3**	**1 / 4**	**1 / 2**
Réponse b	**1 / 2**	**0 / 1**	**3 / 4**
Réponse c	**1 / 3**	**2 / 1**	**2 / 2**

Si le joueur B donne la réponse a, le meilleur choix du joueur A est aussi la réponse a ; si le joueur B donne la réponse b, le meilleur choix du joueur A est la réponse c ; et pour la réponse c du joueur B, le joueur A devra choisir la réponse b. Chaque chiffre souligné montre le meilleur gain de chaque joueur, sachant la réponse de l'autre joueur.

L'équilibre de Nash correspond à l'intersection des ensembles des meilleures réponses des joueurs. Dans notre exemple, le couple (réponse b, réponse c) est l'équilibre de Nash car c'est la seule solution qui maximise les gains de chaque joueur en fonction de la réponse de l'autre joueur. Ici, le jeu n'admet qu'un équilibre de Nash, mais certains jeux en admettent de nombreux.

Il est à noter que ce concept d'équilibre de Nash, qui correspond à une situation optimale dans la théorie des jeux, n'a pas pour objet de montrer comment l'équilibre est atteint ; il n'existe pas de mécanismes qui permettent de l'atteindre.

Il existe des cas où l'équilibre de Nash n'existe pas ; chaque joueur dispose de meilleures réponses sachant la réponse de l'autre joueur, mais il n'y a pas d'intersection possible.

D'autres jeux acceptent plusieurs équilibres de Nash. Imaginons que chaque joueur doive donner un chiffre compris entre 1 et 10 et les deux joueurs gagnent à chaque fois qu'ils ont choisi le même nombre ; dans ce cas, on peut mettre en évidence un équilibre de Nash par nombre, c'est-à-dire dix équilibres.

Lorsque l'équilibre de Nash existe, il n'est pas forcément recherché. La théorie des jeux postule que les individus sont rationnels et qu'ils cherchent à maximiser leurs gains ; il n'en est pas moins vrai qu'ils peuvent en partie être conditionnés par une histoire ou une culture particulières. Des salariés ne choisiront pas d'être transigeants ou intransigeants uniquement en fonction des gains attendus, mais aussi en fonction de leur degré de combativité et de leur culture syndicale. D'autre part, la quête du consensus peut amener à rechercher un équilibre offrant des gains plus faibles, mais ayant plus de chance d'être adopté par les deux parties.

Nous n'avons examiné que les jeux statiques avec une seule séquence de réponses. Mais la théorie des jeux étudie aussi les interactions entre les individus sous forme de jeux séquentiels. Notre principal objectif était de montrer que des décisions prises sans concertation sont souvent sous-optimales. La théorie des jeux offre un éclairage intéressant pour tous les comportements de type stratégique, qu'ils soient conflictuels ou pas, qu'ils concernent les entreprises, les ménages ou même les États.

II. L'information asymétrique

Une des conditions de la concurrence pure et parfaite est la transparence du marché, à savoir l'information complète et gratuite pour tous les agents économiques. La nouvelle microéconomie met au contraire l'accent sur l'imperfection de l'information et traite surtout du cas particulier de l'information asymétrique, c'est-à-dire lorsqu'un seul des deux agents se livrant à la transaction dispose d'une information complète. On étudie ici l'opportunisme des agents et leur volonté de tricher.

La théorie microéconomique étudie essentiellement deux cas d'information asymétrique : tout d'abord la sélection adverse (appelée aussi antisélection), où la concurrence est perturbée par le fait que seule une partie connaisse effectivement la valeur du bien ; ensuite, l'aléa moral, qui est une situation dans laquelle l'agent non informé ne peut pas contrôler l'action de son partenaire ou bien n'a pas les moyens d'en évaluer l'opportunité.

A. Le problème de la sélection adverse

Généralement le prix est un signal de la qualité. Si l'information est asymétrique, il peut ne plus jouer ce signal, ce qui crée des dysfonctionnements. On parle de sélection adverse pour montrer que l'agent victime du manque d'information risque de sélectionner uniquement les mauvais produits. Nous reprendrons les deux principales études qui ont permis de fonder ce concept de sélection adverse.

1. L'exemple des automobiles d'occasion

Dans un article paru en 1970, Akerlof étudie le marché du véhicule d'occasion. Il est presque impossible pour un acheteur de savoir si le véhicule en vente est fiable ou s'il s'agit d'un « citron » (le mot *lemon* désigne aux États-Unis les voitures de mauvaise qualité). Akerlof suppose que le vendeur a au contraire les moyens de connaître la qualité réelle des automobiles qu'il vend.

Le consommateur mal informé, mais néanmoins rationnel, veut acheter son véhicule à un prix plus bas pour compenser sa probabilité de tomber sur un « citron ». Mais à ce prix, les vendeurs hésitent à vendre leurs bons véhicules (qui ont une valeur supérieure) et proposent surtout de mauvais véhicules. La probabilité d'acheter une mauvaise voiture augmente donc, et les acheteurs exigent de nouvelles baisses de prix. Progressivement les mauvais véhicules envahissent le marché, et les exigences de baisse de prix des consommateurs ont pour conséquence de faire totalement disparaître les bonnes voitures du marché. Le phénomène peut se poursuivre jusqu'à l'arrêt de tout échange lorsque la probabilité d'obtenir un très mauvais véhicule, voire un véhicule dangereux, devient très forte.

La sélection adverse a donc tendance à chasser les bons produits du marché (seuls les mauvais produits sont sélectionnés) et peut même faire disparaître le marché. Pour enrayer cette sélection adverse, les entreprises peuvent proposer des prix largement supérieurs à ceux du marché afin de se démarquer.

2. L'exemple des entreprises d'assurance

En 1976, R. Rothschild et J. Stiglitz écrivirent un article concernant les effets de l'information asymétrique dans le monde des assurances. Certains assurés sont à haut risque alors que d'autres ont une probabilité plus faible de subir le risque. L'étude prend comme hypothèse que les assurés connaissent leur potentiel de risque, mais pas les assureurs.

L'entreprise d'assurance, ne pouvant trier les « bons » assurés des « mauvais », est obligée de fixer une prime largement supérieure à celle qui suffirait pour couvrir les risques des « bons » agents. Cette prime satisfait les agents à hauts risques, mais risque de faire fuir les agents à bas risques qui, à ce prix, préfèrent ne pas être assurés. Progressivement, l'entreprise d'assurance ne sélectionne donc que les assurés à moyen et à haut risque, ce qui la conduit à augmenter encore plus les primes ; celles-ci feront alors fuir les assurés à moyen risque, ce phénomène pouvant se poursuivre jusqu'à la faillite de l'entreprise.

Rothschild et Stiglitz ont montré que le moyen de conserver les bons clients est d'effectuer une discrimination. Effectivement, ce qui distingue l'activité d'assurance de celle de la vente de véhicules d'occasion est que les contrats d'assurance fixent deux prix : une prime d'assurance et une franchise en cas de réalisation du risque. Il est alors possible d'offrir des contrats avec des primes d'assurance assez faibles, mais une franchise assez élevée, et d'autres contrats avec, au contraire, des primes assez fortes et des franchises faibles. Les agents à risque faible opteront automatiquement pour les premiers alors que les agents à risque élevé opteront pour les seconds.

Cette solution a l'intérêt de ne pas exclure les « bons agents », mais ces derniers sont tout de même perdants car ils mériteraient une prime faible et une franchise faible. La sélection adverse induite par l'information asymétrique montre que les perdants sont toujours les « bons » produits et les « bons » agents.

B. Le problème de l'aléa moral

Dans de nombreux cas, il est impossible ou difficile de contrôler si un partenaire respecte son contrat. Le problème de l'aléa moral se rencontre dans deux cas principaux : soit le « principal » (le mandant) ne peut pas contrôler l'action de l'« agent » (le mandé), qui peut en profiter pour « tirer au flanc », soit le principal peut observer l'action, mais n'a pas la possibilité d'en juger l'opportunité. Les modèles d'aléa moral sont aussi appelés modèles principal/agent. Ils montrent que le seul moyen de modérer les coûts de surveillance est d'alourdir la sanction.

1. Le modèle du « tire-au-flanc »

Le modèle du « tire-au-flanc » peut s'appliquer à de nombreux domaines : par exemple, les dirigeants d'une entreprise peuvent être accusés de « tirer au flanc » par les actionnaires si ces derniers ne sont pas absolument sûrs qu'ils mettent tout en œuvre pour maximiser les dividendes. Mais le modèle du « tire-au-flanc » est surtout utilisé dans le domaine du marché du travail. Les chefs d'entreprise n'ont pas toujours les moyens de vérifier que les salariés ne flânent pas. Il est bien sûr possible d'augmenter les contrôles et la surveillance, mais cela a des coûts considérables.

Pour inciter l'agent à ne pas « tirer au flanc », il reste la possibilité de lui offrir des primes en fonction de sa productivité, mais cette productivité est justement souvent difficile à évaluer. Shapiro et Stiglitz, dans le cadre de la théorie du salaire d'efficience, montrent que le meilleur moyen est de rendre la sanction assez forte pour qu'elle compense la faible probabilité d'être démasqué. La sanction étant le licenciement, celui-ci ne sera une bonne arme contre l'aléa moral que si le taux de chômage est élevé (et donc le risque de ne pas retrouver un emploi est important) ou si le salaire offert par l'entreprise (et donc perdu en cas de licenciement) est supérieur au salaire du marché, c'est-à-dire au salaire auquel le salarié licencié peut espérer être réembauché.

2. Le problème des professions d'experts

L'aléa moral concerne aussi toutes les professions d'experts dont l'opportunité de l'action est difficile à évaluer. C'est par exemple le cas des interventions des chirurgiens ou des dentistes ; les patients savent que l'acte a été effectivement réalisé, mais ils n'ont généralement pas les moyens de vérifier s'il était nécessaire et s'il a été réalisé de façon correcte. Le problème est que le coût de contrôle est très élevé ; il faudrait, après chaque acte, aller voir un expert indépendant ou bien, en cas de remboursement des soins, le médecin-conseil de la Sécurité sociale. Cela étant impossible, la solution serait de fixer des pénalités très élevées. Plus les coûts de surveillance tendent vers zéro, plus les pénalités doivent tendre vers l'infini pour se rapprocher de l'optimum de Pareto.

On peut formuler trois remarques sur ces théories de l'asymétrie de l'information. D'une part, de nombreuses transactions sont inscrites dans la durée (il s'agit par exemple du contrat de travail ou des relations entre des patients fidèles à un seul médecin). Plus la transaction est longue, plus le principal accumule des informations sur l'agent, qui ainsi se dévoile peu à peu ; l'information devient de moins en moins asymétrique. D'autre part, dans les relations s'effectuant sur des marchés oligopolistiques, les différents intervenants sont généralement connus et des études réalisées par les associations de consommateurs participent à la diffusion de l'information. Pour finir, ces théories stipulent que les agents sont rationnels et intéressés ; la réalité sociale nous montre que la satisfaction d'avoir bien fait son travail est souvent une motivation aussi puissante que celle de gagner plus d'argent. Tous les individus ne sont pas des opportunistes cherchant à profiter de l'asymétrie de l'information.

La nouvelle microéconomie offre donc un profond renouvellement de l'analyse néoclassique. Les hypothèses principales sont retravaillées et souvent rejetées. Cette nouvelle microéconomie est développée par des libéraux toujours fidèles aux principes du marché, mais elle est aussi le fondement de la nouvelle macroéconomie keynésienne, qui voit dans la rationalité limitée, dans les interactions stratégiques, dans les coûts de transaction ou dans l'asymétrie informationnelle des sources possibles de déséquilibre macroéconomique légitimant une intervention de l'État.

Chapitre III

La macroéconomie keynésienne

Keynes est considéré comme le fondateur de l'analyse macroéconomique. Les classiques avaient déjà réalisé des développements macroéconomiques, mais, selon eux, la macroéconomie résulte directement de la microéconomie : l'économie globale provient de l'agrégation des comportements individuels. Les classiques croyaient aux forces régulatrices du marché, les déséquilibres macroéconomiques ne pouvaient être que temporaires.

La modélisation macroéconomique des œuvres de Keynes a soulevé certaines objections chez quelques keynésiens qui y voyaient une dérive de l'œuvre du maître. Effectivement, ceux qui ont bâti la macroéconomie keynésienne, comme Hicks ou Samuelson, minimisent les différences entre Keynes et les classiques ; ils ont créé la théorie de la synthèse.

Pour présenter cette macroéconomie keynésienne, nous examinerons les deux facteurs principaux de l'économie que sont la consommation et l'investissement ; nous présenterons ensuite les modèles d'équilibre et de déséquilibre : le modèle « revenu-dépense » présenté en 1948 par Samuelson, puis le fameux modèle IS-LM présenté par Hicks dès 1937 et repris par Alvin H. Hansen en 1953. Pour finir, nous examinerons les effets attendus des politiques économiques.

I. Les fonctions de consommation et d'investissement

L'analyse keynésienne est une théorie de la demande qui considère que le niveau de la production s'ajuste à celui de la demande. Les deux grandes composantes de la demande globale sont la consommation et l'investissement. La macroéconomie se donne donc comme objectif l'étude de leurs déterminants.

A. La fonction de consommation

Nous présenterons tout d'abord la fonction keynésienne de consommation, puis nous verrons ses prolongements et ses mises en cause.

1. La fonction keynésienne de consommation

Keynes considère que la consommation est une fonction stable du revenu. Ainsi, C = f(Y) où Y représente le revenu.

L'hypothèse principale de Keynes est sa fameuse « loi psychologique fondamentale » : « En moyenne, et la plupart du temps, les hommes tendent à accroître leur consommation à mesure que le revenu croît, mais non d'une quantité aussi grande que l'accroissement du revenu. »

La consommation est donc une fonction toujours croissante du revenu, mais au fur et à mesure que le revenu s'élève la propension moyenne à consommer (part du revenu destinée à la consommation) et la propension marginale à consommer (part d'une augmentation de revenu destinée à l'augmentation de la consommation) diminuent.

Le niveau de consommation ne peut être nul car il existe un niveau de consommation incompressible en dessous duquel les besoins vitaux ne sont plus satisfaits.

La forme de la fonction keynésienne de consommation montre qu'une politique de redistribution peut soutenir la consommation globale. Ainsi, le prélèvement de revenus aux catégories favorisées qui ont une faible propension à consommer et le versement de ceux-ci aux catégories défavorisées qui ont une forte propension à consommer permet d'augmenter la demande globale.

FIGURE 1

La fonction keynésienne de consommation

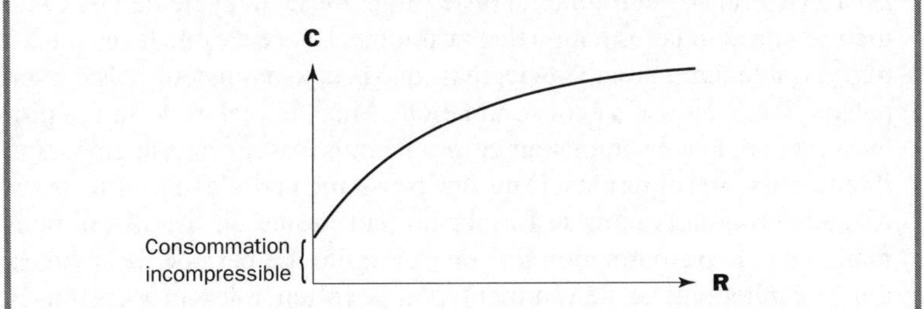

En macroéconomie, la fonction de consommation la plus souvent utilisée est de la forme : $C = aY + b$ (où a est la propension marginale à consommer et b est la consommation incompressible). Cette fonction ne satisfait pas exactement les hypothèses de Keynes car si la propension moyenne à consommer (C/Y ou $aY + b/Y$) est effectivement décroissante, la propension marginale est, quant à elle, constante.

Des études empiriques ont infirmé la loi psychologique fondamentale de Keynes. Si, à un moment donné, les hauts revenus ont effectivement une propension à consommer plus faible que les bas revenus, Kuznets a démontré que l'augmentation séculaire du revenu ne se traduit pas par une baisse de la propension à consommer. Ainsi, la propension à consommer n'est pas plus faible actuellement qu'au XIXe siècle, alors que les revenus ont très fortement augmenté. Il faut donc recourir à d'autres études pour tenter d'expliquer ce paradoxe.

2. Les prolongements de l'analyse keynésienne de la consommation

En 1949, Duesenberry présente sa théorie du « revenu relatif ». Il remarque que pour un même revenu les familles blanches épargnent en moyenne moins que les familles de couleur. La consommation ne dépendrait donc pas uniquement du niveau de revenu. Duesenberry affirme qu'il faut aussi tenir compte de l'effet de démonstration et d'imitation. Les catégories les plus pauvres cherchent à imiter la consommation des gens plus aisés et sont donc obligées d'avoir une propension à consommer plus forte puisque leur revenu est plus faible. Les Noirs, ayant à l'époque moins de relations sociales avec des catégories aisées, étaient moins concernés par cet effet d'imitation.

Duesenberry, mais aussi des économistes comme Modigliani ou Brown ont remarqué que la consommation présente est marquée par la consommation passée. Ainsi, même lorsque le revenu diminue, la consommation a tendance à se maintenir grâce à la baisse de l'épargne. Cet effet est nommé « effet de cliquet », « effet d'inertie » ou « hystérèse » de la consommation.

En 1957, Franco Modigliani a posé l'hypothèse du cycle de vie. Cette théorie introduit la formation du patrimoine. L'idée est que le revenu est très variable durant toute la vie, mais que le consommateur, grâce à son patrimoine, stabilise sa consommation. Ainsi, au début de sa vie professionnelle, le consommateur emprunte puis, ses revenus augmentant, il rembourse ses emprunts. Dans une troisième période, il profite de ses revenus croissants pour se former un patrimoine qu'il utilisera pour maintenir sa consommation lors de sa retraite. La période de la vie est donc le phénomène déterminant pour expliquer les propensions à consommer et à épargner.

FIGURE 2

La théorie du cycle de vie de Modigliani

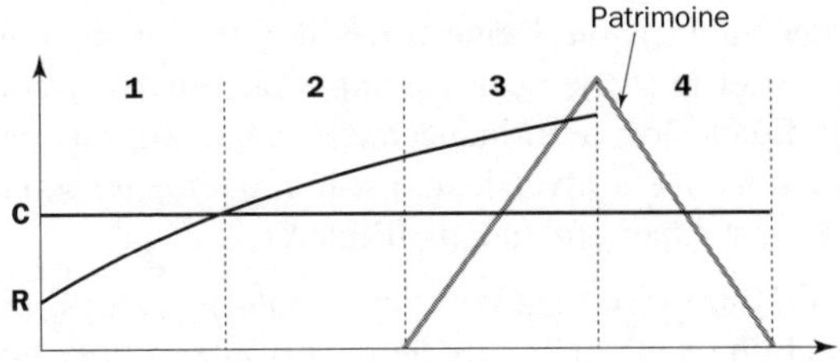

Radicalement opposé à Keynes, Friedman considère que la propension à consommer est stable et régulière quelles que soient les variations temporaires du revenu. Les individus ajustent leur consommation permanente (consommation durable) à leur revenu permanent, c'est-à-dire au revenu de toute leur vie, revenus passé, présent et anticipé. La propension à consommer des individus est donc stable, et elle ne peut être modifiée que très marginalement par le revenu transitoire, qui inclut les augmentations ou les baisses exceptionnelles du revenu ne pouvant pas être anticipées.

B. La fonction d'investissement

L'investissement a une place importante dans la théorie macroéconomique keynésienne car il constitue l'une des deux composantes de la demande. Alors que l'analyse libérale se préoccupe essentiellement des effets d'offre de l'investissement, c'est-à-dire des effets sur la combinaison productive et sur la croissance de l'utilisation de biens d'équipement, l'analyse keynésienne étudie essentiellement les effets de demande : lorsqu'une entreprise investit, une autre entreprise doit produire le bien d'équipement. Nous examinerons tout d'abord les déterminants macroéconomiques de l'investissement, puis nous étudierons ses effets sur la croissance et sur les fluctuations.

1. Les déterminants macroéconomiques de l'investissement

La décision d'investir dépend de nombreux critères comme la situation financière de l'entreprise, l'importance de la demande, le coût relatif du capital par rapport au travail, le taux d'intérêt… Parmi ces déterminants, la macroéconomie s'intéresse essentiellement au rapport entre taux d'intérêt et rendement de l'investissement et aux effets des variations de la demande.

➡ Taux d'intérêt et rendement de l'investissement

Pour Keynes, la décision d'investir résulte de la comparaison entre le taux d'intérêt et le rendement escompté de l'investissement. Que ce dernier soit financé par autofinancement ou par emprunt bancaire, l'entreprise n'est incitée à investir que si le rendement escompté de l'investissement est supérieur au taux d'intérêt.

En effet, si l'entreprise veut emprunter pour investir, il est nécessaire que la rentabilité soit supérieure au taux d'intérêt pour que l'investissement lui rapporte plus qu'il ne lui coûte. Mais si l'entreprise veut procéder à un investissement par autofinancement, il est nécessaire que le rendement économique de l'investissement soit supérieur au rendement des autres utilisations des fonds, c'est-à-dire des placements rémunérés par le taux d'intérêt.

Le problème est que cette situation provoque « un effet de levier de l'endettement ». L'économiste suédois Knut Wicksell avait expliqué en 1898, dans *Intérêt et Prix*, que des taux d'intérêt inférieurs au taux de rendement de l'investissement provoquaient un « processus cumulatif » d'emprunt. Le taux d'intérêt étant inférieur au taux de profit, l'investissement financé par emprunt rapporte plus qu'il ne coûte, et les entreprises ont avantage à s'endetter de plus en plus pour financer de nouveaux investissements. Ce phénomène peut conduire à un surendettement comme cela a été le cas dans les années 70.

➡ L'accélérateur de l'investissement

L'investissement dépend aussi du niveau de production désiré, qui dépend lui-même, selon l'analyse keynésienne, du niveau de la demande. Ainsi, l'augmentation de la production nécessite normalement une augmentation du stock de capital. L'accélérateur de l'investissement, mis en évidence par Aftalion dès 1909, montre que, si le stock de capital varie proportionnellement à la production et à la demande, l'investissement net, qui représente l'augmentation du stock de capital, varie en fonction de la croissance de la production et non du niveau de la production.

FIGURE 3

Un exemple d'accélérateur

Demande/ production	**Stock de capital**	**Investissement net**
100	200	
110	220	20
125	250	30
130	260	10
130	260	0

Avec un coefficient de capital (K/Y) de 2

Autrement dit, il est possible de distinguer plusieurs cas :

- une augmentation constante de la production (même taux de croissance année après année) provoquera une progression constante du stock de capital et donc une stagnation de l'investissement (qui sera quasiment identique année après année) ;
- si la production augmente, mais moins fortement que les années précédentes, le stock de capital suit la même progression et, dans ce cas, malgré une croissance économique, l'investissement baisse ;
- si la production stagne d'une année sur l'autre, le stock de capital stagne et donc l'investissement est nul ;
- une baisse de la production provoque un investissement nul, voire négatif si le désinvestissement est possible ;
- pour que l'investissement augmente d'une année sur l'autre, il est nécessaire que le taux de croissance de la production progresse, c'est-à-dire que la croissance économique soit de plus en plus forte.

Les variations de l'investissement sont donc proportionnellement plus fortes que les variations de la demande et de la production.

2. Les effets de l'investissement

➡ Le multiplicateur de l'investissement

Le principe du multiplicateur de l'investissement a été découvert par Kahn en 1931. L'idée est qu'une augmentation de l'investissement a un effet multiplicateur sur la production. Une augmentation de l'investissement provoque une augmentation de la production des entreprises de biens d'équipement ; cette augmentation crée de nouveaux revenus, ce qui suscite une hausse de la demande, à laquelle répond une hausse de la production, qui permet de distribuer plus de revenus, etc. L'importance du multiplicateur dépend de la part de l'augmentation de revenu qui est utilisée à l'augmentation de la consommation. Plus la propension marginale à consommer est forte, plus le multiplicateur est élevé. Le multiplicateur joue à la hausse comme à la baisse. Dans une économie fermée, sa valeur est de : $k = 1/1\text{-}c$, où c désigne la propension marginale à consommer. Par exemple, si la propension marginale à consommer est de 0,8 (et donc le multiplicateur est égal à 5), une augmentation de l'investissement de 10 permet d'augmenter la production de 50.

Plusieurs points peuvent être mis en évidence. Tout d'abord, en économie ouverte, les importations constituent une fuite au multiplicateur. D'autre part, il faut différencier l'investissement autonome de l'investissement induit : jusqu'ici nous raisonnions dans un cadre où l'investissement est autonome, c'est-à-dire exogène. En réalité l'augmentation de la production provoquée par l'investissement (investissement autonome) suscite aussi une nouvelle augmentation de l'investissement (investissement induit) qui accentue l'effet multiplicateur.

Il faut aussi remarquer que l'effet multiplicateur ne joue pas uniquement avec l'investissement mais qu'il fonctionne de même avec les autres composantes de la demande que sont la consommation, les dépenses publiques et les exportations.

➡ L'oscillateur de Samuelson

Samuelson pense que la conjonction de l'accélérateur et du multiplicateur peut expliquer les fluctuations économiques. Pour lui, l'instabilité de l'investissement, due aux effets conjugués du multiplicateur et de l'accélérateur, est la cause des cycles économiques et des fluctuations de grande ampleur de la demande et de la production. En fonction du niveau de la propension marginale à consommer et du coefficient de capital (K/Y), les fluctuations peuvent être amorties (de moins en moins fortes) ou explosives (de plus en plus fortes).

FIGURE 4

L'oscillateur

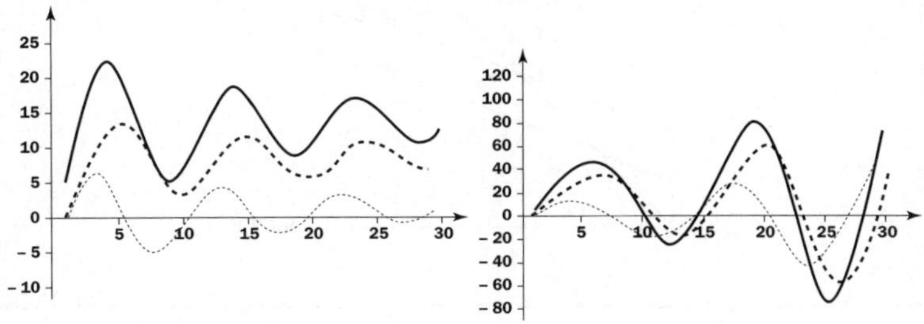

Fluctuations amorties : C' = 0,6
k/y = 1,5

Fluctuations explosives : C' = 0,75
k/y = 1,5

À partir des fonctions keynésiennes de la consommation et de l'investissement, il est possible de présenter les équilibres et les déséquilibres macroéconomiques.

II. Équilibres et déséquilibres macroéconomiques

A. Le modèle « revenu-dépense » et la droite à 45°

Ce modèle a été créé par Samuelson en 1948.

1. La détermination de l'équilibre

Dans une optique keynésienne, la demande globale est composée de la consommation et de l'investissement. La consommation est de la forme $C = a\,Y + b$, où Y est le revenu national (qui est égal à la production), a la propension marginale à consommer et b la consommation incompressible. L'investissement (I) est ici considéré comme un investissement autonome qui ne dépend pas du revenu. Pour que l'économie soit en équilibre, il faut que le revenu national (ou la production) soit égal à la dépense, autrement dit que l'offre globale soit égale à la demande globale et donc que : $Y = C + I$.

Si l'on figure la dépense (C et I) en ordonnée et le revenu en abscisse, la bissectrice présente toutes les solutions d'équilibre où $Y = C + I$.

FIGURE 5

Le diagramme à 45°

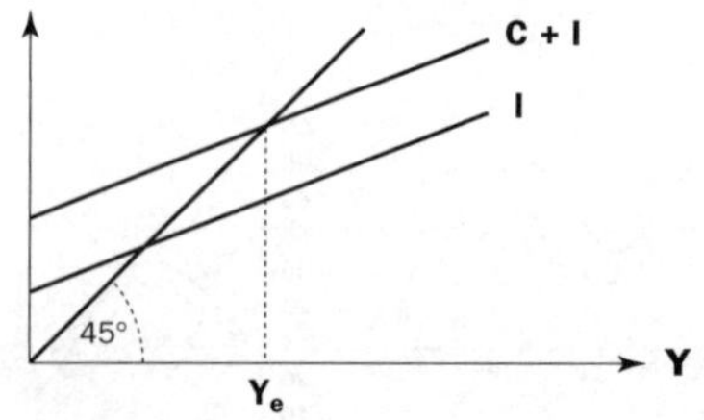

L'intersection entre la droite C + I et la bissectrice représente le point d'équilibre (E). Ce point est le seul qui, connaissant la forme de la variation de la dépense (C et I), satisfait à l'équilibre revenu = dépense. Ce point permet de connaître le niveau de production (Y_e) qui est le niveau d'équilibre.

Il est possible d'intégrer dans ce schéma les deux autres composantes de la demande globale que sont les dépenses publiques et les exportations. Le même diagramme à 45° permet donc à nouveau de connaître le seul niveau de production qui assure l'équilibre.

FIGURE 6

Diagramme à 45° avec les dépenses publiques et les exportations

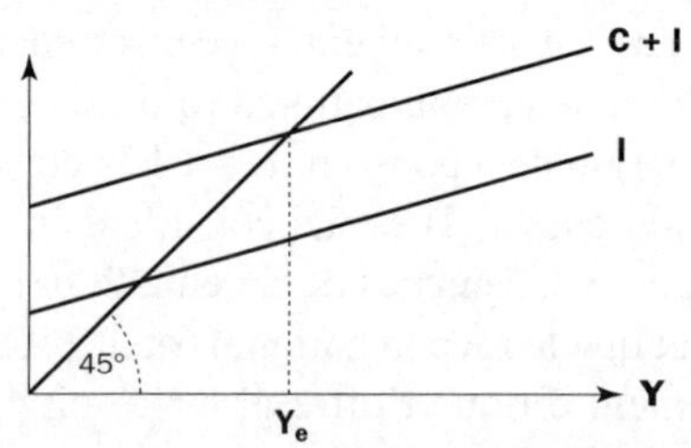

2. Les déséquilibres dans le cadre d'un modèle « revenu-dépense »

Le niveau de l'emploi, conformément à la théorie keynésienne, dépend du niveau de la production. Il n'existe donc qu'un seul niveau de production qui permet d'assurer le plein-emploi. Le problème est que le niveau de production d'équilibre coïncide rarement avec le niveau de production de plein-emploi. Deux cas peuvent se produire :

– le niveau d'équilibre peut être inférieur au niveau de production assurant le plein-emploi ; on parle alors d'équilibre de sous-emploi ou d'écart déflationniste ;
– le niveau assurant l'équilibre peut se trouver au-dessus du niveau de production de plein-emploi et donc du niveau de production maximal réalisable ; l'écart est alors appelé « écart inflationniste ».

➡ L'équilibre de sous-emploi (ou écart déflationniste)

On remarque sur le schéma (figure 7) que la production d'équilibre (Y_e) est inférieure au niveau de la production qui serait nécessaire pour embaucher toute la population (Y_{pe}). Il s'agit d'une situation d'insuffisance de la demande globale.

FIGURE 7

Équilibre de sous-emploi

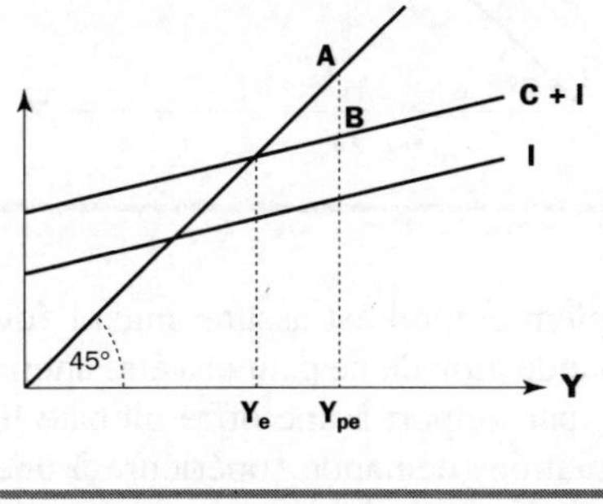

Pour que l'économie atteigne l'équilibre de plein-emploi, l'État peut intervenir en investissant lui-même ou en faisant baisser les taux d'intérêt pour inciter les entreprises à investir. On remarque que le segment A-B, qui représente le manque de demande, est plus petit que le segment Y_e-Y_{pe} ; cette différence s'explique par le jeu du multiplicateur d'investissement. Une augmentation de l'investissement a un effet multiplicateur sur la production, dont l'ampleur dépend de la propension marginale à consommer et donc de la pente de la droite C + I c'est-à-dire $aY + b + I$.

Selon Pigou, économiste néoclassique, il est inutile que l'État intervienne pour accroître la demande. En effet, l'insuffisance de la demande par rapport à la production potentielle (production de plein-emploi) devrait provoquer une diminution des prix (et des salaires) qui, en accroissant la valeur de l'argent et donc la valeur des encaisses (argent détenu par les agents), devrait augmenter la demande. Cet effet est appelé « **effet Pigou** » ou « effet d'encaisses réelles ».

➡ L'écart inflationniste

FIGURE 8

L'écart inflationniste

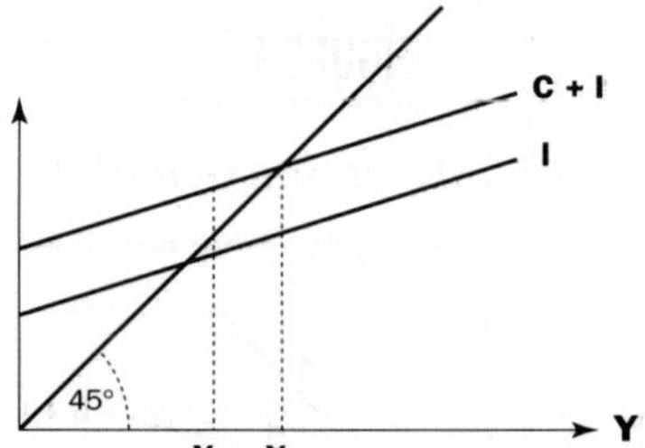

Dans ce cas, le plein-emploi est assuré, mais l'équilibre entre l'offre globale et la demande globale ne peut pas être atteint. La demande globale est en excès par rapport à une offre globale limitée par le plein-emploi. Cette situation (demande supérieure à une offre inélastique) provoque de l'inflation qui réduit la demande (d'où le terme « écart inflationniste »).

On remarque grâce à ce modèle que, conformément à la théorie keynésienne, l'inflation n'est possible qu'en cas de plein-emploi.

B. Le modèle IS-LM

En 1937, un an après la parution de la *Théorie générale de l'emploi, du taux d'intérêt et de la monnaie*, Hicks, dans un article intitulé « Monsieur Keynes et les classiques », présentait le modèle IS-LM ; celui-ci fut ensuite repris en 1953 par Hansen.

1. Les droites IS et LM

➡ La construction de la droite IS

La droite IS représente l'équilibre sur le marché des biens et des services en économie fermée. L'équilibre macroéconomique principal est celui de l'égalité entre la demande (C + I) – ou dépense – et le revenu (C + S) – ou production –, donc celui entre l'épargne et l'investissement (I = S).

Hicks suppose que l'investissement est une fonction décroissante du taux d'intérêt (plus le taux d'intérêt est faible, plus les entreprises sont incitées à emprunter pour investir). L'épargne est considérée dans l'analyse keynésienne comme ce qui reste du revenu après la consommation ; elle est donc une fonction croissante du revenu.

Pour chaque niveau de taux d'intérêt (*i*) [qui détermine l'investissement], il n'existe qu'un seul niveau de revenu (Y) [qui détermine l'épargne] qui assure l'équilibre. La courbe IS relie tous les équilibres ; elle représente l'ensemble des combinaisons de revenu et de taux d'intérêt qui réalisent I = S.

FIGURE 9

La droite IS

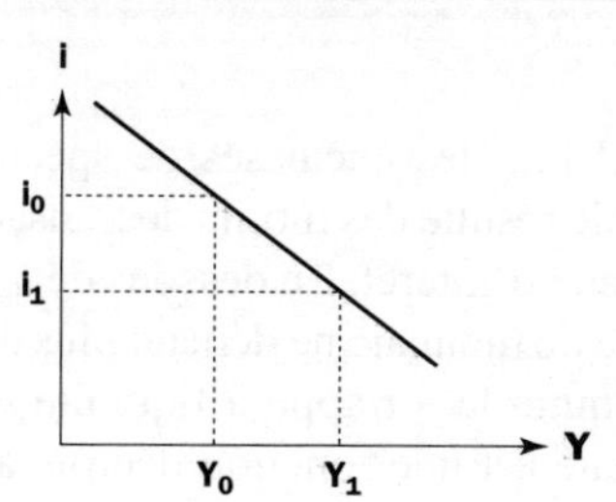

➡ La construction de la droite LM

Pour Keynes, l'offre de monnaie (M) est exogène car elle résulte de la création monétaire et donc de la politique économique de l'État. La demande de monnaie, que Keynes nomme « préférence pour la liquidité » (L), résulte, on l'a dit, de trois motifs principaux : le motif de transaction, le motif de précaution et les encaisses de spéculation. Les encaisses de transaction et de précaution sont des fonctions croissantes du revenu alors que les encaisses de spéculation sont une fonction décroissante du taux d'intérêt (*i*) – lorsque le taux d'intérêt est faible, les individus gardent liquide leur argent dans l'attente de meilleures conditions de placement.

FIGURE 10

Les différentes demandes de monnaie en fonction du taux d'intérêt

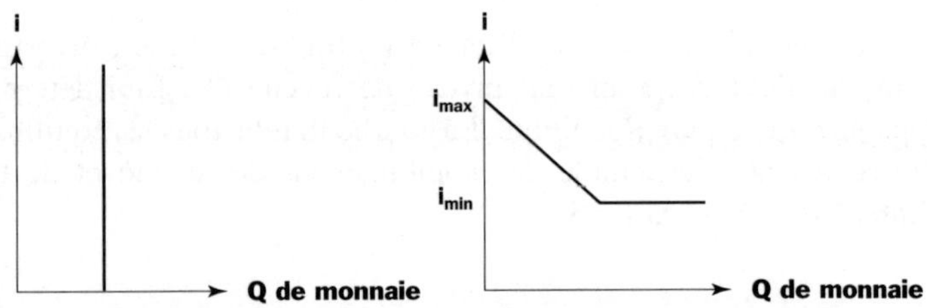

La demande de transaction et de précaution

La demande de spéculation (Au taux maximal, les encaisses de spéculation sont nulles et au taux minimal elles sont infinies et ne dépendent plus du taux d'intérêt)

Au-dessus du seuil i_{max}, les encaisses de spéculation sont nulles, la demande de monnaie résulte des motifs de transaction et de précaution, qui dépendent du taux d'intérêt. En dessous de i_{min}, il n'y a plus de placement, la demande de monnaie ne dépend plus du taux d'intérêt ; c'est ce que Keynes nomme la « trappe à liquidité ». Entre i_{min} et i_{max}, la demande de monnaie est une fonction décroissante du taux d'intérêt.

FIGURE 11

La demande totale de monnaie en fonction du taux d'intérêt

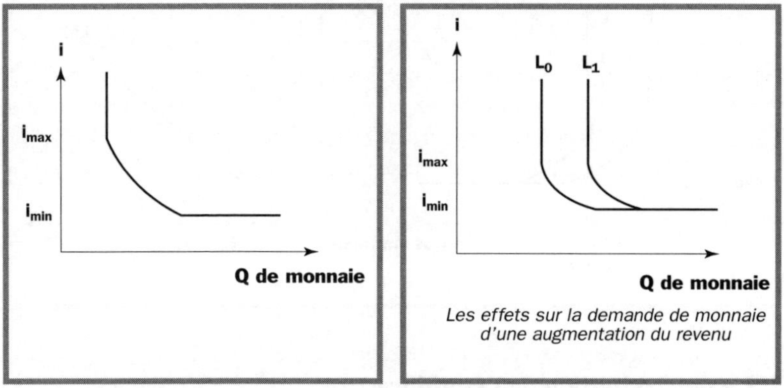

Les effets sur la demande de monnaie d'une augmentation du revenu

La modification du revenu déplace la courbe de demande de monnaie. Par exemple, si le revenu croît, les encaisses de spéculation restent inchangées, mais les encaisses de transaction augmentent, ce qui provoque un déplacement d'une partie de la courbe vers la droite.

La droite LM représente l'ensemble des combinaisons de valeur du revenu national et du taux d'intérêt qui réalisent l'équilibre sur le marché de la monnaie, c'est-à-dire l'équilibre entre la demande de monnaie et l'offre de monnaie (cette dernière est, rappelons-le, exogène).

Soit L_0 la demande de monnaie correspondant à un niveau de revenu Y_0 et L_1 la demande de monnaie pour un niveau de revenu Y_1 ; l'offre de monnaie étant exogène et stable, il est possible de tracer la droite LM.

FIGURE 12

La construction de la droite LM

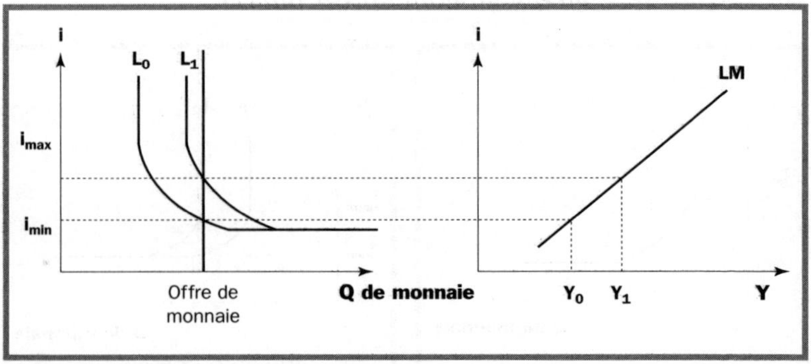

2. La détermination de l'équilibre

En faisant figurer sur un même graphique les droites IS et LM, on met en évidence une intersection qui représente la seule combinaison du revenu national et du taux d'intérêt compatible avec un équilibre simultané sur le marché des biens et des services et sur le marché monétaire.

FIGURE 13

Le graphique IS-LM

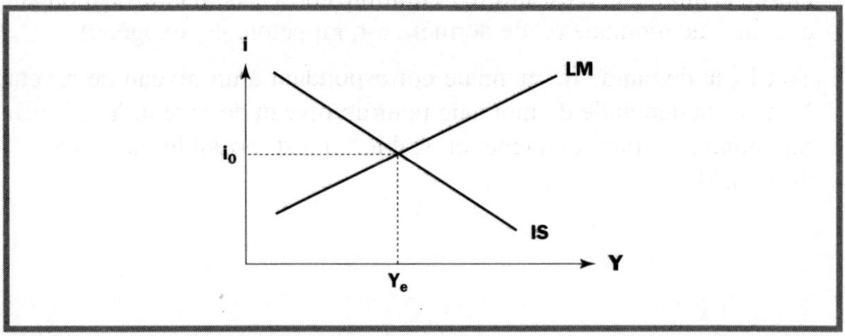

III. La politique conjoncturelle

A. Politiques budgétaires et politiques monétaires en économie fermée

L'équilibre simultané sur les deux marchés (marché monétaire et marché des biens et des services) peut ne pas correspondre à la production assurant le plein-emploi. Dans ce cas, l'État met en œuvre une politique qui peut être une politique budgétaire ou une politique monétaire.

1. La politique monétaire

En cas d'équilibre de sous-emploi, la politique monétaire doit être expansive, ce qui signifie que l'État doit créer de la monnaie. La création monétaire permet de déplacer LM sur la droite et ainsi d'atteindre un équilibre avec un taux d'intérêt plus faible et un revenu plus élevé. Il est à noter que cette politique n'est efficace que lorsque le taux d'intérêt est supérieur à celui qui fait tomber l'économie dans la trappe à liquidité. Sinon, une augmentation de l'offre de monnaie ne permet pas de diminuer le taux d'intérêt.

FIGURE 14

La politique monétaire expansive

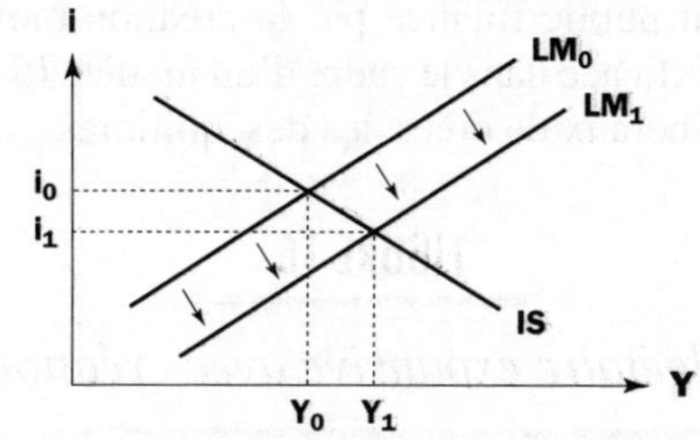

Symétriquement, une politique monétaire restrictive qui réduit la création monétaire déplace LM sur la gauche, ce qui restreint le revenu et augmente le taux d'intérêt. Cette politique est utilisée en situation de plein-emploi pour lutter contre l'inflation.

2. La politique budgétaire

Une politique budgétaire expansive consiste dans l'accroissement des dépenses publiques. Cet accroissement permet de déplacer IS sur la droite et ainsi d'augmenter les taux d'intérêt et le niveau de la production.

FIGURE 15

La politique budgétaire expansive

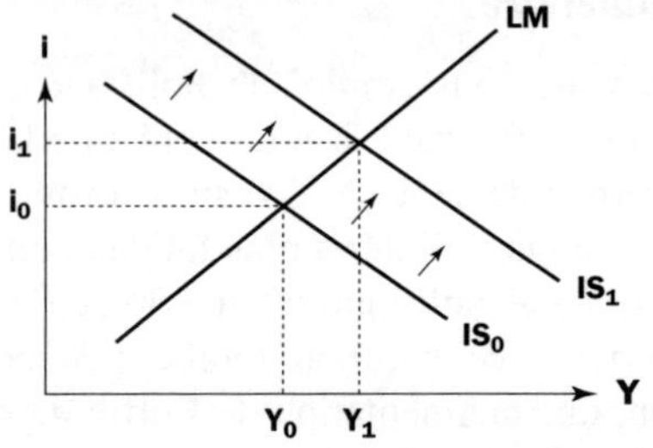

L'augmentation des dépenses publiques peut être financée par trois moyens différents : l'augmentation des impôts, l'emprunt public et la création monétaire. L'augmentation des impôts a peu d'effets sur la droite IS car elle diminue le revenu disponible des agents économiques et donc leur demande, ce qui compense en partie l'augmentation de la demande publique. L'emprunt public risque de ponctionner l'épargne privée. Le déficit public financé par la création monétaire semble la politique la plus efficace dans le cadre d'un modèle IS-LM, mais elle est accusée par les libéraux de créer des déséquilibres.

FIGURE 16

Politique budgétaire expansive avec création monétaire

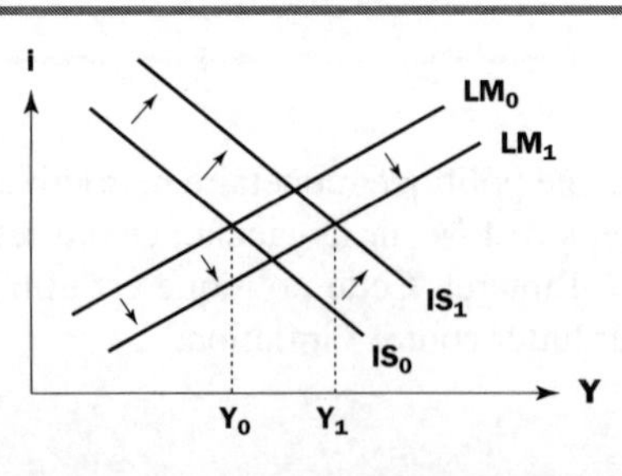

La politique budgétaire restrictive déplace IS sur la gauche, ce qui réduit le revenu et le taux d'intérêt. Cette politique est utilisée en situation de plein-emploi pour lutter contre l'inflation.

3. Le choix d'une politique conjoncturelle

En cas de sous-emploi, le choix entre la mise en œuvre d'une politique monétaire expansive et celle d'une politique budgétaire expansive résulte de la structure de l'économie et des objectifs recherchés. Ainsi, l'efficacité des différentes politiques dépend de la pente des courbes IS et LM. Cette pente elle-même est due pour IS au degré de l'élasticité de l'investissement et de la production par rapport au taux d'intérêt, et pour LM au degré d'élasticité de la demande de monnaie par rapport au taux d'intérêt.

Le choix dépend aussi des objectifs recherchés ; de fait, la politique budgétaire est défavorable à l'investissement privé puisqu'elle provoque une hausse du taux d'intérêt, alors que la politique monétaire expansive favorise l'investissement privé en diminuant le taux d'intérêt.

Les politiques qui utilisent simultanément les deux outils se nomment « politiques mixtes » ; généralement, les politiques monétaire et budgétaire vont toutes les deux dans le même sens (relance ou austérité), mais ce n'est pas toujours le cas. Ainsi, durant les années 80, les États-Unis ont mené simultanément une politique monétaire restrictive visant à diminuer l'inflation et une politique budgétaire très expansive qui a pu contrebalancer les effets dépressifs de la politique monétaire. Le graphique IS-LM suivant présente schématiquement le cas des États-Unis.

FIGURE 17

L'exemple d'une politique mixte (le cas des États-Unis au début des années 80)

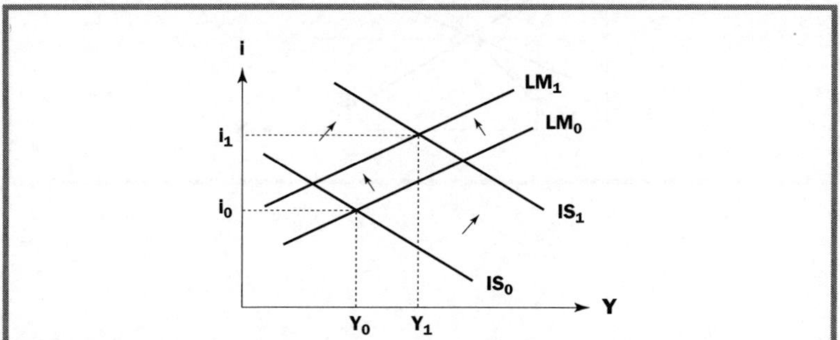

B. Politiques conjoncturelles en économie ouverte

Dans les années 60, Mundell et Flemming ont intégré les échanges extérieurs dans le modèle IS-LM. Pour cela, ils ont construit une troisième droite, la droite BP (balance des paiements).

1. La construction de la droite BP

Le solde de la balance des paiements résulte du solde de la balance des transactions courantes (essentiellement balance commerciale) et de celui de la balance des mouvements de capitaux. Le solde de la balance des transactions courantes est une fonction décroissante du revenu ; en effet, une augmentation du revenu et de la production n'a pas d'influence sur les exportations, mais provoque une augmentation des importations. Le solde de la balance des mouvements de capitaux est une fonction croissante du taux d'intérêt, puisqu'une augmentation de celui-ci attire des capitaux. La droite BP représente toutes les combinaisons de taux d'intérêt et de revenu qui assurent l'équilibre de la balance des paiements. Cette droite est croissante, car un revenu plus important qui dégrade la balance des transactions courantes doit être compensé par un taux d'intérêt plus élevé qui améliore la balance des mouvements de capitaux. Il suffit alors de placer sur un même graphique les droites IS-LM et BP pour représenter l'équilibre simultané sur les trois marchés.

FIGURE 18

L'équilibre IS-LM-BP

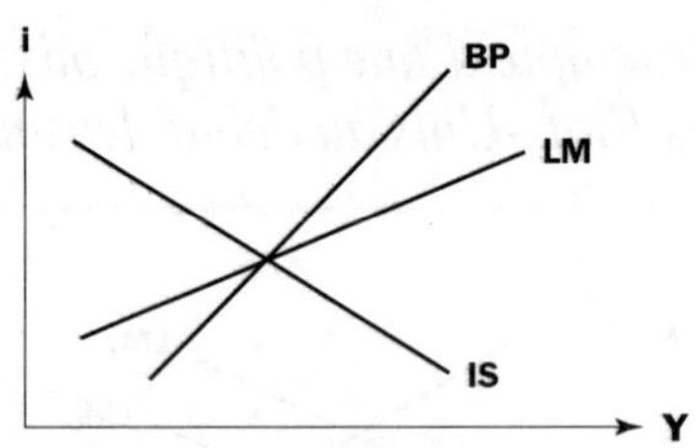

2. Les politiques conjoncturelles dans le modèle IS-LM-BP

L'efficacité des politiques monétaire et budgétaire est modifiée par la prise en compte des échanges extérieurs. Ainsi toute augmentation de la production ou toute baisse des taux d'intérêt vont dans le sens d'une dégradation de la balance des paiements. De plus, la quantité de monnaie en circulation ne provient plus seulement de la création monétaire de la banque centrale, mais aussi de la vente ou de l'achat de devises pour maintenir le taux de change dans un système à taux de change fixes.

Dans un système de taux de change fixes, la politique monétaire ne doit pas être utilisée pour résoudre les problèmes intérieurs, mais les déséquilibres extérieurs. Par exemple, une politique monétaire expansive, en augmentant la production et en diminuant les taux d'intérêt, dégrade fortement la balance des paiements ; cette situation provoque une fuite des capitaux qui annule en partie la création de monnaie et oblige la banque centrale à augmenter de nouveau ses taux d'intérêt pour maintenir son taux de change. Inversement, une politique monétaire restrictive, en réduisant la production et en augmentant les taux d'intérêt, améliore le solde de la balance des paiements. Le triangle d'incompatibilité de Mundell postule que les taux de change fixes, la mobilité des capitaux et une autonomie de la politique monétaire sont incompatibles. La politique monétaire doit donc être utilisée en priorité pour résorber les déséquilibres extérieurs.

La politique budgétaire est efficace, en économie ouverte, pour lutter contre les déséquilibres intérieurs. Ainsi, une politique budgétaire expansive peut être menée durablement car ses effets sur les comptes extérieurs se compensent (l'augmentation de la production détériore la balance des transactions courantes, mais la hausse des taux d'intérêt améliore la balance des mouvements de capitaux). La politique budgétaire restrictive a également peu d'effets sur l'équilibre extérieur (la baisse de la production améliore la balance des transactions courantes, mais celle des taux d'intérêt détériore la balance des mouvements de capitaux).

La règle de Mundell présente les politiques mixtes qu'il faut mener en cas de mobilité des capitaux et de taux de change fixes. La politique monétaire est efficace pour résoudre les déséquilibres extérieurs alors que la politique budgétaire est surtout efficace pour résoudre les problèmes intérieurs.

Ainsi, quatre situations sont possibles et elles requièrent à chaque fois une combinaison spécifique de politiques économiques.

	Déficit extérieur	Excédent extérieur
Chômage	Pol. budg. expansive Pol. mon. restrictive	Pol. budg. expansive Pol. mon. expansive
Inflation	Pol. budg. restrictive Pol. mon. restrictive	Pol. budg. restrictive Pol. mon. expansive

La macroéconomie traditionnelle permet de modéliser les idées principales de Keynes, mais elle provient aussi d'une conception néoclassique de l'équilibre. L'hypothèse sous-jacente est que l'économie a toujours tendance à revenir automatiquement à l'équilibre, même si celui-ci peut être un équilibre de sous-emploi. C'est ici croire aux forces régulatrices de l'économie et du marché, ce qui semble plus proche du modèle de pensée néoclassique que keynésien.

Chapitre IV

Les nouveaux courants de la macroéconomie

La macroéconomie orthodoxe a été profondément remaniée à partir des années 80. Les nouveaux économistes classiques considèrent que le fondement de la macroéconomie doit être la microéconomie et donc l'étude des comportements d'individus parfaitement rationnels, et que le déséquilibre ne peut être que rare et temporaire. Les nouveaux économistes keynésiens acceptent la rationalité des agents économiques, mais ils considèrent que les déséquilibres peuvent être durables et que le chômage peut être involontaire.

I. La nouvelle macroéconomie classique

La nouvelle macroéconomie classique (appelée aussi nouvelle économie classique) est un courant né aux États-Unis dans les années 70. Son chef de file est Robert Lucas, de l'université de Chicago, et, parmi ses théoriciens les plus influents, on peut citer Thomas Sargent, Neil Wallace, Edward Prescott et Robert Barro. Cette théorie milite pour l'abandon des politiques discrétionnaires, c'est-à-dire des politiques conjoncturelles.

A. Les hypothèses de la nouvelle économie classique

La nouvelle macroéconomie classique reprend les hypothèses fondamentales de la théorie néoclassique d'équilibre et ajoute l'hypothèse des anticipations rationnelles.

1. La reprise du modèle de l'équilibre général

Les nouveaux économistes classiques, reprenant la théorie néoclassique, considèrent que l'offre globale et la demande globale proviennent de l'agrégation des offres et des demandes individuelles, et qu'elles sont des fonctions respectivement croissante et décroissante du prix. Les nouveaux classiques s'intéressent essentiellement à l'offre globale, qui, selon eux, réagit à toute modification de prix. Par exemple, chaque augmentation de salaire incite les travailleurs à offrir plus de travail et donc à renoncer en partie au loisir ; l'offre de travail varie rapidement et sur le court terme car chaque salarié considère une hausse de salaire comme une opportunité à saisir rapidement, d'autant plus que cette hausse peut ne pas être durable.

De la même façon l'entreprise ajuste son offre aux variations du prix de vente.

La nouvelle économie classique considère que l'économie est en état constant d'équilibre. Les marchés s'ajustent continuellement et spontanément. Toute variation des prix, de l'offre ou de la demande résulte de ce processus d'ajustement. Cette théorie s'oppose aux keynésiens, qui considèrent que les rigidités sont importantes, mais aussi à Friedman qui affirme que l'économie peut être en déséquilibre à court terme. Pour les nouveaux économistes classiques, le chômage est nécessairement volontaire car tout individu peut trouver un emploi au taux de salaire du marché.

2. Les anticipations rationnelles

Le concept d'anticipations rationnelles a été introduit par John Muth en 1961. L'idée est que les individus utilisent au mieux les informations dont ils disposent. Ils anticipent aussi bien que les économistes et le pouvoir politique les événements futurs. Ils peuvent bien sûr se tromper, mais pas davantage que les décideurs et, avec le temps et l'expérience, leurs anticipations deviennent de plus en plus justes.

Prenons l'exemple d'une augmentation de prix ou d'une augmentation de salaire. Un agent économique se rend compte que le prix de la marchandise qu'il vend (travail pour les salariés ou produit pour les entreprises) a augmenté. L'agent économique va tout d'abord « extraire l'information » en se demandant si cette augmentation ne concerne que son produit ou si elle est générale et concerne donc tous les produits. Dans ce second cas, l'agent économique comprend que la variation de tous les prix n'a aucun effet réel, elle signifie simplement que la valeur de la monnaie a diminué ; l'agent économique ne modifie donc pas son comportement. À l'inverse, si l'augmentation du prix ne concerne que son produit, l'agent augmente son offre. On comprend que l'extraction de l'information dépend de l'environnement habituel : dans un contexte de stabilité des prix, l'individu aura tendance à considérer que la variation du prix ne concerne que son produit, alors que dans un contexte d'instabilité il aura tendance à considérer que la variation est globale. On comprend également que seul un effet de surprise (augmentation de tous les prix dans un contexte de stabilité), en trompant les individus, peut avoir à court terme une influence sur le niveau de l'emploi et le niveau de la production. Sinon, ces deux paramètres restent constamment à leur niveau naturel.

> “*Les anticipations rationnelles posent le principe que les agents d'un modèle économique utilisent correctement l'information dont ils disposent sur le présent et le futur.*”
>
> Robert Lucas.

B. Les cycles économiques sont des cycles d'équilibre

Les cycles économiques (voir partie II, chapitre II) s'expliquent par des anticipations biaisées. Ainsi, des chocs provenant essentiellement des variations de la quantité de monnaie peuvent éloigner temporairement l'emploi et la production de leur niveau naturel s'ils ne sont pas convenablement anticipés. Les cycles économiques sont toutefois appelés cycles d'équilibre car les fluctuations sont dues à l'adaptation des individus, qui reviennent à leur situation optimale et donc qui reviennent à l'équilibre.

Prenons l'exemple d'une économie en équilibre où la production et l'emploi sont à leur niveau naturel (point A sur le graphique). Une augmentation anticipée de tous les prix n'a aucun effet sur le volume de la production et sur le niveau de l'emploi. Cette augmentation des prix conduit à un déplacement de la droite d'offre globale (qui passe de O_0 à O_1) et à un déplacement de la droite de demande globale (de D_0 à D_1). Si les prix augmentent de 10 %, l'offre et la demande s'ajustent dès lors aux nouveaux prix. L'effet réel est donc nul. Le nouveau point correspond sur le graphique au point C : seul le niveau des prix a changé.

Imaginons maintenant que cette augmentation de la quantité de monnaie et donc des prix n'ait pas été anticipée convenablement par les offreurs. La courbe de demande se déplace (de D_0 à D_1) et s'ajuste donc au nouveau système des prix, mais pas la courbe d'offre ; les offreurs conservent leur même fonction d'offre, réagissant de fait à l'augmentation des prix par une augmentation de la production si ce sont des entreprises et de l'offre de travail si ce sont des salariés. Ainsi, les niveaux de la production et de l'emploi s'éloignent temporairement de leur taux naturel (point B sur le graphique). Au bout d'un laps de temps, les individus réalisent qu'il n'y a pas eu d'augmentation de leurs prix relatifs et ils modifient alors leur fonction d'offre, qui s'ajuste au nouveau système de prix. La production et l'emploi reviennent à leurs niveaux naturels (point C) sur le graphique.

FIGURE

Les effets d'une augmentation anticipée et non anticipée de la quantité de monnaie

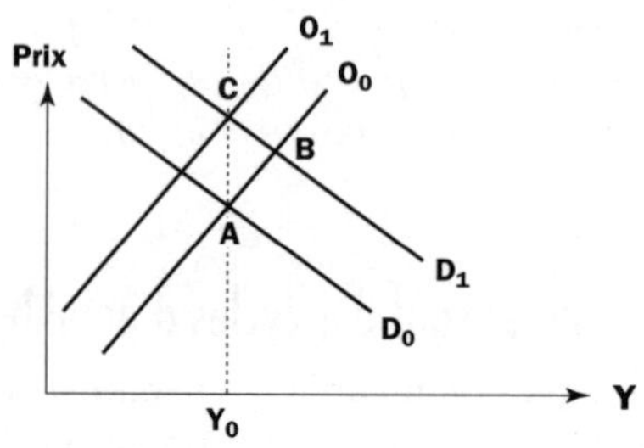

Le cycle est donc un cycle d'équilibre dans le sens où toute fluctuation s'explique par la tendance spontanée de l'économie à revenir à son niveau d'équilibre. L'effet de surprise est la cause unique du cycle. La monnaie n'est donc pas parfaitement neutre car une variation monétaire avec effet de surprise provoque le cycle.

Un autre courant de la nouvelle économie classique, l'école du cycle économique réel (voir partie II, chapitres II et III), s'oppose sur ce point à Lucas ; elle considère que la monnaie est « super-neutre » et qu'aucune variation de la quantité de monnaie n'est susceptible de modifier l'équilibre réel. Ce courant confirme que les anticipations sont rationnelles et que les cycles sont des cycles d'équilibre, mais il considère que les origines du cycle doivent tout d'abord être recherchées dans la sphère réelle ; ils peuvent être des chocs exogènes (choc pétrolier, accident naturel…) ou des chocs provenant des fluctuations du progrès technique.

C. L'abandon de la politique économique conjoncturelle

Les nouveaux économistes classiques estiment que les politiques économiques conjoncturelles, appelées aussi politiques économiques discrétionnaires, ne sont pas efficaces. Avec Friedman, ils pensent qu'il faut adopter des politiques stables de long terme.

1. L'inefficacité des politiques discrétionnaires

Les politiques conjoncturelles tant monétaires que budgétaires sont inefficaces.

La politique monétaire est inefficace car toute modification prévisible de la quantité de monnaie est rationnellement anticipée et n'a donc aucun effet sur l'emploi et la production, qui demeurent à leur niveau naturel ; seul le niveau général des prix est modifié. Donc, si les anticipations des agents économiques sont correctes, une croissance monétaire forte crée de l'inflation et une faible création monétaire est désinflationniste ; mais dans les deux cas, ces actions n'ont pas d'effet sur le chômage, qui reste à son niveau naturel.

Les seuls effets possibles résultent de l'effet de surprise, mais celui-ci ne fonctionne que lorsque les individus sont habitués à une certaine orthodoxie monétaire ; de toute façon, l'influence sur la production et le chômage n'est que très temporaire. Ainsi, une forte croissance monétaire non anticipée peut temporairement faire diminuer le chômage en dessous de son niveau naturel, et une faible croissance monétaire non anticipée peut le faire augmenter temporairement au-dessus de son niveau naturel.

La politique conjoncturelle budgétaire n'est pas plus efficace, comme l'explique Barro en reprennant le principe d'« équivalence ricardien » (voir partie II, chapitre IV).

2. Il faut une politique de stabilité à long terme

Les nouveaux économistes classiques, tout comme Friedman, considèrent qu'il faut mener une politique de stabilité à long terme qui assure une « cohérence temporelle » et qui soit fondée sur une « crédibilité ». La politique monétaire, pour échapper à toutes les manipulations politiques électoralistes, doit être menée par une banque centrale indépendante. Une étude menée par Alesina et Summers en 1993 montre qu'il est possible d'établir une corrélation entre le degré d'indépendance de la banque centrale et la faiblesse du niveau de l'inflation.

La politique de désinflation de la banque centrale ne risque pas d'être nuisible à la croissance et à l'emploi car, correctement anticipées, les variations de la quantité de monnaie n'ont aucun effet sur la sphère réelle. Les nouveaux économistes classiques s'opposent donc aux économistes keynésiens, qui considèrent que les politiques monétaires restrictives sont préjudiciables à la croissance, mais aussi à Friedman, qui pense qu'elles sont nécessaires pour assainir l'économie, mais qu'elles peuvent avoir des effets récessifs à court terme. Les conséquences des politiques de désinflation menées au début des années 80 semblent démentir leur théorie.

La politique économique conjoncturelle est donc sans effet sur le volume de l'emploi et de la production. Le chômage est un phénomène volontaire qui reste à son niveau naturel.

La nouvelle économie keynésienne, tout en conservant le principe de rationalité des agents économiques, va montrer au contraire que des déséquilibres durables sont possibles et que le chômage peut être involontaire.

II. La nouvelle macroéconomie keynésienne

La nouvelle économie keynésienne est née dans les années 80 en réaction à la nouvelle économie classique. Ce courant accepte l'hypothèse, posée par Lucas et les nouveaux classiques, des anticipations rationnelles, mais il considère qu'elle n'est pas suffisante pour affirmer que les marchés sont tous en équilibre, que la monnaie est neutre et que le chômage est volontaire. Pour les néokeynésiens, les individus sont rationnels, mais des déséquilibres existent et se propagent car les marchés ne peuvent s'autoréguler, essentiellement du fait de la viscosité (rigidité) des prix et des salaires.

La nouvelle économie keynésienne n'est pas un courant de pensée unifié, mais ses principaux partisans, George Akerlof, Gregory Mankiw, Stanley Fischer, Bruce Greenwald, Janet Yellen et Paul Romer, sont d'accord sur deux points fondamentaux : la monnaie n'est pas neutre, et les imperfections des marchés expliquent les fluctuations (les nouveaux classiques pensent au contraire que le cycle est un cycle d'équilibre). La parenté avec Keynes est souvent lointaine, car ces économistes s'opposent à des interventions trop rigoureuses de l'État, parce qu'ils ne considèrent pas que les salariés soient victimes de l'illusion monétaire et parce qu'ils ne fondent pas leur théorie sur le principe de la demande effective. En revanche, ils considèrent, comme Keynes, que le chômage involontaire existe et que les forces du marché n'assurent pas l'optimum.

A. La viscosité des prix

De nombreux modèles néokeynésiens présentent la rigidité des prix comme l'explication de la non-neutralité de la monnaie et du non-ajustement continu des marchés.

Pour les néokeynésiens, tous les marchés ne sont pas à prix flexible comme les marchés financiers et agricoles ; la plupart fonctionnent imparfaitement. Les entreprises évoluent davantage dans un contexte de concurrence imparfaite que dans un contexte de concurrence pure et parfaite ; elles sont donc plus souvent des « *price makers* » que des

« *price takers* » comme le soutient la théorie libérale. De plus, elles ne réagissent pas spontanément, par une variation de leurs prix, à des modifications de la demande ou de la fonction d'offre.

Le modèle le plus souvent cité est celui qui est parfois appelé « intuition PAYM », du nom des quatre principaux économistes qui l'ont développé (Parkin, Akerlof, Yellen et Mankiw).

Dans un marché en concurrence pure et parfaite la courbe de demande qui s'adresse à l'entreprise est horizontale (voir partie III, chapitre I). Chaque firme est sûre de pouvoir vendre la totalité de sa production au prix du marché. Si elle opte pour un prix plus élevé, elle ne vend rien, et il serait illogique de vendre à un prix plus bas que celui du marché puisque à ce prix elle peut écouler la totalité de sa production. Dans ce cadre, les entreprises sont des « *price takers* » qui vendent leurs produits au prix du marché.

Au contraire, dans une situation de concurrence imparfaite, lorsque la demande diminue (ou plus exactement lorsque la courbe de demande se déplace sur la gauche), le maintien du prix antérieur (qui devient ainsi supérieur au prix qui maximise le profit) n'entraîne pas la chute complète des ventes et donc du profit. La réduction du profit n'est que de « second ordre » ; s'il existe des coûts de changement de prix, appelés généralement coûts d'étiquette (impression de nouveaux catalogues, renégociation de contrats…), l'entreprise peut préférer maintenir les prix antérieurs. Cette rigidité des prix joue aussi bien à la hausse qu'à la baisse. L'entreprise en situation de concurrence imparfaite ne sera donc amenée à modifier ses prix que lorsque le manque à gagner est supérieur au coût de modification du prix. Modéré au niveau microéconomique, l'impact de cette viscosité des prix peut être important au niveau macroéconomique et contribuer au déséquilibre des marchés.

R. J. Gordon met en avant la complexité du tissu économique, en rappelant que chaque entreprise de taille appréciable est liée à des milliers d'autres entreprises (clients et fournisseurs), dont certaines sont situées à l'étranger, avec lesquelles elle effectue des transactions concernant des milliers de produits (les biens intermédiaires par exemple). Dans ce cadre, les coûts de transaction sont considérables et contribuent à la rigidité des prix. D'autre part, en raison de cette interdépendance, les firmes ont tendance à attendre les réactions de leurs partenaires avant de modifier leurs prix. Ainsi, une baisse de prix pour répondre à un choc de demande peut se révéler très dangereuse si les entreprises fournisseurs ne baissent pas elles-mêmes leurs prix. Par manque de coordination, chaque firme a donc tendance à attendre le dernier moment pour modifier son prix ; l'agrégation de ces différents comportements microéconomiques provoque des rigidités macroéconomiques importantes.

Une autre voie de recherche, développée par certains néokeynésiens comme Arthur Okun ou Phelps, concerne les marchés de clientèle. Il s'agit de marchés sur lesquels les achats sont répétitifs (par exemple les achats de biens alimentaires). Les offreurs sont en concurrence, mais les consommateurs sont habitués à leur fournisseur. Toute augmentation de prix incite les clients à comparer avec les concurrents et toute diminution des prix n'attire que lentement les clients fidèles à d'autres fournisseurs. On comprend donc que sur ces marchés de clientèle les prix ne s'ajustent que très progressivement.

Stiglitz et Akerlof ont aussi souligné que le prix est un signal important, aux yeux des consommateurs, de la valeur et de la qualité des produits vendus ; toute diminution des prix pourrait alors être considérée comme une dévalorisation du produit.

B. La rigidité des salaires et le chômage involontaire

Selon les nouveaux économistes classiques, le marché du travail, comme tous les autres marchés, s'ajuste spontanément ; les salaires sont parfaitement flexibles et le chômage est nécessairement volontaire. Renouant avec la tradition keynésienne, les nouveaux économistes keynésiens cherchent à démontrer que le chômage peut être involontaire car des rigidités salariales nuisent à l'ajustement du marché et parce que les entreprises peuvent avoir intérêt à rémunérer leurs salariés au-delà du salaire d'équilibre. Les salaires ne sont pas négociés au jour le jour en fonction du marché, mais pour une période déterminée, qui peut varier en fonction des habitudes de chaque pays. Ainsi, des contrats de travail signés pour un certain laps de temps créent des rigidités importantes. Ce point met en cause la théorie de Lucas qui considère que tous les prix, y compris celui du travail, peuvent être instantanément modifiés en fonction de l'évolution prévisible de la valeur de la monnaie. Même si les anticipations sont rationnelles et que les individus, en cas de hausse des prix, souhaitent des augmentations de salaire, ils n'ont souvent pas la possibilité de les exiger. L'existence des contrats de travail nuit donc à l'ajustement des marchés.

De nombreux modèles développés dans la deuxième partie de cet ouvrage (partie II, chapitre VII) expliquent pourquoi les agents économiques peuvent s'entendre sur des salaires différents du salaire d'équilibre, tout en étant parfaitement rationnels ; c'est la théorie des contrats implicites, les théories du salaire d'efficience et la théorie des « insiders/outsiders ».

Toutes ces théories infirment l'hypothèse de l'ajustement continu des marchés et montrent que le marché du travail peut être en déséquilibre et donc que le chômage peut être volontaire.

DOCUMENT 1

Entretien avec Gregory Mankiw

« Vous considérez-vous comme un keynésien ?

«Oui, mais j'appréhende toujours ce terme de "keynésien" qui peut vouloir dire des choses tellement différentes. Ces derniers temps, j'essaie de ne plus l'utiliser du tout, car je pense qu'il égare davantage qu'il n'éclaire. Je me considère comme un keynésien dans le sens où je crois que les cycles économiques réels représentent une imperfection de marché à grande échelle. En ce sens, Milton Friedman aussi était keynésien.

« Comment résumeriez-vous les principales propositions de la nouvelle macroéconomie keynésienne ?

«Les propositions centrales sont largement théoriques, plutôt que pragmatiques. Les nouveaux keynésiens acceptent la conception du monde telle qu'elle est résumée dans la synthèse néoclassique : à court terme, l'économie peut dévier de son niveau d'équilibre, et les politiques monétaire et budgétaire ont des effets importants sur l'activité économique réelle.

« Dans quelles circonstances pensez-vous que le gouvernement doit effectivement stimuler la demande ?

«Les gouvernements doivent stimuler la demande globale quand elle est trop faible pour assurer le plein-emploi ou lorsqu'il y a des raisons de penser que le chômage est supérieur à son taux naturel. Mais, même si vous acceptez tout ce que les néokeynésiens disent à propos de la lenteur d'ajustement des prix, la question demeure de savoir quelle est la capacité du gouvernement de répondre correctement et en temps opportun aux chocs. Personnellement, je suis sceptique sur l'utilité de la politique budgétaire comme moyen de gérer en finesse l'économie. Dans ce débat, je suis en grande partie du côté de Milton Friedman. Le gouvernement est inapte à reconnaître les chocs et, quand il réagit, c'est souvent trop tard et contre-productif. Je vois le cycle économique comme une forme d'imperfection de marché que le gouvernement a peu de moyens d'atténuer. Cependant, lors d'une dépression très grave, comme la Grande Dépression, le gouvernement a certainement un rôle à jouer. »

B. Snowdon, H. Vane et P. Wynarczyk,
La Pensée économique moderne.

C. Les marchés ne s'ajustent pas continuellement

L'ajustement des marchés est imparfait en raison de la viscosité des prix, mais aussi parce que certains mécanismes contrarient les ajustements et ont tendance à amplifier les fluctuations.

Greenwald et Stiglitz considèrent que deux phénomènes accroissent fortement les risques de faillite des entreprises : la récession (il s'agit ici d'un phénomène macroéconomique d'ordre général) et l'augmentation de la production de l'entreprise (phénomène microéconomique ne concernant que l'entreprise). On comprend qu'en période de récession l'entreprise, ne voulant pas cumuler les risques, aura tendance à diminuer le volume de sa production (ou tout au moins à ne pas l'augmenter), alors qu'en période d'expansion elle se hasardera davantage à développer son activité. Autrement dit, les investissements étant plus risqués en période de récession qu'en période d'expansion, les fluctuations risquent d'être amplifiées.

Les néokeynésiens expliquent aussi l'ampleur des fluctuations par le fait que la récession tend à faire augmenter certains coûts alors que l'expansion contribue à les faire diminuer. C'est le cas par exemple des coûts du capital et des coûts des transactions. Le financement externe des entreprises est plus coûteux que le financement interne en raison du coût de l'intermédiation et du coût de la transaction. En période d'expansion, les entreprises réalisent des profits élevés et peuvent donc se financer essentiellement par un financement interne. Au contraire, durant les périodes de récession, elles sont obligées, par manque de ressources propres, de faire largement appel au financement externe, ce qui alourdit les coûts et est un facteur supplémentaire de contraction de l'activité. De la même façon, l'expansion crée un dynamisme qui permet de réaliser des économies d'échelle dans les coûts de transaction, alors qu'en récession ces coûts sont proportionnellement plus élevés car les volumes échangés sont moins importants.

Les nouveaux économistes keynésiens montrent que la monnaie n'est pas neutre. Effectivement, en raison de leur rigidité, les prix n'absorbent pas immédiatement les variations de la quantité de monnaie. Lorsque les prix sont rigides, une augmentation de la quantité de monnaie permet d'augmenter la demande et une diminution de la quantité de monnaie contribue à la récession. Ainsi les modèles néokeynésiens confirment que les politiques drastiques de stabilisation monétaire menées au début des années 80 (surtout aux États-Unis et en Grande-Bretagne) aient été fortement récessives.

Les néokeynésiens considèrent que les interventions de l'État sont nécessaires, mais ils craignent les interventions trop fréquentes ou trop lourdes comme le *fine tunning* (politique conjoncturelle de « réglage fin ») ou les déficits budgétaires importants préconisés par certains keynésiens. Pour eux, l'intervention étatique n'est vraiment nécessaire qu'en cas de crise grave ; quant au déficit budgétaire, il nuit à l'épargne et n'est donc envisageable qu'en cas de crise de très grande ampleur. Même s'ils pensent que le chômage n'est pas volontaire, ils s'accordent avec les monétaristes et les nouveaux classiques pour préconiser une flexibilisation du marché du travail et une flexibilisation des rémunérations qui permettraient de baisser la barre du chômage naturel (concept qu'ils reconnaissent).

La théorie économique s'est profondément renouvelée depuis les années 80. Fischer a même affirmé que les conceptions de Friedman étaient plus proches de celles des keynésiens que de celles des nouveaux classiques de l'école du cycle économique réel. Par de nombreux points (chômage naturel, réticence vis-à-vis des interventions de l'État, rationalité des agents économiques...), les néokeynésiens se rallient davantage à Friedman qu'à Keynes. Quant aux nouveaux économistes classiques, en considérant que la monnaie est totalement neutre, même à court terme, et que les politiques budgétaires sont sans effets, ils semblent bien loin de Friedman, qui milite pour une politique monétaire permettant d'indexer la quantité de monnaie à la production et pour un budget équilibré.

Bibliographie

Sur la théorie économique en général

— Denis H., *Histoire de la pensée économique*, Paris, PUF, coll. « Thémis », 10e éd., 1994.

— Villey D., Nême C., *Petite Histoire des grandes doctrines économiques*, Paris, Litec, 1992.

— Zérah D., *L'Économie par les textes*, Rosny, Bréal, coll. « Les déterminants de l'économie », 1993.

— Snowdon B., Vane H., Wynarczyk P., *La Pensée économique moderne. Guide des grands courants de Keynes à nos jours*, Paris, Édiscience, 1997.

— Lelarge G., *Dictionnaire thématique de citations économiques et sociales*, Paris, Hachette, 1993.

— Montoussé M. (sous la dir. de), *100 Fiches de lecture – Les livres qui ont marqué le XXe siècle en économie, sociologie, histoire et géographie économiques*, Rosny, Bréal, 1998.

— Montoussé M. (sous la dir. de), *50 Fiches de lecture – Les livres majeurs de l'Antiquité au XIXe siècle en économie, sociologie, histoire économique*, Rosny, Bréal, 1999.

On lira avec intérêt les livres suivants

— Guellec D., Ralle P., *Les Nouvelles Théories de la croissance*, Paris, La Découverte, coll. « Repères », 1995.

— Gilles P., *Crises et Cycles économiques*, Paris, Armand Colin, coll. « Cursus-Économie », 1996.

— Rosier B., *Les Théories des crises économiques*, Paris, La Découverte, coll. « Repères », 1995.

— RAINELLI M., *La Nouvelle Théorie du commerce international*, Paris, La Découverte, coll. « Repères », 1997.

— ASSIDON E., *Les Théories économiques du développement*, Paris, La Découverte, coll. « Repères », 1992.

— PERROT A., *Les Nouvelles Théories du marché du travail*, Paris, La Découverte, coll. « Repères », 1995.

— CAHUC P., *La Nouvelle Microéconomie*, Paris, La Découverte, coll. « Repères », 1993.

Index